国家出版基金项目
NATIONAL PUBLICATION FOUNDATION

国家出版基金资助项目
Projects Supported by
the National Publishing Fund

“十四五”国家重点
出版物出版规划项目

数字钢铁关键技术丛书|主编 王国栋

数字钢铁

Digital Steel

王国栋 等著

北 京
冶 金 工 业 出 版 社
2023

内 容 提 要

本书是在中国金属学会和中国钢铁工业协会指导下，由东北大学联合国内钢铁领域优势单位共同编写，对钢铁数字化转型的整体态势、应用路径、技术进展和产业生态等进行了全面的论述，并列出了部分流程的数字化技术实际案例。

本书可供钢铁行业数字化技术相关技术人员、研发人员及管理者阅读。

图书在版编目(CIP)数据

数字钢铁/王国栋等著. —北京：冶金工业出版社，2023.4

ISBN 978-7-5024-9467-4

Ⅰ.①数… Ⅱ.①王… Ⅲ.①数字技术—应用—钢铁工业—工业发展—研究—中国 Ⅳ.①F426.31-39

中国国家版本馆 CIP 数据核字(2023)第 057927 号

数 字 钢 铁

出版发行	冶金工业出版社	**电　　话**	(010)64027926
地　　址	北京市东城区嵩祝院北巷 39 号	**邮　　编**	100009
网　　址	www.mip1953.com	**电子信箱**	service@mip1953.com

责任编辑 卢 敏 美术编辑 吕欣童 版式设计 郑小利

责任校对 郑 娟 责任印制 窦 唯

北京捷迅佳彩印刷有限公司印刷

2023 年 4 月第 1 版，2023 年 4 月第 1 次印刷

787mm×1092mm 1/16；15 印张；359 千字；218 页

定价 128.00 元

投稿电话 (010)64027932 投稿信箱 tougao@cnmip.com.cn

营销中心电话 (010)64044283

冶金工业出版社天猫旗舰店 yjgycbs.tmall.com

(本书如有印装质量问题，本社营销中心负责退换)

"数字钢铁关键技术丛书"
编辑委员会

本书编写组

指导单位

中国金属学会

中国钢铁工业协会

编写单位（排名不分先后）

东北大学

上海宝信软件股份有限公司

冶金自动化研究设计院有限公司

宝山钢铁股份有限公司

鞍钢集团有限公司

河钢集团有限公司

山东钢铁集团有限公司

鞍钢集团北京研究院有限公司

浪潮工业互联网股份有限公司

燕山大学

华为技术有限公司

中冶长天国际工程有限责任公司

抚顺新钢铁有限责任公司

南京钢铁股份有限公司

编写人员（排名不分先后）

王国栋　张殿华　刘振宇　袁　国　赵宪明　储满生
蔡恒君　钱卫东　庞松涛　齐建军　吴毅平　王军生
宋向荣　周　平　谢　植　朱苗勇　李建平　孔祥伟
雷　洪　钟良才　张　琦　罗小川　付天亮　唐　珏
柳政根　吴思炜　陈树宗　王　君　丁敬国　孟红记
李　旭　李海军　胡智勇　罗　森　闵　义　袁　平
吕　伍　周晓光　康　健　矫志杰　何纯玉　李宗平
朱　勇　龚少腾　齐东旭　阳　剑　花福安　曹光明
李振垒　刘晓明　唐　帅　孙　杰　彭　文

“数字钢铁关键技术丛书”
总　　序

钢铁是支撑国家发展的最重要的基础原材料，对国家建设、国防安全、人民生活等具有重要的战略意义。人类社会进入数字时代，数据成为关键生产要素，数据分析成为解决不确定性问题的最有效新方法。党的十八大以来，以习近平同志为核心的党中央高瞻远瞩，抓住全球数字化发展与数字化转型的重大历史机遇，系统谋划、统筹推进数字中国建设。党的十九大报告明确提出建设“网络强国、数字中国、智慧社会”，数字中国首次写入党和国家纲领性文件，数字经济上升为国家战略，强调利用大数据和数字化技术赋能传统产业转型升级。国家和行业“十四五”规划都将钢铁行业的数字化转型作为工作的重点方向，推进生产数据贯通化、制造柔性化、产品个性化。

钢铁作为大型复杂的现代流程工业，虽然具有先进的数据采集系统、自动化控制系统和研发设施等先天优势，但全流程各工序具有多变量、强耦合、非线性和大滞后等特点，实时信息的极度缺乏、生产单元的孤岛控制、界面精准衔接的管理空白等问题交织构成工艺-生产“黑箱”，形成了钢铁生产的“不确定性”。这种“不确定性”严重制约钢铁生产的效率、质量和价值创造，直接影响企业产品竞争力、盈利水平和原材料供应链安全。

钢铁行业置身于这个世界百年未有之大变局之中，也必然经历其有史以来的最广泛、最深刻、最重大的一场变革。通过这场大变革，钢铁行业的管理与控制将由主要解决确定性问题的自动控制系统，转型为解决不确定性问题见长的信息物理系统（CPS）；钢铁行业发展的驱动力，将由工业时代的机理驱动，转型为“抢先利用数据”的数据驱动；钢铁行业解决问题的分析方法，将由机理解析演绎推理，转型为以数据/机器学习为特征的数据分析；钢铁过程主流程的控制建模，将由理论模型或经验模型转型为数字孪生建模；钢铁行业全流程的过程控制，必然由常规的自动化控制系统转型为可以自适应、自学习、自组织、高度自治的信息物理系统。

这一深刻的变革是钢铁行业有史以来最大转型的关键战略，它必将大规模采用最新的数字化技术架构，建设钢铁创新基础设施，充分发挥钢铁行业丰富应用场景优势，最大限度地利用企业丰富的数据、诀窍和先进技术等长期积累的资源，依靠数据分析、数据科学的强大数据处理能力和放大、倍增、叠加作用，加快建设“数字钢铁”，提升企业的核心竞争力，赋能钢铁行业转型升级。

将数字技术/数字经济与实体经济结合，加快材料研究创新，已经成为国际竞争的焦点。美国政府提出“材料基因组计划”，将数据和计算工具提升到与实验工具同等重要的地位，目的就是更加倚重数据科学和新兴计算工具，加快材料发现与创新。近年来，日本JFE、韩国POSCO等国外先进钢铁企业，已相继开展信息物理系统研发工作，融合钢铁生产数据和领域经验知识，优化生产工艺、提升产品质量。

从消化吸收国外先进自动化、信息化技术，到自主研发冶炼、轧制等控制系统，并进一步推动大型主力钢铁生产装备国产化。近年来，我们研发数字化控制技术，有组织承担智能制造国家重大任务，在国际上率先提出了“数字钢铁”的整体架构。

在此过程中，我们组成产学研密切合作的研究队伍“数字钢铁创新团队”，选择典型生产线，开展“选矿–炼铁–炼钢–连铸–热轧–冷轧–热处理”全流程数字化转型关键共性技术研究，提出了具有我国特色的钢铁行业数字化转型的目标、技术路线、系统架构和实施路线，围绕各工序关键共性技术集中攻关。在企业的生产线上，结合我国钢铁工业的实际情况，提出了低成本、高效率、安全稳妥的实现企业数字化转型的实施方案。

通过研究工作，我们研发的钢铁生产过程的数字孪生系统，已经在钢铁企业的重要工序取得突破性进展和国际领先的研究成果，实现了生产过程“黑箱”透明化，其他一些工序也取得重要进展，逐步构建了各层级、各工序与全流程CPS。这些工作突破了复杂工况条件下关键参数无法检测和有效控制的难题，实现了工序内精准协调、工序间全局协同的动态实时优化，提升了产品质量和产线运行水平，引领了钢铁行业数字化转型，对其他流程工业的数字化转型升级也将起到良好的示范作用。

总结、分析几年来在钢铁行业数字化转型方面的工作和体会，我们深刻认识到，钢铁行业必须与数字经济、数字技术相融合，发挥钢铁行业应用场景和数字驱动的云平台为支撑，建设数字驱动的钢铁企业数字化创新基础设施，加速建设数字钢铁。这一成果，已经代表钢铁行业在乌镇召开的"2022 全球工业互联网大会暨工业行业数字化转型年会"等重要会议上交流，引起各方面的广泛重视。

截至目前，系统论述钢铁工业数字化转型的技术丛书尚属空白。钢铁行业同仁对原创技术的期盼，激励我们把数字化创新的成果整理出来、推广出去，让它们成为广大钢铁企业技术人员手中攻坚克难、夺取新胜利的锐利武器。冶金工业出版社的领导和编辑同志特地来到学校，热心指导，提出建议，商量出版等具体事宜。我们相信，通过产学研各方和出版社同志的共同努力，我们会向钢铁界的同仁们、正在成长的学生们奉献出一套有里、有表、有分量、有影响的系列丛书。

期望这套丛书的出版，能够完善我国钢铁工业数字化转型理论体系，推广钢铁工业数字化关键共性技术，加速我国钢铁工业与数字技术深度融合，提高我国钢铁行业的国际竞争力，引领国际钢铁工业的数字化转型和高质量发展。

中国工程院院士 

2023 年 5 月

前　言

人类社会进入数字时代，数据成为关键生产要素，数据分析成为解决不确定性问题的最有效的新方法。习近平总书记提出："加快建设数字中国"。钢铁本身就是一个数字系统，在数字经济时代，提高企业的数据管理能力尤为重要，企业可以通过数据去洞悉生产运营情况，评估生产绩效，实现降本增效。

钢铁产业与数字技术深度融合，充分发挥钢铁行业海量数据和丰富应用场景优势，创建钢铁企业数字化创新基础设施，依靠数据分析、数据科学的强大数据处理能力和放大、倍增、叠加作用，加快建设"数字钢铁"，以数据驱动、软件定义为主导，对钢铁生产线进行数字化改造，只立不破、多立少破，赋能钢铁行业转型升级，打造出国际领先的钢铁行业数字化产业集群。

一、"数字钢铁"是做强钢铁产业的关键步骤

钢铁作为大型复杂的现代流程工业，虽然具有先进的数据采集系统、自动化控制系统和研发设施等先天优势，但全流程各工序具有多变量、强耦合、非线性和大滞后等特点，实时信息的极度缺乏、生产单元的孤岛控制、界面精准衔接的管理窠臼等问题交织构成工艺-生产"黑箱"，形成了钢铁生产的"不确定性"。这种"不确定性"严重制约钢铁生产的效率、质量和价值创造，直接影响企业产品竞争力、盈利水平和原材料供应链安全。

新一代信息数字技术为解决钢铁生产的"不确定性"提供了新的方法路径。在工业互联网、大数据、云计算、5G网络等技术的支撑下，运用大数据与机器学习/深度学习等数据科学技术，构建具有自学习、自适应、自组织能力的高保真度模型，精准描述输入、输出之间的相关性关系，能够有效快速地解析钢铁生产过程"黑箱"。运用人工智能、信息物理系统等技术，实现控制手段和生产资源的优化配置，解决流程工业普遍存在的"不确定性"难题，从而推动钢铁企业智能绿色高效高质发展。

当前，国际上大型钢铁企业已经在"数字钢铁"领域取得重要进展。浦项制铁建设了大数据基础设施PosFrame，取得了高炉数字化的突破，达沃斯经济

论坛上被命名为“灯塔工厂”。日本JFE成立了信息物理系统研发部与数字转换中心，一年时间完成该公司日本国内8座大型高炉的数字化改造。

二、建设钢铁企业创新基础设施是“数字钢铁”的核心

建设“数字钢铁”，推动钢铁企业数字化转型，重点在于建设钢铁企业创新基础设施。主要任务包括：一是要补齐数字采集和执行机构，消除缺项和短板；二是要攻克边缘数字化核心平台，让模型更精准；三是建立资源配置管理云平台，让配置更优化；四是完善网络通信设施，让执行更迅速。

1. 补齐数字采集短板。钢铁工业实现数字化转型，基础在于完备、可靠、性能优良的数据采集系统，提供精准齐全的材料成分设计、实时操作数据等输入数据与材料外形尺寸、组织性能、表面质量等输出数据，以达成具有足够响应性和实时性的过程控制与物理系统实时交互，完成自动化控制任务并奠定数字化工作基础。但当前，在全流程生产中存在部分数据采集和执行机构的采集短板。补齐短板，构建数字基座，成为加快“数字钢铁”首要任务。

2. 攻克边缘数字化核心平台。边缘数字化平台承担钢铁生产过程的高实时性控制任务，是行业关注的核心和重点。钢铁行业的全流程“黑箱”位于边缘，传统的边缘主要使用基础理论模型、经验模型，以完成过程设定计算和基础自动化控制。但由于生产过程复杂性，传统边缘对全流程“黑箱”的复杂动态过程适用性很差，预报精度不高，难以准确透视工艺、设备、质量等关键参数之间的复杂关系。攻克边缘数字化核心平台，通过设置边缘数据中心与“大数据/机器学习平台（D/M平台Ⅰ）”，运用数据科学、人工智能等技术解析建立和优化数字孪生模型，自适应地反映生产过程真实规律，代替传统的机理模型，实现全过程动态设定与控制，从而保障钢铁全流程生产质量。

3. 建立资源配置管理云平台。资源配置管理平台负责生产计划、调度、质量、效率、稳定性等生产活动，以及原料、供应、能源、介质、排放、物流、人力资源、财务、成本、技术创新与开发等的资源配置和管理，是“边缘部分”设定、运行、调度的强大支撑部分。通过配置企业大数据中心和“大数据/机器学习解析平台（Ⅱ）”（D/M平台Ⅱ），分析生产、设备、能源、物流等各方面的大数据，实现各类资源管理与优化配置，支撑和保证整个生产与管理系统的最优化运行。

4. 完善网络通讯设施。通过完善系统的通讯和网络，整合光纤与5G通讯优势，强化在垂直方向上实现轧制等快过程的短时延交互反馈，流程方向上实现各单元之间的顺畅、无缝的优化衔接。

本书是在中国金属学会和中国钢铁工业协会指导下，由东北大学联合国内钢铁领域优势单位共同编写，对钢铁数字化转型的整体态势、应用路径、技术进展和产业生态等进行了全面的论述，观点清晰，案例翔实，在凝聚产业共识、引领行业创新、加速应用推广等方面具有重要意义，对于政府和钢铁行业推动数字化技术发展提供了有益的参考。希望读者能够从书中汲取经验、不断探索，共同推动钢铁行业数字化创新发展。

2023 年 2 月

目　录

1　数字经济时代来临　数字经济方兴未艾

1.1　数字经济时代来临　数据成为重要生产要素

20世纪60年代以来，计算机技术飞速发展，出现人工智能技术萌芽。特别是20世纪90年代开始，工业互联网、云计算、大数据、人工智能等新一代信息技术的快速发展和应用，带来的数据呈指数级爆发式增长，人类社会进入数字经济时代。

人类社会发展的历史经验表明，每一次经济形态的重大变革，往往催生并依赖新的生产要素。农业经济时代，劳动力和土地是主要的生产要素；工业经济时代，资本和技术是重要的生产要素；进入数字经济时代，数据正逐渐成为驱动经济社会发展的新的生产要素，数字经济、数字技术正在成为全球新一轮产业竞争的制高点、改变国际竞争格局的新变量。

十九届四中全会把数据纳入生产要素范围，数据成为继劳动、资本、土地、知识、技术和管理之后新的生产要素，反映了数据对提高生产效率的乘数作用凸显，数据作为数字经济的核心生产要素，成为科技创新的突破口。制造企业本身就是一个大数据系统，在数字经济时代，提高企业的数据管理能力尤为重要，企业可以通过数据去洞悉生产运营情况，评估生产绩效，实现降本增效。企业每天需要接收各种产品的订单信息，订购各种原材料，制造各种零部件和成品，管理各种物料的收发和库存，管理每个员工的工时与绩效，管理各种机器设备的运转，企业经营管理活动等都会产生各种各样的数据。如何更好地收集、存储、处理这些数据，以便更快地生成更多有用的信息，促进企业的生产管理决策，是数字经济时代每个企业都要认真考虑的问题。企业对于各种数据的管理与应用，也是其核心竞争力的重要体现。

在新一代数字技术推动下，全球加速迈进数字经济时代。数字产业化和产业数字化是数字经济的两大内容。在互联网、大数据、云计算、人工智能和区块链等数字产业快速发展的同时，涉及产业领域更多、市场规模更大、结构层次更深的产业数字化也在如火如荼推进，成为数字经济未来发展的重要方向。由于数字经济与生产力进步息息相关，各国政府对产业数字化高度重视，出台了一系列战略和政策。比如，美国“先进制造业伙伴计划”、德国“工业4.0”战略、日本“超智能社会（社会5.0）”战略等。疫情防控期间，发展数字经济的紧迫性更加凸显，多国加大政策引导力度，如欧盟 2021 年发布《2030 年数字指南针：数字十年的欧洲之路》，提出要促进企业全面数字化转型，目标是到 2030 年，75%的欧洲企业使用云计算服务、大数据和人工智能，超过 90%的中小企业至少达到基本的数字化水平。联合国工业发展组织在《2020 年工业发展报告：数字化时代的工业化》中指出，先进数字化制造技术可以提升企业利润和资本利用率，增强环境可持续性。报告同时指出，先进数字化制造技术的扩散在各经济体和各行业之间存在分布不均，十大领先经济体拥有先进数字化制造技术 90%的专利，且仅有少数制造企业正在采用先进数字化制造技术。

数据要素价值最大化在现阶段要依赖于场景。场景是具有流程化的过程，数据在采集、重组、关联分析，一直到研判的过程是数据价值的最大化，因此场景可以是数据价值的最大化。世界经济数字化转型是一个大趋势，也是一个大命题。要让数据安全流动起来，让大家用的放心和安心，要保护个人隐私、商业秘密、防止诈骗等，在加强安全管理的同时，又要鼓励合规应用，促进创新和数字经济发展，实现公共利益最大化。

1.2 数字经济、数字技术与数字产业化

2015 年，以《国务院关于积极推进“互联网” + 行动的指导意见》为开端，我国便开始了数字经济领域的建设布局。到 2017 年，数字经济首次出现在政府工作报告中，也意味着发展数字经济从此上升到国家战略高度。《中国数字经济发展白皮书（2021)》报告显示，2020 年我国数字经济依然保持高速的发展态势，规模达到 39.2 万亿元，较上年增加 3.4 万亿元，占 GDP 比重为 38.6%，同比提升 2.4%，至 2021 年规模更是达到了 45.5 万亿元，可见其对 GDP 贡献明显，有效支撑疫情防控和经济社会发展，我国数字经济规模如图 1.1 所示。

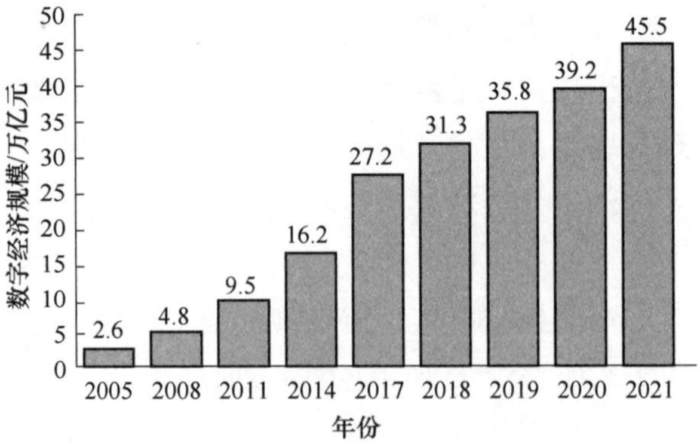

图 1.1 我国数字经济规模

在新一轮科技革命的影响下，发展数字经济已是大势所趋。当下，数字技术创新和迭代的频率逐渐加快，以人工智能、大数据、云计算、区块链为代表的新一代信息技术正在不断出现创新突破并实现应用落地。数字经济辐射带动作用显著，应用场景丰富，不仅仅局限于数据领域，在电子信息、高端制造、生物医药等广泛领域内都可以实现渗透融合，从而引发多领域系统化、多元化的突破发展，不断催生出新的业态和模式。在高质量发展的目标下，发展数字经济是实现由量及质的重要途径之一。我国诸多行业都面临着低端产能过剩但高端产能不足的尴尬局面。发展数字经济将进一步推动产业结构优化升级，通过数字技术与实体经济的深度融合，有助于产业转型升级，延伸拓展产业链与价值链，带动产业向中高端发展。数字经济构成如图 1.2 所示。

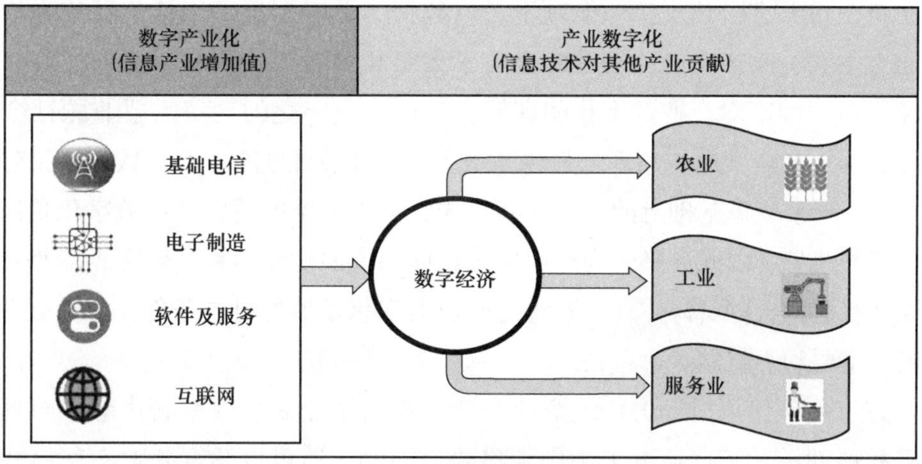

图 1.2　数字经济构成

数字经济是继农业经济和工业经济之后的主要经济形态，是以数据资源为关键要素，以现代信息网络为主要载体，以信息通信技术融合应用和全要素数字化转型为重要推动力，促进公平与效率更加统一的新经济形态，带来如图 1.3 所示的经济形态与生产要素变革。数字经济发展速度快、辐射范围广、影响程度深，正推动生产方式、生活方式和治理方式深刻变革，成为重组全球要素资源、重塑全球经济结构、改变全球竞争格局的关键力量。

具有经济学概念的数字经济是人类通过大数据（数字化的知识与信息）的识别—选择—过滤—存储—使用，引导、实现资源的快速优化配置与再生，实现经济高质量发展的经济形态。数字经济概念比较宽泛，凡是直接或间接利用数据来引导资源发挥作用、推动生产力发展的经济形态都可以纳入其范畴。在技术层面，包括大数据、云计算、物联网、区块链、人工智能、5G 通信等新兴技术。新零售、新制造等都是其应用层面的典型代表。

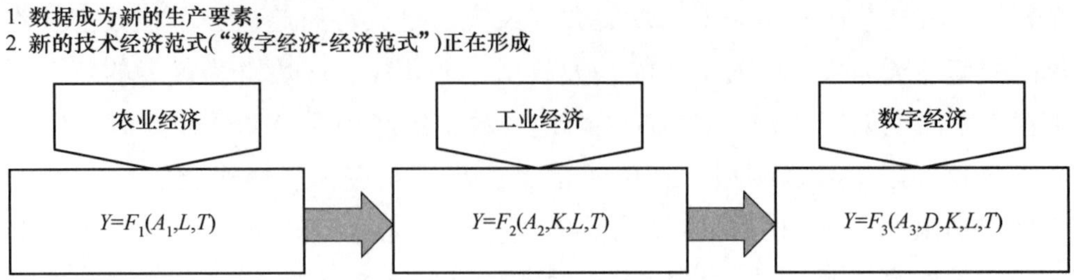

图 1.3 经济形态与生产要素变革

Y：经济产出，F：生产函数（含组织形态，政府管理等），A：技术进步，L：劳动法，T：土地，K：资本，D：数据要素

《中国产业数字化报告2020》首次专业阐释“产业数字化”。报告认为，产业数字化是指在新一代数字科技支撑和引领下，以数据为关键要素，以价值释放为核心，以数据赋能为主线，对产业链上下游的全要素数字化升级、转型和再造的过程。区别于以往从经济单一维度对产业数字化的理解，对产业数字化的理解需要兼顾社会与市场两个维度，以更加全面的视角理解其内涵本质。从社会维度看，产业数字化是建立在生产工具与生产要素变革基础上的一种社会行为；从市场维度看，产业数字化是以信息网络为市场配置纽带、以服务平台为产业生态载体的资源优化过程。数字善治是社会及市场两个维度有机融合的具体体现，其既是产业数字化发展的机制条件，也是驱动产业数字化发展的重要动力机制。

产业数字化不仅可以助力传统企业蝶变，再造企业质量效率新优势，而且还能促进产业提质增效，重塑产业分工协作新格局。同时，还可以孕育新业态新模式，加速新旧动能转换。推进产业数字化要以科技为基础，以数据为要素，以价值为中心，以共建为理念，坚持“融合+创新”一体化推进思路，按照因时、因地、因业、因企原则制定产业数字化转型战略，着力推进资源融合、业务融合、市场融合，实现技术创新、模式创新、产品创新。

1.3 大数据生态体系形成

数据指数级爆发式增长，管理和利用大数据已成为人类研究的新方向。大数据具有如图 1.4 所示的 4V 基本特征，即 Volume（数据规模大）、Variety（数据类型多）、Velocity（数据处理速度快）、Value（数据价值高）。针对社会科学的或自然科学的某一过程，研究其输入和输出大数据之间的关系，可以获得过程内部的深层次的规律，这对于不确定性问题的解决具有重大意义。

大数据要得以应用发展，必须建立大数据生态系统。随着大数据相关企业的迅速

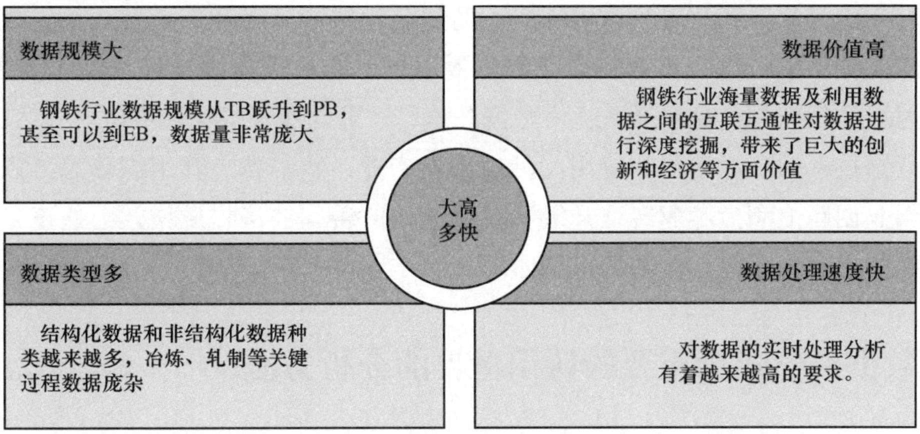

图 1.4 大数据的 4V 基本特征

崛起以及社会对大数据信息的需求推动，大数据产业正在逐步形成一个完整的体系，从数据产生到数据输出的全过程，各个环节环环相扣，这一过程称之为大数据生态系统。IBM 架构师对大数据生态系统进行了简单描述，提出大数据生态系统就是数据的生命周期，即数据采集、存储、查找、分析和可视化的过程。因此，“大数据”一经出现，便迅速延伸到科学和商业领域。近 10 年来，大数据作为强大的社会发展驱动力量，与各种信息技术相结合，推动数字经济和数字技术迅速发展，逐渐形成了覆盖数据基础设施、数据分析、数据应用、数据资源、开源平台与工具等板块的大数据产业格局，历经从基础技术和基础设施、分析方法与技术、行业领域应用、大数据治理到数据生态体系的变迁。

随着大数据时代到来，企业需要收集的数据类型将不再局限于关系型数据，更多的是非结构化的数据，将各种渠道的数据进行整合，突破传统数据壁垒，构建企业全面的数据信息视图。最后，加强对数据资源的管理，数据作为企业的资产，应对其进行维护，按照企业的业务需要，对数据资源再确认的基础上，进一步分类，既有利于企业的数据资源的管理和核算，又可以提高使用效率。

随着企业系统的复杂性上升，企业最为迫切的问题是如何将不同来源、不同结构的数据通过系统整合到一个系统上。在这个系统上，建立全面覆盖各种复杂行业应用场景的企业级大数据和分析应用解决方案，如静态批量大数据处理、实时大数据业务处理、数据仓库整合和数据集市构建等。对于这些大量异构数据系统，整合的标准是一个非常关键的问题。同时企业又在不断发展，未来要部署包括电商、移动商务、社交网络等新的应用，这些应用都需要在这个统一的平台上展开。以上所有的应用，构成了一个大数据的生态系统。

目前，我国数字经济发展迅速，生态体系正加速形成，而大数据已成为数字经济这种全新经济形态的关键生产要素。通过数据资源的有效利用以及开放的数据生态体系使得数字价值充分释放，驱动传统产业的数字化转型升级和新业态的培育发展，提高传统产业劳动生产率，培育新市场和产业新增长点，促进数字经济持续发展创新。基于大数据的创新创业日趋活跃，大数据技术、产业与服务成为社会资本投入的热点。随着大数据技术被广泛接受和应用，诞生出新产业、新消费、新组织形态，以及随之而来的创业创新浪潮、产业转型升级、就业结构改善、经济提质增效，这正是数字经济的内在要求及创新驱动能力的重要体现。

1.4 数据科学成为重要的认识世界的分析方法

在过往的几百年间，人类进步依赖于牛顿和爱因斯坦等天才科学家对自然规律的认识，他们通过观察、抽象、归纳、数学，去认识发现这个世界的规律；100多年前，爱迪生为了发明电灯，采用了各种各样的材料，用几千种材料不断试错，发现最好的发光材料，这是用实验验证方法论来认识世界。这些方法论今天仍然是我们认识世界的重要方法。今天有了软件、IOT、5G、人工智能这些新技术，我们在构造一个新的改造和认识世界的方法论，这就是模拟择优。在一个虚拟的世界中去还原、优化物理世界所发生的事情。模拟择优是一种基于机理模型的分析，大数据更多是基于相关性的分析。采用最先进的计算机模型算法，对数据进行分析、预测、辅助决策，最终达到干预的目的。人类社会认识客观世界的方法论已经历了四个阶段，从“观察+抽象+数学”的理论推理阶段，到“假设+实验+归纳”的实验验证阶段，再到“样本数据+机理模型”的模拟择优阶段，目前已进入“海量数据+科学建模分析”的大数据阶段，也即采用“数据+算法”的模式，通过大数据去发现物理世界的新规律。

随着数字时代的来临，人们认识客观世界的方法论也发生了重大改变。牛顿定律、爱因斯坦的相对论是依赖于少数天才科学家，通过“观察+抽象+数学”进行理论推理获得的；伴随工业化进入鼎盛时期，人们大量通过“假设+实验+归纳”的实验验证（试错法），才有了爱迪生发明电灯、钢材控轧控冷参数的确定等；20世纪80年代，人们采用“样本数据+机理模型”的模拟择优方法，缩短了飞机、舰船等重大装备的设计研发周期，实现了钢铁材料组织性能的预测；21世纪初进入数字时代，数据继农业时代的土地和劳力、工业时代的资本和技术之后，成为重要的生产要素。特别是基于统计学的数据科学取得了长足进步，大数据、机器学习、人工智能和互联网等技术与实体经济相结合，人们认识和改造客观世界的方法论进入了一个新的发展阶段，即“海量数据+数据分析”阶段。在这一阶段，依赖于海量数据的获得，计算、存储资源的低成本和高效利用，实现数据驱动价值创造，高效率、低成本地解决了各领域、各行业的难题，实现了人类认识领域的巨大跨越。

数据科学作为一门新兴的学科，与已有的信息科学、统计学和机器学习等科学有显著不同。数据科学依赖于如图 1.5 数据科学集合图所示的两个因素：一是数据的广泛性和多样性；二是数据研究的共性。现代社会的各行各业都充满了数据，这些数据的类型多种多样，不仅包括传统的结构化数据，也包括网页、文本、图像、视频和语音等非结构化数据。数据分析本质上都是在解反问题，而且通常是随机模型的反问题，因此对其研究有很多共性。数据科学主要包括两个方面：用数据的方法研究科学和用科学的方法研究数据。前者包括生物信息学、天体信息学、数字地球等领域；后者包括统计学、机器学习、数据挖掘、数据库等领域。这些学科都是数据科学的重要组成部分，只有把它们有机地整合在一起，才能形成整个数据科学的全貌。

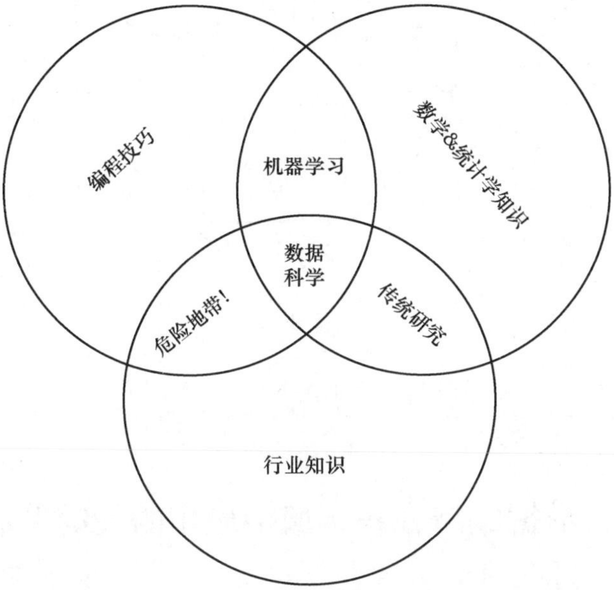

图 1.5 数据科学集合图

数据科学主要以统计学、机器学习、数据可视化以及（某一）领域知识为理论基础。它的主要研究内容包括数据科学基础理论、数据预处理、数据计算和数据管理。数据科学的研究对象是数据，而不是信息，也不是知识。通过研究数据来获取对自然、生命和行为的认识，进而获得信息和知识。自然科学研究自然现象和规律，认识的对象是整个自然界，即自然界物质的各种类型、状态、属性及运动形式。行为科学是研究自然和社会环境中人的行为以及低级动物行为的科学，已经确认的学科包括心理学、社会学、社会人类学和其他类似的学科。数据科学支持了自然科学和行为科学的研究工作。随着数据科学的发展，越来越多的科学研究工作将会直接针对数据进行，这将使人类认识数据，从而认识自然和行为。数据科学的知识体系如图 1.6 所示。

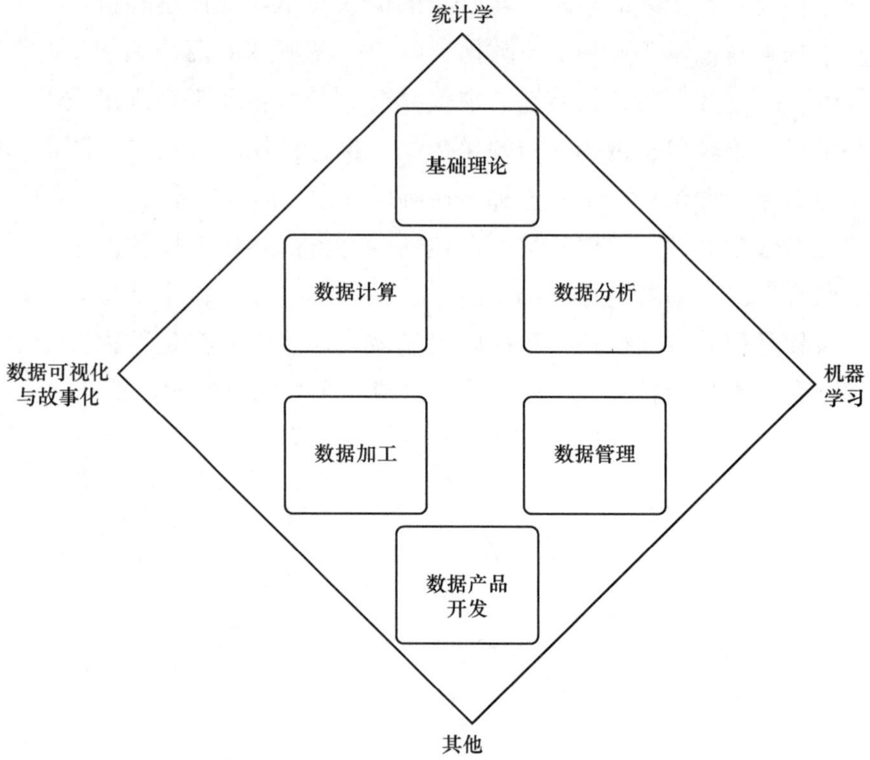

图 1.6 数据科学的知识体系

1.5 数字技术、数据经济在各领域中应用的关键发展态势

这种认识客观世界的新方法论——数据分析应用于各行各业，与实体经济结合起来，已经成为人类认识与改造客观世界的强有力的武器。美国、欧洲、日本、韩国、俄罗斯等国家和地区政府纷纷出台计划、政策，推动数字经济、数字技术发展，高效率、低成本地解决面临的各种问题。在互联网架构、采用工具和推理方法等方面，离散制造业与流程制造业都有较大区别，如表 1.1 所示。

表 1.1 离散制造与流程制造对比

项目	离散制造	流程制造
面向	新一代智能制造	产业数字化转型
互联网架构	底层—边缘—中台—APP，一直向上	底层—边缘—底层，互相映射
核心驱动力	新一代智能制造（AI+先进制造）	数据驱动
闭路赋能循环	无完整的闭路循环（不能直接反馈赋能）	四阶段完整的闭路循环，回馈赋能

续表 1.1

项目	离散制造	流程制造
工具	机理模型、智能模型（AI）	数据科学，大数据/ML
模型	静态数字孪生	动态数字孪生
系统	HCPS	CPS
信息感知	过程变量	输入、输出
黑箱问题	确定性为主	不确定性
数字化释义	数字化，是将信息转换为数字（即计算机可读）格式的过程，是指将任何连续变化的输入转化为一串分离的单元，在计算机中用 0 和 1 表示。通常用模数转换器执行这个转换	产业数字化是指在新一代数字科技支撑和引领下，以数据为关键要素，以价值释放为核心，以数据赋能为主线，对产业链上下游的全要素数字化升级、转型和再造的过程
处理能力	单变量	全局性
推理方法	因果性为主	相关性

人工智能机器人——阿尔法围棋（AlphaGo）就是利用大数据+深度学习，在非结构化数据处理的博弈中崭露头角，在与人类顶尖选手举行的围棋大战中取得全胜战绩。科学家们正是利用基因组学领域的丰富数据，通过 AI 技术开发深度学习算法，成功研发出 AlphaFold，实现了对蛋白质结构的预测，解决了过去 50 年都没有解决的难题。

Google 的 DeepMind 团队对已知的 70 万条病例进行脱敏处理，基于现有的病例数据，通过深度强化学习进行预测，以在更广泛的群体中发现急性肾损伤的情况。辉瑞研发团队认为，AI 与机器学习驱动的数据分析，正在推动药物的研发，同时也有助于加强预防、早期检测、个性化治疗，以及数字疗法的研究，并利用 AI 机器学习与超算打造新冠疫苗和治疗药物。辉瑞公司首席数字与技术官表示：机器学习技术在其中扮演了至关重要的角色。COVID-19 疫苗的研发，将药企的技术转型提前了五年。

在钢铁行业，韩国浦项走在了各国家的前头。2015 年在浦项制铁光阳厂建设了大数据基础设施 PosFrame。2016 年，受 AlphaGo 战胜李世石的启发，浦项计划开发大数据/机器学习数字化炼铁系统。在求教 GE 和西门子无果后，他们与韩国 POSTEC、UNIST（蔚山科技大学）和本土中小新建信息企业合作，共同进行数字化高炉的研发。2018 年年底，浦项 2 号数字化高炉投入运行，取得了高炉数字化的突破，随后向后部工序推进。2019 年 6 月，在达沃斯世界经济论坛上浦项被命名为“灯塔工厂”。

浦项制铁 PosFrame 是世界上第一个专门应用于连续制造过程的智能工厂平台。不同于传统的数字化，PosFrame 不仅可以存储现场采集的各种数据，还可对连续运行的各工序产生的数据进行有效管理，并通过准确的分析，提高生产效率，预测产品质量，查找产品缺陷，预防设备故障，优化现场生产环境，由此全面增强企业钢铁业务的综合竞争力。以查找产品缺陷为例，PosFrame 可通过人工智能技术和物联网传感器寻找钢铁生产过程中实时出现的细微问题，并及时对工艺进行改进，提高产品质量和生产效率。PosFrame 中的数据对每名工作人员来说都是可访问的。例如，现场工程师可以运用他们的专业知识，利用 PosFrame 中的数据来开发自动化模型，这些模型可被用于冶炼的各环节。由于 PosFrame 对数据进行了收集和标准化，工程师不仅可以分析他们直接参与的过程的信息，还可以分析推导出前后的过程。PosFrame 使工程师更容易处理以前作为随机事件出现的难题。通过 PosFrame，浦项制铁的几乎所有员工都成为了“半人工智能专家”。为了进一步加快智能化进程，浦项制铁近年来一直在为全体员工提供智能技术培训，帮助员工将他们的技能水平提升到更高的层次，从而打造一个更加依赖数据驱动的工作环境。

日本 JFE Steel 在钢铁行业数字化转型方面做了大量的研究和实践。JFE 钢铁将先进 ICT 应用于生产工序是其数字化转型重点措施之一，于 2017 年 10 月成立了数据科学项目部（The Data Science Project Department），将先进信息通信技术应用于钢铁生产。2019 年 4 月成立了信息物理系统研究开发部（The Cyber Physical System R&D Department），至 2020 年 3 月，一年时间完成该公司日本国内 8 座大型高炉的数字化改造。2020 年 7 月，宣布 JFE 钢铁建成 JFE 数字转换中心（JFE Digital Transformation Center，JDXCTM），将其作为应用数据科学及最新信息通信技术的公司数字转换推进基地。今后仍将通过积极引进、利用数据科学（DS）等，进一步节约能源、减少排放、提高成本竞争力和品质而做出努力，为社会可持续发展作贡献。

“JDXCTM”的功能和目标包括以下几方面：

（1）能够通过整合使用数据（包括上下游工序的协作、地区间共享等）来提高生产率并降低成本。

（2）推进生产工序信息物理系统（CPS）的共享和标准化，提高整体操作技术水平。

（3）通过共享全公司数据科学家的知识和经验并解决问题，提高每个人的技能，同时扩大数据科学家的数量。

到目前为止，JFE 钢铁已经在全部高炉数据共享、信息物理系统共享及应用 DS 等方面进行了多种改进，今后将把“JDXCTM”作为基地，向其他主要生产工序推广。此外，还将对各地区的 CPS 及生产设备进行远程监控，推动更高端的数字转换（DX）

应用，由此能应对新冠肺炎疫情后的诸如远程办公等新型工作方式，同时将创新性地提高生产效率和稳定生产作为目标。JFE 构建 CPS 的特点和要素如图 1.7 所示。

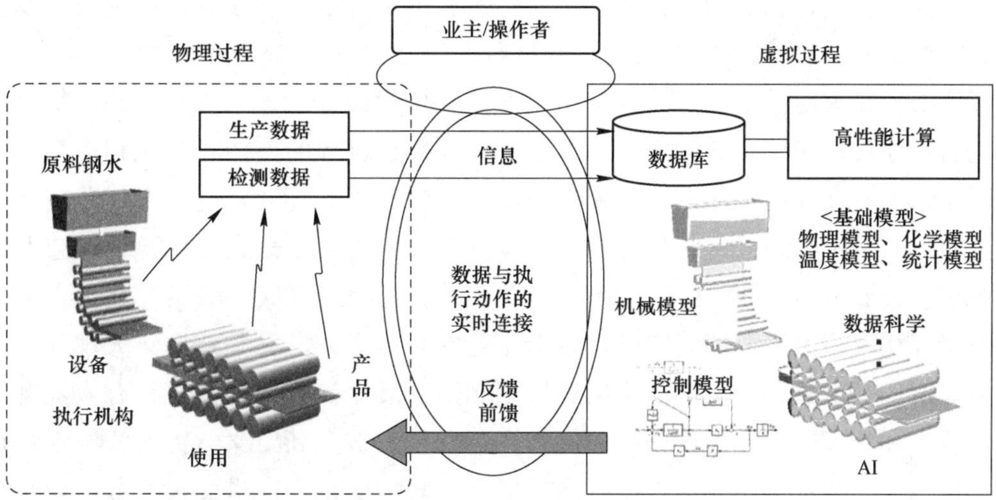

图 1.7　JFE CPS 的特点和要素

基于长期的生产历史，JFE 已经成为了一个巨大的数据库，在高品质钢材生产中积累的经验、应对老化设备的措施、与数据相关的预测性管理是未来竞争力的源泉，先进的数据利用已经成为 JFE 的战略课题。通过建设加速数字化转型的三大支柱，实现价值最大化：

（1）推行灵活的、简明的 IT 架构，更新钢厂的系统；

（2）积极利用数据科学与人工智能，提高数据利用水平；

（3）强化 IT 风险管理，提高安全性并加强标准化控制。

在 JFE 第七次中期计划（2021~2024）中，将主要目标定位于使用数字技术强化制造基础，执行新的增长策略，完成全工艺流程的 CPS 化，推进钢铁企业一体化 CPS 建设。通过“从量向质的转变”，向稳健的业务结构变革，通过“提供智能、技能和数据解决方案”，加速和扩大海外业务的增长，实现达成“碳中和”的技术创新。面向创新的生产力提升，推进全生产流程的 CPS 化，实现远程化、自动化并使用机器人，同时推动 DX 人才培养和激活。面向创建新业务，搭建扩大“解决方案业务”的平台，并加快 CO_2 排放量管理体系建设。通过上述措施，实现收益改善效果约 300 亿日元/年，劳动生产率提高 20%以上，“解决方案业务”的收益比 2020 财年提高 3 倍，并实现 CO_2 排放量管理高效化。

美国大河钢铁厂的 AI 系统通过深度学习和神经网络不断训练算法，以处理数千个传感器捕获的数据。在钢铁价格下降，产品需求降低的大环境下，为运营成本更低的新型钢铁厂带来了机会。大河钢铁厂希望利用 AI 技术降低运营成本和在电力需求高涨时协助出售未使用的电力。大河钢铁厂目前处于钢铁厂技术的最前沿，是世界上第一家用 AI 赋能并实现商用落地的钢铁厂。大河钢铁厂的 AI 计划始于 2017 年，通过收集和分析数据，再进行算法训练，用于对新机器的维护进行准确预测。系统收集设备上的相关数据，评估设备磨损状态，从而降低设备停工时间并提升运行时间。

近年来，我国钢铁企业持续在自动化和信息化建设方面投入大量资源，每年都有近百亿的专项投资用于企业的数字化改造升级，生产过程的整体自动化和信息化水平提升明显。工业互联网赋能钢铁行业形成平台化设计、智能化制造、个性化定制、服务化延伸、数字化管理及网络化协同六大应用模式，已经覆盖了数十个典型应用场景。宝钢股份、沙钢等企业建立了“黑灯工厂”智能车间。宝武、鞍钢、太钢、华菱湘钢、南钢等 9 家国家级智能制造试点示范企业在智能车间、智慧矿山、大规模定制等应用领域取得显著成果。宝武韶钢通过智慧制造开展全流程资源配置，有效提升了组织运行效率和管理效率，传统的作业区和生产线已经被重新定义。针对我国钢铁行业数字化技术应用和数字化改造，要提高对数字化转型的认识，进而提升数字化转型与企业发展战略的匹配度，并相应变革企业运营组织管理方式，以真正推进体系重构和流程再造。

2　数据时代　钢铁行业面临的机遇与挑战

2.1　钢铁行业是距“数字化”最近的行业

钢铁行业计算机控制系统的产生于20世纪50~60年代。1962年，英国的帝国化学工业公司利用计算机完全代替了原来的模拟控制。随着各种组合仪表和巡回检测装置的出现，过程控制已开始过渡到集中监视、操作和控制，可以视为过程控制系统的雏形。从20世纪70年代开始，钢铁行业计算机控制系统进入推广阶段，随着大规模集成电路技术的发展和微型计算机的出现，运算速度快、可靠性高、价格便宜和体积小的特点使计算机控制系统得到快速发展。此段期间，分级的计算机控制系统开始进入工业生产中，具有了真正意义的过程控制环节。20世纪80年代控制系统进入成熟时期，过程控制最优化与管理调度自动化相结合的多级计算机控制系统全部采用计算机进行数字控制，随着超大规模集成电路技术的飞速发展，使得计算机向着超小型化、软件固定化和控制智能化方向发展。20世纪90年代以来，在日本和德国首先掀起了在轧轧制过程中应用人工智能的高潮。在轧制过程的各个环节，从生产计划的编排、坯料的管理、轧制中的设定计算、厚度和板形的控制以及成品库的管理，都有人工智能方法的成功应用。

作为资源密集型、资金密集型行业，钢铁行业生产过程主要呈现出生产流程长、自动化程度高和质量要求高的特点。一方面，我国钢铁行业由高速发展转向高质量发展阶段，在环保和质量等多方面均承担着更高的要求；另一方面，由于钢铁行业市场需求转变，生产特点逐渐由传统的大规模批量生产向多品种小批量定制开发模式转变。从而导致钢铁企业产品设计、原材料选择、质量把控等产品生产的质量管理周期进一步缩短，钢铁产品质量管理凸显出越来越重要的作用。随着云计算、大数据、物联网等新兴技术的不断发展成熟，基于工业大数据构建全流程质量管理体系，对生产过程中的质量数据进行收集、存储、分析、预警等，深入挖掘产品质量相关信息，发现隐匿在数据背后的一些规律性、趋势性关系，可以更加科学地指导产品生产、质量标准修订及其他产品质量管理工作。因此，运用大数据技术推进企业全面质量管理日益受到钢铁行业的青睐。钢铁行业数字化转型的时代特征如表2.1所示。

表 2.1 钢铁行业数字化转型的时代特征

时代	工业时代	数字时代
问题	确定性问题	不确定性问题，“黑箱”问题
驱动	理论驱动、经验驱动	数据驱动（抢先利用数据）
分析方法	机理解析，经验推理	数据分析（数据/机器学习）
过程控制建模	理论模型或经验模型（预测）	数字孪生模型（预测性模型）
控制	过程机与基础自动化设定计算	全流程数字孪生模型设定计算
自治能力	极弱	自学习、自适应、自组织、高度自治
系统	自动控制系统	信息物理系统（全局性）
架构	多层	大数据/机器学习+底层物理系统
模型标准化	非标	标准化（数据个性化）
人员队伍	纯工艺人员	数字化的工艺人员+信息化队伍
可推广性	不易推广，垄断性	易推广，易掌握、易实施，创新数字化生态
作用		放大、倍增、叠加

我国 2021 年的粗钢产量达到 10.33 亿吨，占世界钢铁产量的 53%，不但是世界第一钢铁制造大国，更是世界第一的钢铁消费大国。我国拥有最庞大的生产数据和使用数据。目前国内最新引进的轧制生产线和国内自主集成建设的生产线，具有完备的数据采集和存储系统，实现了“PLC、PCS、MES、ERP、BI”完整的五级计算机控制，如图 2.1 所示。在底层钢铁生产线上，装备有大量的检测仪表以及精准执行的自动化控制系统，可以获得大量可靠、准确的实时信息，钢铁行业具有海量、齐全、精准的

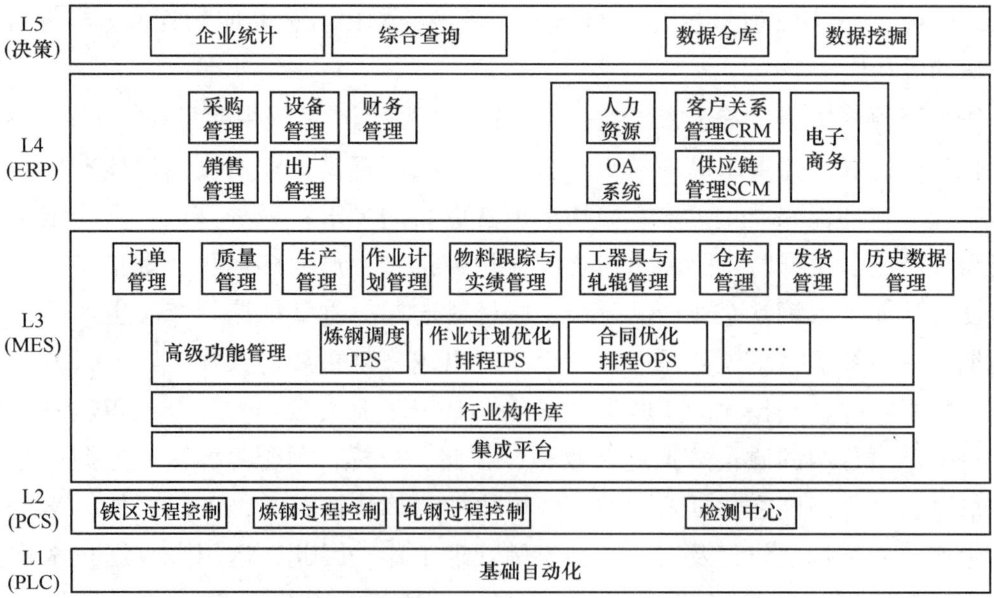

图 2.1 某热轧产线 L1～L5 信息系统通用架构

大数据优势。基础自动化系统可以准确地执行来自过程机的控制指令，进行各种自动化操作。过程机与底层的自动化系统实现快速的信息交互，可以对轧件变形和温度等参数实施快速、实时的反馈控制。

正是由于有良好的自动化基础和有能力的技术队伍，可以说，钢铁行业是离“数字化”最近的行业。

2.2 钢铁行业是对数字技术需求最迫切的行业

2.2.1 钢铁生产过程的严重不确定性

钢铁工业为大型复杂流程工业，全流程各工序均为“黑箱”。由原料到产品经过炼铁—炼钢—轧制—热处理等漫长的冶金过程，除了有限的表观参数之外，钢铁生产诸多环节的内部运行状况为无法直接观测的“黑箱”，内部参数无法在线实时测量，实时信息极度缺乏。现场制造过程运行的数学模型大多为机制模型，由于环境状况和操作条件波动，以及设备运行状态变化，加之过程输入条件、状态变量和控制系统之间的关系十分复杂，这些机制模型对于全流程“黑箱”的复杂动态过程适用性很差，预报精度不高，难以准确透视工艺、设备、质量等关键参数之间的复杂关系。因此，实现全局一体化的精准智能决策难度很大。钢铁生产过程的这些不确定性构成了处于第一位的重大挑战。

2.2.2 系统复杂相关关系和流程方向的遗传效应

钢铁生产流程中存在着复杂的物理、化学过程，甚至发生气、液、固多相共存的连续变化，外界随机干涉因素多，物质/能量转化过程复杂。冶炼、轧制等工序都是异质、异构单元组合的集成体，单元之间存在非线性相互作用、动态耦合过程。各个工序涉及的工艺质量参数成千上万；过程变量类型混杂、维数高、规模大，变量之间存在着多重相关性，具有多变量、强耦合、非线性和大滞后等特点。目前，钢铁工业流程中各个单元为孤岛式的控制，各层次、全流程的协调优化有限，尚不能做到单元间的界面无缝精准衔接。各生产单元的质量、流量和时间偏差，会遗传到下游工序，影响全流程的稳定运行以及工序间设备能力平衡。

2.2.3 数据整合与利用不充分

钢铁行业大量的生产数据与经验知识尚未充分挖掘和实现模型化表述。相当一部分数据未被使用，存放凌乱，未经处理，成为数据垃圾，还谈不上数据处理与转换、挖掘、利用等。此外，由于现场环境和测量手段的限制，目前还有部分关键参数无法在线准确测量。现有系统存在异构硬件、软件、数据和网络，尚未形成矩阵式网络泛在连接与钢铁生产全流程的闭环反馈。通信不畅，数据的合理流动经常遇到阻滞。

2.2.4 解决问题的方案、方法陈旧

为了解决产品开发、工艺优化等方面遇到的大量材料科学问题和实际应用问题，传统钢铁工业主要采用实验验证的方法，即通常所说的“试错法”。这种方法实验量极大，成本很高，研究周期很长，且精度难以提高。此后又发展了“模拟-择优”方法，在虚拟世界里通过数据分析发现物理世界问题的解决方案，再反馈到物理世界指导人们的实践，通过数字世界的模拟，选择最优化的结果。但是，实际生产过程中影响因素和边界条件复杂多变，钢铁行业大吨位的工件状态和变化难以从整体上掌握、控制和模拟计算。所以模拟择优的方法，也受到其精度、计算量、成本等诸多因素限制而难于真正发挥作用。从材料发现到市场应用的漫长时间历程中，由于材料研究和开发计划继续依赖于科学直觉和试错法实验，许多材料的设计和测试目前还是通过耗时且重复的实验和表征循环来进行。在这种情况下，必须将新的智能化的计算工具和实验工具与大数据分析结合起来，以低成本、高效率推进材料科学、技术与生产的进步。

面对上述问题，钢铁行业急切需要数字化转型。做到数据驱动，挖掘数据中的规律；数据流动，需要提高网络化水平；数据自动流动，需要提高智能化水平。钢铁行业的数字化转型势在必行！钢铁行业数字化、网络化、智能化前景广阔！

2.3 钢铁行业有丰富的数字资源和应用场景资源

2.3.1 钢铁行业丰富的数据资源

先进钢铁企业多配置有完备的数据采集和存储系统，储存了生产过程中能够采集到的大规模数据。已采集到的数据有一部分在过程监控、生产状况分析、质量追溯等常规自动化控制中得到应用。实际上，钢铁生产过程中积累的数据蕴含了整个生产流程各层次的海量信息，这是一个汇集全流程历史、经验、规律的巨大宝库。钢铁工业发达的数据感知系统、自动化控制系统和研发设施，能够实现全面的数据采集和丰富的数据积累。它们提供的海量数据中蕴含企业生产过程的全部规律，是最宝贵的资源，是关键生产要素。钢铁行业在充分合理利用丰富的数据资源和实现数字产业化方面具有巨大潜力。

2.3.2　钢铁行业丰富的数字技术应用场景资源

钢铁生产的高炉冶炼、转炉冶炼、电炉冶炼、连铸、轧制等过程均为“黑箱”过程，这些是数字化、智能化信息通信技术应用的最佳场景。借助大数据/机器学习和深度学习等数据分析技术，可以快速解决流程工业普遍存在的“黑箱”难题，达到放大、倍增、叠加的效果。在工业互联网、大数据、云计算、5G网络等信息技术的支撑下，我们可以借助大数据与机器学习/深度学习等数据科学技术，快速挖掘海量数据中蕴含的企业管理与生产过程中的规律，从而利用这些规律解决流程工业普遍存在的“不确定性”等“黑箱”难题，发挥数据技术的放大、倍增、叠加作用，推进钢铁行业的高质量发展。

2.4　钢铁行业具有直接反馈赋能物料的优势

钢铁行业还具有直接反馈赋能物料的优势。如果我们能通过实时大数据分析把钢铁生产的物料——铁水、钢水、钢坯、轧件内部的规律摸清，做出决策，并进行反馈控制，直接作用到物料上，形成闭环反馈赋能，就可以及时纠正各种扰动带来的问题。利用大数据，可以对模型进行自学习、自适应，提高模型的保真度，从而赋值生产过程，提高产品质量，降低生产成本，提高生产效率。

要有“1、2、3”的三个突破。第一是“1”，即突破“一个核心”，也就是建立信息物理系统的数字孪生，目标是建立高保真度的数字孪生模型。这个核心包括两部分。一部分是位于云端的数字孪生自学习系统，它依据来自物理世界的数据，利用机器学习等智能技术，不断进行自学习，修正模型，来适应物理世界的不断变化。另一部分是位于边缘的实时控制，它融入原有的自动化系统，调用经过自学习的数字孪生模型的最新更新，承担生产过程的初设定与动态设定。数字孪生如何无缝地融入原有的边缘自动化系统，用于实现数字孪生与物理实体的实时交互，现在已取得了可喜的成果。不同生产场景有各自不同的特点。所以要注意不能千篇一律，一定要依据各个场景的特点，采用不同的算法，解决各自问题。这是我们需要突破的技术难点。

第二是“2”，要在“双层架构”上取得突破。边缘已经发展成为边缘云，它实质上是融合了数字孪生的强大智能功能的自动化系统，它与物理实体实时交互，循环赋能。边缘设有边缘数据中心，进行相应的数据存储、管理和调用。位于云端智能层的资源配置与管理系统包括七部分：生产计划与调度管理系统（MES、ERP）；设备的运维、管理、诊断、维护、点检、检修等；物流、原料、介质、能源的调度和管理，以及工件跟踪、产品管理、排放管理等；安全；钢铁材料创新基础设施；数字孪生模型自学习系统，自学习、自适应、高度自治；大数据中心，数据处理、储存、存取，特殊的数据管理方式。这七个方面从不同的角度对数字孪生系统的分析决策提供支撑，保证数据采集齐全可靠，数据分析精准，决策科学正确，赋能有效执行。需要各领域专家的深入研究和多学科的密切配合。

第三是“3”，即“云”“边”“端”的连接、协调与配合。“云”“边”前已述及，位于生产线的端部应当具有完备的数据检测系统和精准的基础自动化系统，如图2.2所示。由于钢铁行业作业条件和技术水平的限制，过去的一些数据难以检测，甚至检测不了。比如炼钢过程中的下渣检测、连铸液面波动检测、复杂形状的测量等，现在可以采用各种新的检测方法来实现。利用机器视觉技术可以提供多维测量的信息，经过数据变换和计算，获得我们需要的尺寸、形状、分布，并给出定量的表达。这方面有很大的创新空间。

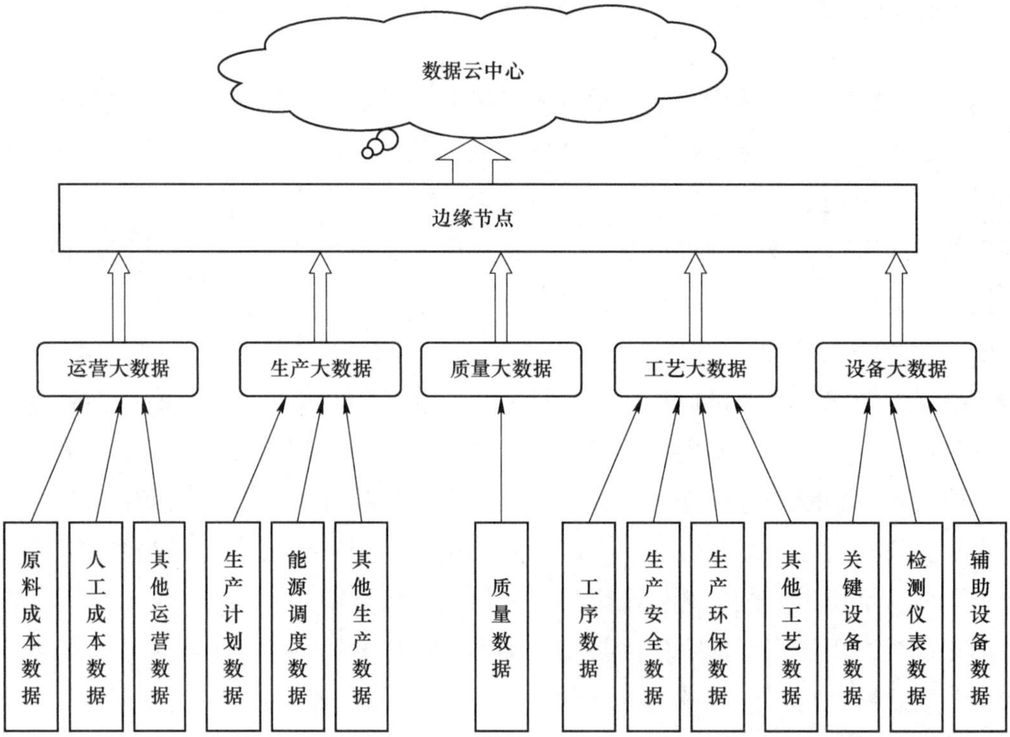

图2.2 “云”“边”“端”数据云中心架构图

2.5 钢铁行业数字技术应用的推进步骤

（1）填平补齐底层生产线的数据采集和执行机构，消除数据采集和指令执行方面的“短板”。钢铁工业要采用数字化技术，实现数字化转型，首要条件是钢铁产线的各个基本单元具有完备、可靠、性能优良的数据采集系统，可以提供精准、齐全的现场有关材料成分设计和实时操作数据等输入数据，以及材料外形尺寸、组织性能、表面质量等输出数据。同时，各工序的基础自动化系统和执行机构必须以足够的响应性和实时性实现过程控制与物理系统的实时交互，完成需要的自动化控制任务。尽管我国多数钢厂是近年建设的，采用了先进的自动化技术，有较好的自动化基础，但是仍然有缺项和“短板”。

(2) 攻克“边缘数字化核心平台”，简称“边缘平台”。钢铁行业的全流程“黑箱”就位于边缘。传统的边缘主要使用基础理论主导的数学模型，来完成过程机设定计算和基础自动化控制。此外，在边缘处还有过程监控系统、质量追溯系统、数据库系统等，近年还有少许的局部智能化控制环节。由于环境状况和操作条件波动以及设备运行状态变化，加之过程输入条件、状态变量和控制系统之间的关系十分复杂，这些机理模型对于全流程“黑箱”的复杂动态过程适用性很差，预报精度不高，难以准确透视工艺、设备、质量等关键参数之间的复杂关系。因此，利用数字化技术改造过的边缘部分设置了边缘数据中心，负责生产过程输入、输出大数据的提取、转换、存储的功能。与此相应，在边缘部分设置“大数据/机器学习解析平台（I）”(D/M 平台 I)，这个平台可以利用数据科学、AI 等技术解析建立和优化数字孪生过程模型，以及实现过程可视化、开发 APP 等功能，并将生产过程数字孪生模型传送到过程控制系统，代替传统的机理模型，进行生产设备的设定和动态设定。

(3) 建设资源配置管理云平台，简称“云平台”。云平台位于云中，负责生产计划、调度、质量、效率等生产活动，原料、供应、能源、介质、排放、物流、人力资源、财务、成本、技术创新与开发等的资源配置和管理功能，是“边缘部分”设定、运行、调度的强大支撑部分。在云平台配置有企业大数据中心和“大数据/机器学习解析平台（Ⅱ）”（D/M 平台Ⅱ），该平台也是利用机器学习等数据转换和处理技术处理、分析生产、设备、能源、物流、安全、市场、销售、资源、财务、战略等各方面的大数据，对相应部分的运行和管理工作进行管理和优化，支撑和保证生产线系统和公司整体的最优化运行。资源配置管理云平台及其功能架构如图 2.3 所示。

(4) 实现生产过程网络化，即系统的通信和网络。原有的光纤通信系统继续使用，并增设 5G 通信网络。在垂直方向上，该系统实现轧制等快过程的短时延交互反馈；在流程方向上，实现各单元之间的顺畅、无缝的优化衔接。这个系统，可以保证通信网络无时不在，无处不在，即插即用，畅通高效。

同时，应注意新系统与企业原有系统的衔接、继承和发展。在保持原系统的优点和优势的同时，发挥“软件定义”的优势，开发先进的计算机软件，把最新的技

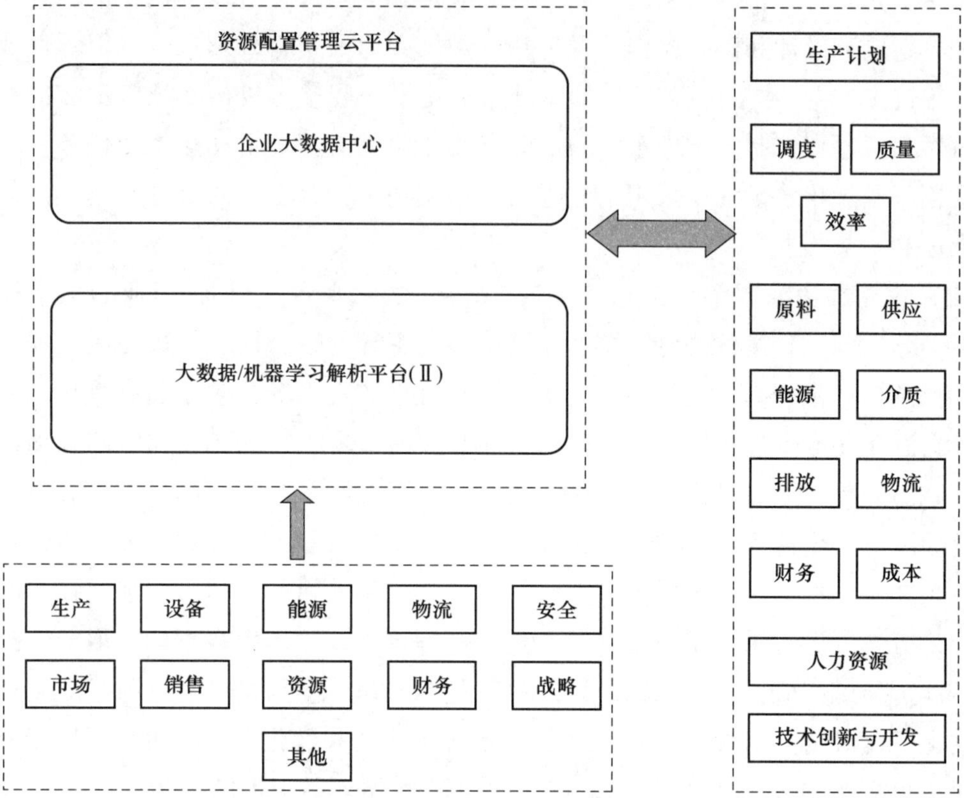

图 2.3 资源配置管理云平台及其功能架构

术无缝融入原系统中去，通过高质量的软件实现对原系统的改造，完成新旧软件系统的顺利过渡。只立不破，多立少破，数据驱动，软件定义，降低改造成本，逐步上线实施，加速建设进程，确保安全可靠。这样做可以大大降低改造的成本，提高改造的效率，加速改造的进度，促进行业的智能化转型。所以，自主创新开发数据驱动、软件定义的全新数字化、网络化和智能化系统，是我们必须认真执行的关键环节。

3 信息物理系统

3.1 信息物理系统概述

3.1.1 信息物理系统的概念与发展

信息物理系统（CPS）是一个集成了信息网络世界和动态物理世界的多维复杂的系统。通过计算、通信和控制（3C）的集成和协作，提供实时传感、信息反馈、动态控制等服务。通过紧密连接和反馈循环，物理和计算过程高度相互依赖。通过这种方式，信息世界与物理过程高度集成和实时交互，以便以可靠、安全、协作、稳健和高效的方式监控物理实体。

2006年美国国家科学基金会（NSF）组织召开了国际上第一个关于信息物理系统的研讨会，并对信息物理系统这一概念做出详细描述。Helen Gill在美国国家科学基金会的一次会议上，给出了信息物理系统的一个定义，其中特别指出："CPS是通过计算核心（嵌入式系统）实现感知、控制、集成的物理、生物和工程系统。在系统中，计算被'深深嵌入'到每一个相互连通的物理组件中，甚至可能嵌入到物料中。CPS的功能由计算和物理过程交互实现。"此后美国政府、学术界和产业界高度重视CPS的研究和应用推广，并将CPS作为美国抢占全球新一轮产业竞争制高点的优先议题。

2013年德国《工业4.0实施建议》将CPS作为工业4.0的核心技术，并在标准制定、技术研发、验证测试平台建设等方面做出了一系列战略部署。CPS因控制技术而起、信息技术而兴，随着制造业与互联网融合迅速发展壮大，正成为支撑和引领全球新一轮产业变革的核心技术体系。

2015年，国务院印发了部署全面推进实施制造强国的战略文件《中国制造2025》，作为中国实施制造强国战略第一个十年的行动纲领，文件指出"基于信息物理系统的智能装备、智能工厂等智能制造正在引领制造方式变革"，要围绕控制系统、工业软件、工业网络、工业云服务和工业大数据平台等，加强信息物理系统的研发与应用。《国务院关于深化制造业与互联网融合发展的指导意见》明确提出，"构建信息物理系统参考模型和综合技术标准体系，建设测试验证平台和综合验证试验床，支持开展兼容适配、互联互通和互操作测试验证。"当前，《中国制造2025》正处于全面部署、加快实施、深入推进的新阶段，面对信息化和工业化深度融合进程中不断涌现的新技术、新理念、新模式，迫切需要研究信息物理系统的背景起源、概念内涵、技术要素、应用场景、发展趋势，以凝聚共识、统一认识更好地服务于制造强国建设。

2017 年，我国工信部组织编写的《信息物理系统白皮书》给出信息物理系统的定义：CPS 通过集成先进的感知、计算、通信、控制等信息技术和自动控制技术，构建了物理空间与信息空间中人、机、物、环境、信息等要素相互映射、适时交互、高效协同的复杂系统，实现系统内资源配置和运行的按需响应、快速迭代、动态优化。信息物理系统的概念图如图 3. 1 所示。

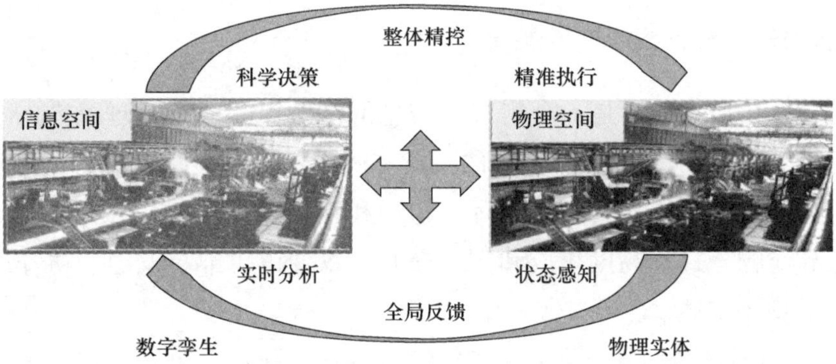

图 3. 1 信息物理系统概念图

通过对信息物理系统内涵和外延的深入挖掘，白皮书确定了 CPS 的“一个总体定位”，即信息物理系统是支撑两化深度融合的一套综合技术体系，其目标是通过打通两大空间（信息空间和物理空间）在数据闭环自动流动的四个过程（状态感知、实时分析、科学决策、精准执行）中实现“资源的优化配置”。

CPS 中的“物理”（Physical）一词，并非意指“物理学的”，而是指与“虚拟”“数字”相对应的“物质的”“实体的”。也就是说，这个空间可以是“物理学的”，也可以是“化学的”，或“生物学的”等。图 3. 2 显示了 CPS 术语的来源历程。

3. 1. 2 物理空间与信息空间

信息物理系统通过集成先进的感知、计算、通信、控制等信息技术和自动控制技术，构建了物理空间与信息空间中人、机、物、环境、信息等要素相互映射、适时交互、高效协同的复杂系统，实现系统内资源配置和运行的按需响应、快速迭代、动态优化。

针对冶金生产过程，物理空间中的物件，包括机电设备和各种构件，也可以包括各种“物料”，例如钢铁生产线上的铁水、钢水、连铸坯、热轧件、冷轧件等。由于

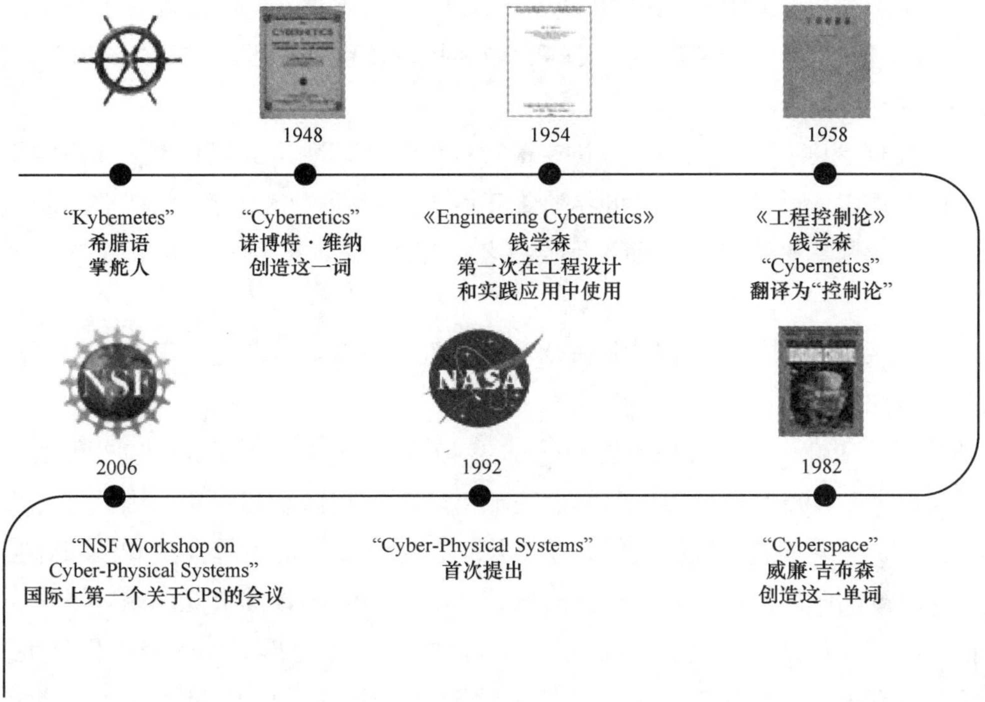

图 3.2 CPS 术语来源历程

流程行业，特别是材料行业的制造对象就是“物料”，需要确保用物料制得的产品具有需要的形状、性能和表面质量，所以钢铁行业对物理空间中物料的冶炼与加工给予了特殊的关注。物理空间的钢铁生产设备上，安装有大量的执行机构，执行各种冶金和加工操作指令；同时在设备上还安装有大量的传感器，感知生产过程的信息，并通过网络将信息发送到另一个空间，即信息空间。

信息空间又称为虚拟空间，它是利用来自物理空间的大数据和机器学习方法，建立一系列模型，获得用来预测物理实体的变化行为的数字虚体。数据驱动的大数据/机器学习方法提供了一种人类认识复杂系统的新思维和新手段。这种思维和方法，可以构造现实世界的数字虚拟映像，即数字孪生。数字孪生承载了现实世界的运行规律。对这个数字映像的深度分析，将有可能理解和发现现实复杂系统的运行行为、状态和规律。

虚拟空间的数字孪生系统是 CPS 的关键核心支撑。对于材料加工、冶金质量控制来说，数字孪生是核心、关键技术。对材料技术来讲，数字孪生就是描述操作量（工艺）、材料成分设计与控制目标（材料的组织与性能、材料的外形尺寸与表面质量，以及一些用非结构化数据表达的状态量等）之间关系的一套高保真度预测模型。预测在既定工艺和成分设计条件下，控制目标（或控制对象）的高保真虚拟映像。或者说，数字孪生就是安装在物理系统上的超级“显微镜”“电镜”“摄像机”“性能测试机”，即具有精准“原位分析能力”的“仪器”。如果能够以足够的精度给出描述材料成分、生产工艺与产品组织、性能、外形尺寸、表面质量、状态量等控制目标量之间的关系，则材料制备、加工过程的可靠、精确控制才能成为可能。数字孪生应当满足下述3项关键要求：

（1）高保真度：对数字孪生来讲，最重要的是数字孪生的保真度，即数字孪生要无限接近于真实。而且，在物理世界随着环境等因素发生变化时，它能够随着这些变化而进行自我调整，始终跟随网络世界变化。因此，人工智能和大数据是建立数字孪生的重要条件。

（2）全局性：利用大数据的相关性和全局性，对全局过程进行解耦，保证全局的优化和总体性能的提高。

（3）高响应性：轧制等快速生产过程，对其数字孪生提出了高响应性的要求，必须保证在数十毫秒或数百毫秒的时间内完成对轧制过程的动态设定。因此，优质的数字孪生系统必须采用新一代的通信和网络技术，达到极高的运算速度和网络连接的低时延，实现高响应性。CPS通过构筑信息空间与物理空间数据交互的闭环通道，能够实现信息虚体与物理实体之间的交互联动。以物理实体建模产生的静态模型为基础，通过实时数据采集、数据集成和监控，动态跟踪物理实体的工作状态和发展趋势，将物理空间中的实体在信息空间进行全要素重建，形成泛在连接、虚实映射、实时联动、精准反馈与系统自治的数字孪生体。

与机械等行业相比较，冶金、材料、加工等流程工业，它们的计算过程可以而且必须“嵌入到物料”，也即是说，数字孪生的计算首先必须针对物料进行。这些过程的产品质量、产量、生产成本和效率、稳定性等，决定于钢铁行业贯穿生产全流程的“物料”的状态与变化。所以，“物料”及其变化、控制的规律，是钢铁行业“物理空间”中的最重要的决定性因素，是钢铁行业进行“计算”时最关注的核心内容。在钢铁材料冶金与加工过程中，数字孪生就是描述操作量（工艺）、材料成分设计与控制目标（材料的组织与性能、材料的外形尺寸与表面质量，以及一些用非结构化数据表达的状态量等）之间关系的一套高保真度预测模型，用于预测在既定工艺和成分设计条件下，控制目标（或控制对象）的高保真虚拟映像。因而，在既定的工艺条件和成分设计条件下，利用这套模型可以预测最终获得的产品尺寸、性能、表面质量等，也可以在预测值偏离目标值的情况下，利用这套模型逆向优化工艺和成分设计，从而获得既定的目标值。

3.1.3 信息物理系统架构

信息物理系统通过集成先进的感知、计算、通信、控制等信息技术和自动控制技术，构建了信息（Cyber）空间与物理（Physical）空间中人、机、物、环境、信息等要素相互映射、适时交互、高效协同的复杂系统，实现系统内资源配置和运行的按需响应、快速迭代、动态优化。冶金行业 CPS 的本质是一套基于数据自动流动的状态感知、实时分析、科学决策、精准执行的闭环赋能体系，解决生产制造、应用服务过程中的复杂性和不确定性问题，提高资源配置效率，实现资源优化，是钢铁智能制造的关键技术支撑。

信息物理系统具有全局性与整体性、相关性与保真度、实时性与动态性三大优势，包括单元级、系统级和系统之系统（SoS）级三个层次，如图 3.3 所示。

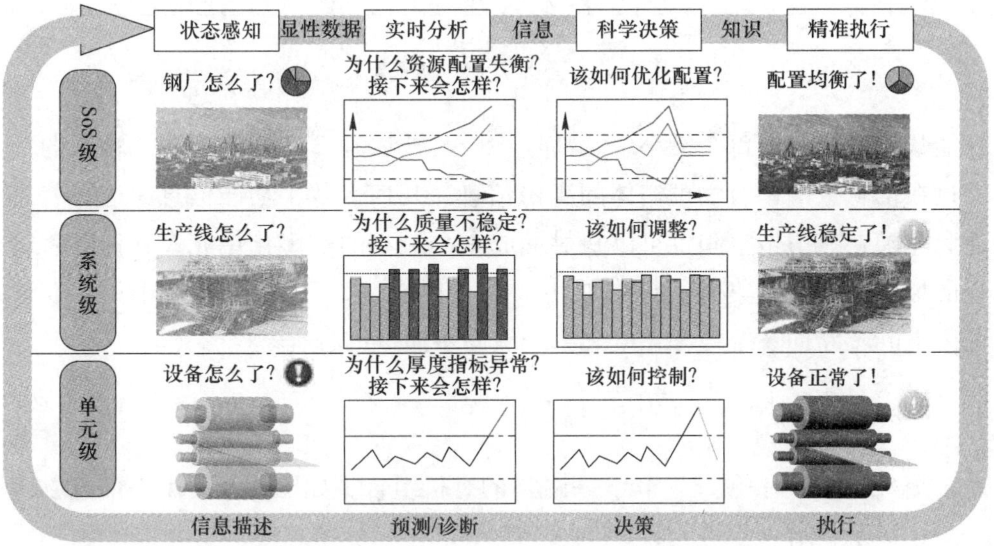

图 3.3 信息物理系统的三个层次

具体来说，信息物理系统具有明显的层级特征，小到一个智能部件、一个智能产品，大到整个智能工厂都能构成信息物理系统。信息物理系统建设的过程就是从单一部件、单机设备、单一环节、单一场景的局部小系统不断向大系统、巨系统演进的过程，是从部门级到企业级、再到产业链级乃至产业生态级演进的过程，是数据流闭环体系不断延伸和扩展的过程，并逐步形成相互作用的复杂系统网络，突破地域、组织、机制的界限，实现对人才、技术、资金等资源和要素的高效整合，从而带动产品、模式和业态创新。

3.1.3.1 单元级 CPS

单元级是具有不可分割性的信息物理系统最小单元，如图 3.4 所示，可以是一个部件或一个产品，通过“一硬”（如具备传感、控制功能的机械臂和传动轴承等）和“一软”（如嵌入式软件）就可构成“感知—分析—决策—执行”的数据闭环，由此具备可感知、可计算、可交互、可延展、自决策的功能，典型如智能轴承、智能机器

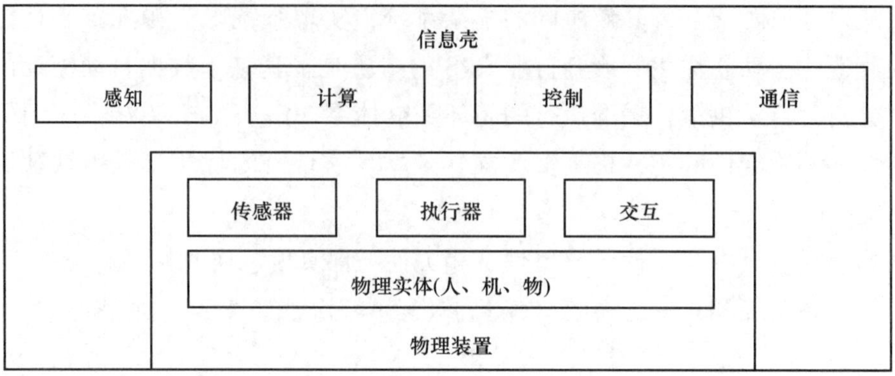

图 3.4 单元级 CPS 体系架构

人、智能数控机床等。每个最小单元都是一个可被识别、定位、访问、联网的信息载体，通过在信息空间中对物理实体的身份信息、几何形状、功能信息、运行状态等进行描述和建模，在虚拟空间也可以映射形成一个最小的数字化单元，并伴随着物理实体单元的加工、组装、集成不断叠加、扩展、升级，这一过程也是最小单元在虚拟和实体两个空间不断向系统级和系统之系统级同步演进的过程。

3.1.3.2 系统级 CPS

系统级 CPS 是“一硬、一软、一网”的有机组合，如图 3.5 所示。信息物理系统的多个最小单元（单元级）通过工业网络（如工业现场总线、工业以太网等，简称“一网”），实现更大范围、更宽领域的数据自动流动，就可构成智能生产线、智能车间、智能工厂，实现了多个单元级 CPS 的互联、互通和互操作，进一步提高制造资源优化配置的广度、深度和精度。系统级 CPS 基于多个单元级最小单元的状态感知、信息交互、实时分析，实现了局部制造资源的自组织、自配置、自决策、自优化。由传感器、控制终端、组态软件、工业网络等构成的分布式控制系统（DCS）和数据采集

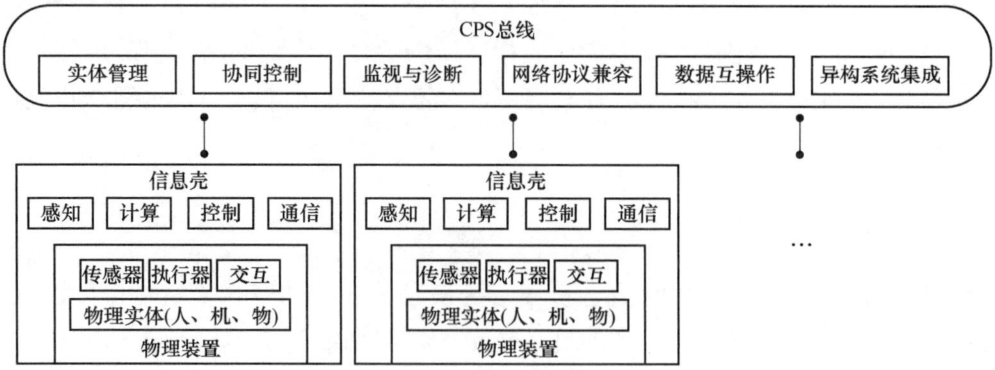

图 3.5 系统级 CPS 体系架构

与监控系统（SCADA）是系统级 CPS，由数控机床、机器人、AGV 小车、传送带等构成的智能生产线是系统级 CPS，通过制造执行系统（MES）对人、机、物、料、环等生产要素进行生产调度、设备管理、物料配送、计划排产和质量监控而构成的智能车间也是系统级 CPS。

3.1.3.3 系统之系统级 CPS

系统之系统级（即 SoS 级）是多个系统级 CPS 的有机组合，如图 3.6 所示，涵盖了“一硬、一软、一网、一平台”四大要素。SoS 级 CPS 通过大数据平台，实现了跨系统、跨平台的互联、互通和互操作，促成了多源异构数据的集成、交换和共享的闭环自动流动，在全局范围内实现信息全面感知、深度分析、科学决策和精准执行。基于大数据平台，通过丰富开发工具、开放应用接口、共享数据资源、建设开发社区，加快各类工业 APP 和平台软件的快速发展，形成一个赢者通吃的多边市场，构建一个新的产业生态。西门子 Mindsphere、GE Predix 以及海尔 COSMO、PTC 的 ThingWorx 等软件和大数据平台，通过实现横向、纵向和端到端集成，形成了开放、协同、共赢的产业新生态，体现了 SoS 级 CPS 的发展方向。

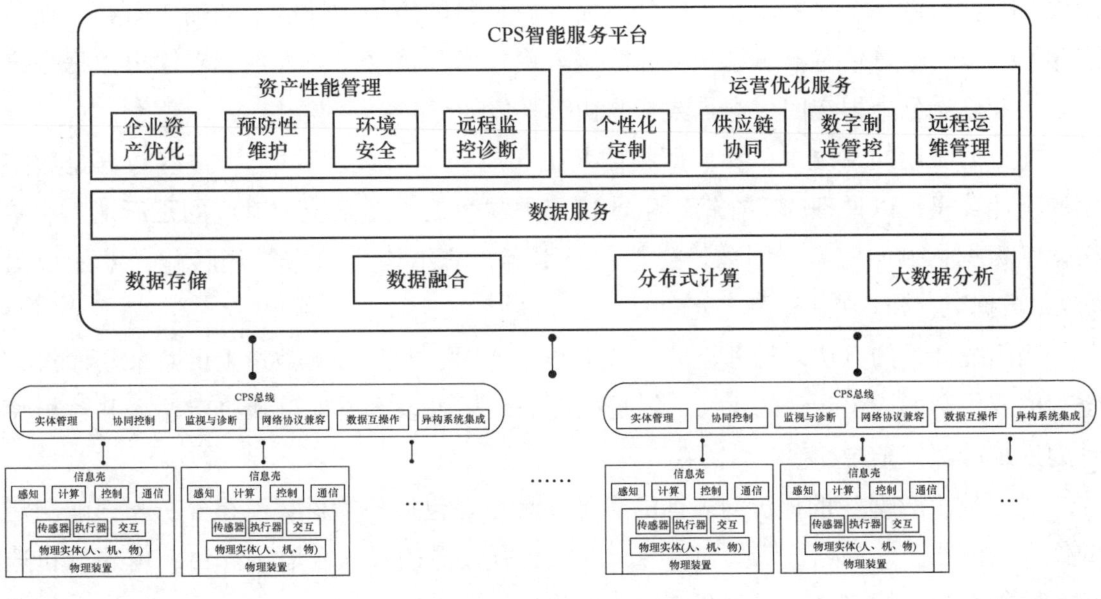

图 3.6 SoS 级 CPS 体系架构

3.2 数据自动流动的四个过程

信息物理系统打通信息空间和物理空间，在状态感知、实时分析、科学决策和精准执行数据闭环自动流动的四个环节中实现“资源的优化配置”。大量蕴含在物理空间中的隐性数据经过状态感知被转化为显性数据，进而能够在信息空间进行计算分析，将显性数据转化为有价值的信息。不同系统的信息经过集中处理形成对外部变化的科学决策，将信息进一步转化为知识。最后以更为优化的数据作用到物理空间，构成一次数据的闭环流动。

3.2.1 状态感知

状态感知是对外界状态的数据获取。生产制造过程中蕴含着大量的隐性数据。这些数据暗含在实际过程中的方方面面，如物理实体的尺寸、运行机理，外部环境的温度、液体流速、压差等。状态感知通过传感器、物联网等一些数据采集技术，将这些蕴含在物理实体背后的数据不断地传递到信息空间，使得数据不断“可见”，变为显性数据。状态感知是对外界状态的数据获取，是数据自动流动闭环的起点，也是数据自动流动的源动力。

在钢铁生产过程中我们可以获得的数据是被冶炼加工处理的材料的原始成分、冶炼与加工的操作参数，即冶炼加工过程的输入参数；另外，我们可以通过在线或离线的检测，获得液态金属的温度、成分及加工后材料的组织和性能等的输出参数。在状态感知环节，通过传感器、物联网等数据采集技术，将这些输入数据和输出数据采集下来，并输送到虚拟空间。这是数据的初级采集加工。

在数据驱动的系统中，我们所指的数据，应当是“数字数据”，这些数据是数字化的、计算机可以处理的。在钢铁生产过程中与数据驱动系统中对应的是所谓“非结构化”数据，例如声音、图像、视频、文本等。非结构化数据需经转化，才能成为“数字数据”，才能在计算机上处理。

当用统计学的方法来处理上述“数字数据”时，它们只有数量上的意义，而没有物理的或化学的或生物学的意义，但是处理的结果可以本质地反映决定输入和输出关系的系统内部复杂规律。

对“数字数据”的评价与表征的实验工具主要包括各类材料组织分析和性能测定的仪表、仪器，这一点长期受到重视，以往已有大量的投入。原子探针、球差校正透射电镜等高级分析仪器正在逐渐普及。

在实际的研究过程中“数字数据”的获取主要依赖于各类物理模拟实验工具和在线、离线的检测仪表和实验设备。依据规模，物理模拟实验工具可以分为 3 类，即实验室级实验工具、中试级实验工具、生产线级实验工具。

已经有一批实验室级物理模拟装置，例如热加工热力模拟试验机、连续退火模拟试验机、涂镀模拟试验机、连铸实验模拟机、钮扣式冶炼装置等。

中试级的物理模拟实验工具应用也十分广泛。在我国钢铁企业已经建设了一批国际先进的中试实验基地，装备有中试实验用的中小型的冶炼、连铸、轧制、热处理与涂镀的中试线。这些中试基地的装备和实验条件，已经达到了很高的水平，在国际上也有相当的影响。

当然，这些实验室仪器和中试级生产模拟装备只能够提供小样本模拟实验的数据。如何让它们更好地适用于大规模的生产过程，需进一步开发工艺规则迁移系统，将小样本的结果顺利迁移到大生产中，并利用生产线的大数据进一步优化、提升。

生产线级实验工具是高通量型的实验工具，可以提供海量的大数据，有巨大发展前景。这种工业的大型“实验系统”充分利用现场的生产装备和完备的数据采集系统，获得实时生产数据，以及数据中心的大量历史数据。利用具有“原位分析”能力的信息物理系统，进行数据挖掘，获取生产线上材料的演变规律，并进行实时反馈控制，将大幅度提高新产品、新工艺、新装备的开发速度和应用转化周期，大幅度减低研发与转化成本。

3.2.2 实时分析

实时分析是对显性数据的进一步理解，是将感知的数据转化成认知的信息的过程，是对原始数据赋予意义的过程，也是发现物理实体状态在时空域和逻辑域的内在因果性或关联性关系的过程。显性数据并不一定能够直观地体现出物理实体的内在联系，但可通过实时分析，挖掘出隐含在事物中的内在规律。实时分析是建立并不断优化数字孪生模型的过程。

为了统一处理钢铁生产过程的各个阶段中采集的不同类型、不同用途、互相关联的数据，应当将它们存入到各自的数据库中。因此，人们建立了高可靠、大容量的数据中心。数据中心是数字经济时代企业的数据枢纽，又是承载数据的基础物理单元，进行海量数据的接收、处理、存储、计算与转发，肩负着企业的知识中心、决策中心及通用业务平台的重任。数据中心采取“数据集中、应用分布”的方式，可以有效地加强信息资源的管理，提高信息资源的利用率，促进数据资源的共享和交流。数据中心中知识的集中沉淀与优化，将促进企业进步与发展。企业关键应用系统和关键硬件设施均统一集中在数据中心，支持企业核心业务运作。

在钢铁生产流程中，各个生产单元的边缘要建立边缘数据中心，以进行不同工艺单元数字孪生的建模和边缘与生产过程的快速、实时信息交互。公司层面建立的大数据中心，通过数据分析对各个单元的生产管理/运行/设备/物流/能源介质/安全等支撑条件的数据进行管理和优化，并实现各生产单元之间的协调、平衡和无缝衔接。建立数据中心是增强企业核心竞争力的必然需求。

实时分析包括 3 个方面，即数据预处理、数据存储、数据分析。这 3 个过程均在数据中心进行。

（1）数据预处理：作为数据分析的第一步，是对采集自物理世界的“粗”信息，进行数据预处理，去伪存真，去粗取精，完成对已接收数据的辨析、抽取、清洗、转换、去重等操作。

（2）数据存储：经过预处理的数据要在数据库中存储起来，以便管理和调用。数据库要重点解决复杂结构化、半结构化和非结构化大数据管理与处理技术和大数据的可存储、可表示、可处理、可靠性及有效传输等几个关键问题。

钢铁工业是流程工业，每一个特定区位的材料都需要经过钢铁全流程的冶金和加工过程，它具有自己特定的化学成分，并在特定的时间、特定的工艺环节，以特定的工艺参数，经过冶炼、变形制备出来。正是这些特定的成分、特定的工艺及其参数决定了特定的材料组织、性能和服役表现。而这其中的规律，即成分、工艺与材料组织、性能、服役性能之间的关系，恰恰是钢铁材料研究的核心内容。所以，钢铁材料的数据必须以材料的这个基本关系、基本规律为核心关注点、以时空关系和逻辑关系为“纲”将数据存储起来。举起这个“纲”，则各种“目”，例如质量、产量、效率、成本、稳定性、能耗、物流、设备状况等，都可以“张”。即使是海量数据，也梳理得清清楚楚、一目了然，彼此间互联互通，管理使用按图索骥，计算处理得心应手。所以，这是建立钢铁企业数据在数据中心存储时必须遵循的原则。

（3）数据分析：需要经过实时分析环节，利用数据挖掘、机器学习、聚类分析等数据处理分析技术对数据进一步分析，使得数据不断“透明”、显性化，然后将显性化的数据进一步转化为直观可理解的信息。机器学习等智能技术应用于大数据的挖掘，将是利用钢铁行业大数据资源、挖掘其中隐含的客观规律的高效、保真、低成本的方法。

2008 年的材料集成计算工程（ICME）实施后，包括量子力学、原子尺度、介观尺度和连续尺度上的跨尺度材料建模，有了显著的改进。这些进步主要由物理科学的进步所推动，加上过去十多年间计算能力的显著提升以及实验和数据的整合，材料性能的计算有了一定的提高。它们被用来预测许多材料类型的结构-性能关系，发现新的结构，加强对实验数据的解释，并丰富了现有的材料数据库。

这些方法加强了基础科学研究，例如材料力学和与材料生长有关的物理和化学，以及与工业中材料零件制造有关的应用工程。电子结构计算软件（即密度泛函理论、DFT）、介观尺度建模软件 CALPHAD 和 DICTRA、连续体状态变量过程模型、相场、动力学蒙特卡罗方法等经过改进，都获得了更加广泛的应用。

经过中国科研工作者的努力，过去 30 余年，在轧制过程物理冶金模型与人工智能模型开发、使用方面，不断取得进步，已经在建立轧制过程数字孪生、开发信息物理系统、进行智能制造方面发挥重要作用，促进了中国轧制过程信息物理系统的建模、应用和发展。应当指出的是，尽管人们在跨尺度材料建模方面进行了大量的改进，但是由于实际过程中大块材料的复杂边界条件与物理参量、材料性质在材料内部和表面的绝对不均匀分布，当跨尺度建模方法应用到具体的问题时会遇到无法逾越的障碍，很难达到高保真度的效果。所以在数据科学和人工智能技术登上世界科技舞台之后，材料界的努力方向自然而然地转向大数据与机器学习相结合的新型数据科学技术。这些技术包括机器学习、深度学习、聚类分析、知识图谱等。

3.2.3 科学决策

科学决策是对信息的综合处理，是通过大数据平台实现异构系统数据的流动与知识的分享。不同系统的信息经过集中处理形成对外部变化的科学决策，将信息进一步转化为知识。最后以更为优化的数据作用到物理空间，构成一次数据的闭环流动。为了达到在一定的条件约束下的管理或控制目标，基于系统的现状的评估，利用理论推理、积累经验和数字孪生模型进行预测计算，计算结果可以是最优的系统设定，也可以是操作指导或未来状态的评估。这要看系统接受反馈赋能的能力。

对于可以实现反馈赋能的 CPS 系统来说，科学决策能够权衡判断当前时刻获取的所有来自不同系统或不同环境下的信息，形成最优决策，对物理空间实体反馈控制，闭环赋能。这是钢铁等流程工业特有的优势。分析决策并最终形成最优策略是 CPS 的核心关键环节。这个环节不一定在系统最初投入运行时就能产生效果，往往在系统运行一段时间之后，逐渐形成一定范围内的知识，对信息的进一步分析与判断，使得信息真正地转变成知识，并且不断地迭代优化形成系统运行、产品状态、企业发展所需的知识库。

当用数据分析方法分析云平台上的一些问题，不能直接反馈到物理世界并进行反馈赋能，就要经过可视化处理或图形显示，给出操作指导，再由人工进一步判断，做出决策，最后由人工执行，或者由显示器给出警示信息或下一步的操作建议，由操作人员去执行。这种情况下，不能形成反馈闭环循环赋能。

3.2.4 精准执行

精准执行是对决策的精准物理实现，是通过控制器、执行器等机械硬件实现对决策的反馈响应。对于可以将决策反馈回物理空间的 CPS 系统来讲，在信息空间分析并形成的决策最终将会作用到物理空间，而物理空间的实体设备以数据的形式接受信息空间的决策。因此，执行的本质是将信息空间产生的决策转换成物理实体可以执行的命令，进而在物理层面实现。接下来，物理空间将输出更为优化的数据，使得物理空间设备运行更加可靠，资源调度更加合理，实现企业高效运营，各环节智能协同效果逐步优化。

对于可以最终形成 CPS 的系统来说，在系统投入运行的初期，也可以先不形成闭环反馈循环赋能，而是进行操作指导，由有经验的操作人员做出最终决策。待成熟后，再形成闭环反馈循环赋能，成为真正的 CPS。

有些系统，不能实现闭环反馈循环赋能，例如基于大数据的设备状态监测等，可以通过“热图”显示，进行事前预维修工作的指导，然后由有经验的操作人员做出最终决策。

3.3 信息物理系统的六个特征

“原位分析系统”直接与生产线设备一起构成一个系统。这个系统中物理世界与虚拟世界可以实时交互、形成一个闭环赋能循环系统，则构成了一个信息物理系统。信息物理系统具有六个特征，即：数据驱动、软件定义、泛在连接、虚实映射、异构集成和高度自治。

3.3.1 数据驱动

通过构建“状态感知、实时分析、科学决策、精准执行”数据自动流动的闭环赋能体系，CPS 能够将数据源源不断地从物理空间中的隐性形态转化为信息空间的显性形态，并不断迭代优化形成知识库。在这一过程中，状态感知的结果是数据；实时分析的对象是数据；科学决策的基础是数据；精准执行的输出还是数据。因此，数据是 CPS 的灵魂所在，数据在自动生成、自动传输、自动分析、自动执行以及不断地迭代优化中不断累积，螺旋上升，不断产生更为优化的数据，能够通过质变引起聚变，实现对外部环境的资源优化配置。数据驱动的信息物理系统概念图如图 3.7 所示。

3.3.2 软件定义

软件整合芯片、传感与控制设备等一起对传统的网络、存储、设备等进行定义，并正在从 IT 领域向工业领域延伸。工业软件是对工业各类生产环节规律的代码化，支撑了绝大多数的生产制造过程。作为面向制造业的 CPS，软件就成为了实现 CPS 功能的核心载体之一。从生产流程的角度看，CPS 会全面应用到研发设计、生产制造、管理服务等方方面面，通过对人、机、物、法、环全面的感知和控制，实现各类资源的优化配置。这一过程需要依靠对工业技术模块化、代码化、数字化，以及不断软件化，

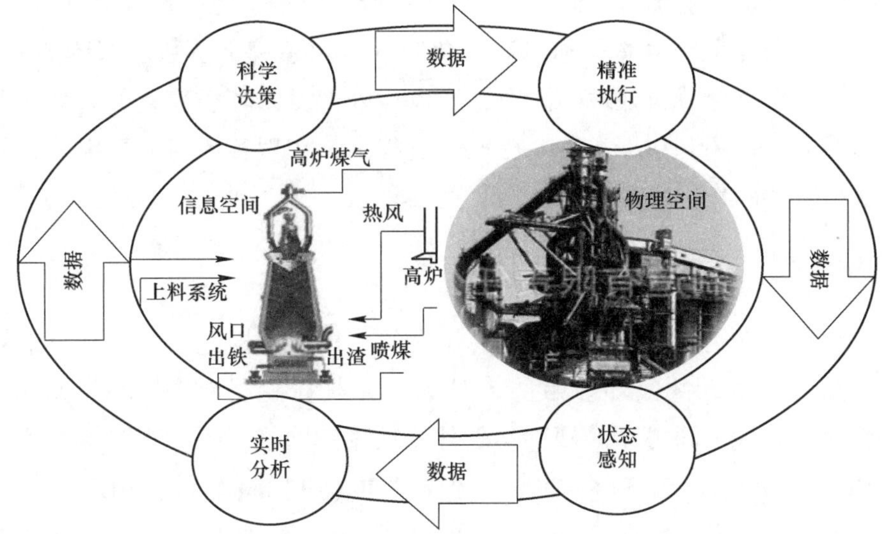

图 3.7 数据驱动的信息物理系统

并被广泛利用。从产品装备的角度看，一些产品和装备本身就是 CPS。软件不但可以控制产品和装备运行，而且可以把产品和装备运行的状态实时展现出来，通过分析、优化，作用到产品、装备的运行，甚至是设计环节，实现迭代优化。

3.3.3 泛在连接

网络通信是 CPS 的基础保障，能够实现 CPS 内部单元之间以及与其他 CPS 之间的互联互通。应用到工业生产场景时，CPS 对网络连接的时延性、可靠性等网络性能和组网灵活性、功耗性能等都有特殊要求，还必须解决异构网络融合、业务支撑的高效性和智能性等挑战。随着无线宽带、射频识别、信息传感及网络业务等信息通信技术的发展，网络通信将会更加全面深入地融合信息空间与物理空间，表现出明显的泛在连接特征，实现在任何时间、任何地点、任何人、任何物都能顺畅地通信。构成 CPS 的各器件、模块、单元、企业等实体都要具备泛在连接能力，并实现跨网络、跨行业、异构多技术的融合与协同，以保障数据在系统内的自由流动。泛在连接通过对物理世界的实时采集、传输，以及信息世界控制指令的实时反馈下达，提供无处不在的优化决策和智能服务。

3.3.4 虚实映射

CPS 构筑信息空间与物理空间数据交互的闭环通道，能够实现信息虚体与物理实体之间的交互联动。以物理实体建模产生的静态模型为基础，通过实时数据采集、数据集成和监控，动态跟踪物理实体的工作状态和工作进展（如采集测量结果、追溯信息等），将物理空间中的物理实体在信息空间进行全要素重建，形成具有感知、分析、决策、执行能力的数字孪生（亦称为数字化映射、数字镜像、数字双胞胎）。同时借助信息空间对数据综合分析处理的能力，形成对外部复杂环境变化的有效决策，并通过以虚控实的方式作用到物理实体。在这一过程中，物理实体与信息虚体之间交互联动，虚实映射，共同作用提升资源优化配置效率。

3.3.5 异构集成

软件、硬件、网络、工业云等一系列技术的有机组合构建了一个信息空间与物理空间之间数据自动流动的闭环"赋能"体系。尤其在高层次的 CPS，如 SoS 级 CPS 中，往往会存在大量不同类型的硬件、软件、数据、网络。CPS 能够将这些异构硬件（如 CISC CPU、RISC CPU、FPGA 等）、异构软件（如 PLM 软件、MES 软件、PDM 软件、SCM 软件等）、异构数据（如模拟量、数字量、开关量、音频、视频、特定格式文件等）及异构网络（如现场总线、工业以太网等）集成起来，实现数据在信息空间与物理空间不同环节的自动流动，实现信息技术与工业技术的深度融合。因此，CPS 必定是一个对多方异构环节集成的综合体。异构集成能够为各个环节的深度融合打通交互的通道，为实现融合提供重要保障。

3.3.6 系统自治

CPS 能够根据感知到的环境变化信息，在信息空间进行处理分析，自适应地对外部变化做出有效响应。同时在更高层级的 CPS 中（即系统级、SoS 级）多个 CPS 之间通过网络平台互联（如 CPS 总线、智能服务平台）实现 CPS 之间的自组织。多个单元级 CPS 统一调度，编组协作，在生产与设备运行、原材料配送、订单变化之间的自组织、自配置、自优化，实现生产运行效率的提升，订单需求的快速响应等；多个系统级 CPS 通过统一的智能服务平台连接在一起，在企业级层面实现生产运营能力调配，企业经营高效管理、供应链变化响应等更大范围的系统自治。在自优化、自配置的过程中，大量现场运行数据及控制参数被固化在系统中，形成知识库、模型库、资源库，使得系统能够不断自我演进与学习提升，提高应对复杂环境变化的能力。

3.4 数据驱动的原位分析系统

3.4.1 原位分析系统概述

由美国科学院、工程院、医学院发布的《Frontiers of Materials Research：A Decadal Survey（2019）》在谈到基因组计划时指出："随着合成和加工方法的进步，需要新的原位分析能力来理解物理和化学过程。这些分析工具需要与计算工具相结合，以便分析和利用数据并做出决策。引入机器学习算法和数据分析有可能加速这一领域的探索和进步，并有利于进一步利用理论、建模和模拟来识别材料的潜在新性质、结构和组织。”

在生产线附近的边缘，设置一个数据驱动的原位分析系统（图3.8）。它能够以足够的精度给出描述材料成分、生产工艺与产品组织、性能、外形尺寸、表面质量、状态量等控制目标之间的关系，为后续的过程设定提供具有自学习、自适应、自组织能力的高保真度模型系统。

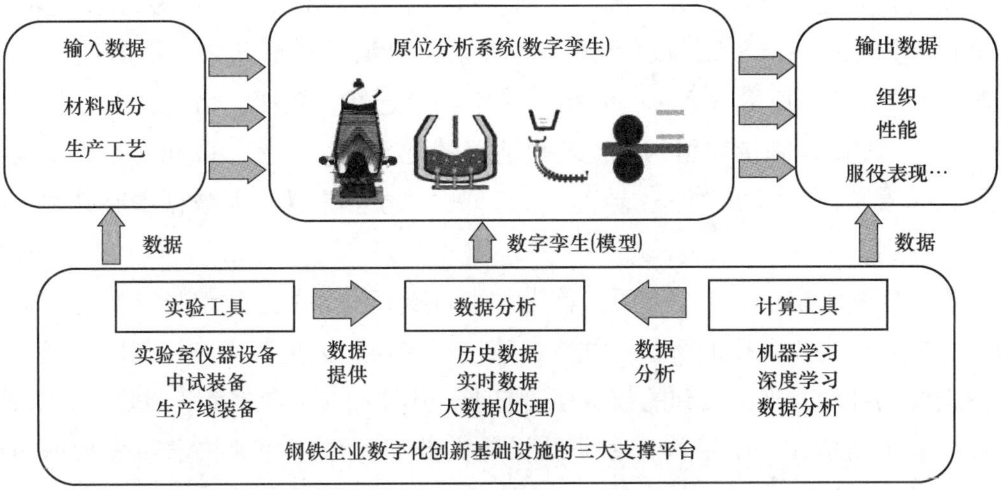

图3.8 钢铁行业数据驱动的原位分析系统

信息物理系统的数字孪生直接安装在邻近生产设备的边缘，对钢铁生产过程操作参数的实测信息、传感器的实测边界信息、半成品及最终产品的取样离线测量等信息进行智能处理和集成，采用知识图谱和深度学习等技术进行数据挖掘，从海量数据中准确透视工艺、设备、质量等关键参数之间的复杂关系，构建适用于动态反馈、实时交互的高精度的机理模型或人工智能模型，组成高保真度的数字孪生。来自生产线的工艺、成分及目标控制值的实测信息，经过数字孪生系统的分析、优化，做出控制决策，并送回生产线即时进行控制。所以信息物理系统的数字孪生是一个精确、实时、动态的“原位分析”系统。

融合工艺机理、生产数据和经验知识，构建起来的高保真度数字孪生系统，可以破解钢铁生产过程“黑箱”，实现生产过程的高度透明化和高保真度模型化描述，以及实时、快速、精准的反馈控制，是产品质量检测、新控制功能测试、新产品开发、生产过程优化的重要手段。

3.4.2 数据处理技术

来自生产线数据采集系统的原始数据，首先要使用 ETL 工具批量化地进行预处理，完成数据提取、转换、存储等操作。

钢铁工业是流程工业，每一小块材料都需要经过钢铁全流程，它具有自己特定的化学成分，在特定的时间、特定的工艺环节、以特定的工艺参数，经过冶炼、变形制备出来。正是这些特定的成分、特定的工艺及其参数决定了材料的组织、性能和服役表现。而这其中的规律，即成分、工艺与材料组织、性能、服役性能之间的关系，恰恰是钢铁材料研究的核心内容。所以，钢铁材料的数据必须以材料的这个基本关系、基本规律为核心关注点、以与这个核心的关系为“纲”集成起来。举起这个“纲”，则各种“目”，例如质量、产量、效率、成本、稳定性、能耗、物流、设备状况等都可以“张”。即使是海量数据，也梳理得清清楚楚、一目了然，彼此间互联互通，管理使用按图索骥，计算处理得心应手。所以，这是建立钢铁企业数据中心必须遵循的最主要的原则。

数据处理和利用包括 3 个方面。首先，来自物理世界的采集信息，要进行数据预处理，完成对已接收数据的辨析、抽取、清洗、转换、去重等操作。其次，经过预处理的数据要用存储器把采集到的数据存储起来，建立相应的数据库，以便管理和调用。重点解决复杂结构化、半结构化和非结构化大数据管理与处理技术和大数据的可存储、可表示、可处理、可靠性及有效传输等几个关键问题。最后，对数据要进行挖掘，探索出其中的规律。机器学习等智能技术应用于大数据的挖掘，将是利用钢铁行业大数据资源、挖掘其中隐含的客观规律的高效、保真、低成本的方法。

3.4.3 可视化处理

1987 年，由布鲁斯·麦考梅克、托马斯·德房蒂和玛克辛·布朗所编写的美国国家科学基金会报告《Visualization in Scientific Computing》（意为“科学计算之中的可视化”），对于这一领域产生了大幅度的促进和刺激。这份报告之中强调了新的基于计算机的可视化技术方法的必要性。随着计算机运算能力的迅速提升，人们建立了规模越来越大，复杂程度越来越高的数值模型，从而造就了形形色色体积庞大的数值型数据集。同时，人们不但利用医学扫描仪和显微镜之类的数据采集设备产生大型的数据集，而且还利用可以保存文本、数值和多媒体信息的大型数据库来收集数据。因而，就需要高级的计算机图形学技术与方法来处理和可视化这些规模庞大的数据集。

处理后的数据根据需要，可以采用机器学习等数据分析方法处理，开发反映系统内部规律的数字孪生模型。或使用 BI（商务智能）工具进行可视化处理，再输出到屏幕显示或操作指导。BI 工具可以很容易缩小数据范围，切换可视化部件，实现可视化部件之间数据联动等，因此容易进行灵活的分析。可视化部件包括：时间序列图表工具、散点图工具、工艺流程可视化工具等。

数据可视化是关于数据视觉表现形式的科学技术。这种数据视觉表现形式被定义为一种以某种概要形式抽提出来的信息，包括相应信息单位的各种属性和变量。数据可视化是一个处于不断演变之中的概念，其边界在不断地扩大，目前可定义为利用图形、图像处理、计算机视觉及用户界面，对数据加以可视化解释的技术方法。与立体建模之类的特殊技术方法相比，数据可视化所涵盖的技术方法要广泛得多。

数据可视化技术包含以下几个基本概念：

（1）数据空间：是由 n 维属性和 m 个元素组成的数据集所构成的多维信息空间；

（2）数据开发：是指利用一定的算法和工具对数据进行定量的推演和计算；

（3）数据分析：是指对多维数据进行切片、块、旋转等动作剖析数据，从而能多角度多侧面观察数据；

（4）数据可视化：是指将大型集中的数据以图形或图像形式表示，并利用数据分析和开发工具发现其中未知信息的处理过程。

数据可视化已经涵盖了许多方法，这些方法根据其可视化的原理不同可以划分为基于几何的技术方法、面向像素的技术方法、基于图标的技术方法、基于层次的技术方法、基于图像的技术方法和分布式技术方法等。

3.4.4 机器学习

随着材料合成和加工方法的进步，需要新的原位表征能力来理解物理变化和化学反应。为了获得有重要价值的结果，这些表征工具需要与计算工具相结合，以分析和查询数据，并做出决策。引入机器学习算法和数据分析技术有可能加速这一领域的创新进程。

监督的和无监督的机器学习算法被用于计算材料性能，揭示材料成分空间，识别新的结构，发现量子相，以及识别相与相变。经过正确训练的模型，能够以更高精度、在更大范围计算材料的性能，且其计算速度比传统计算方法快几个数量级。已经应用于材料的有监督机器学习算法包括随机森林法、核岭回归、多层人工神经网络。无监督的算法，如主成分分析和深卷积自编码器等，经过训练可以对未标记的数据进行分类，并且可以揭示其他方法很难感知的高维材料和化学空间中的模式。

深卷积自编码器基于多层人工神经网络，是相对较新的“深度学习”算法。深度学习算法可以用机器学习、深度学习等数据分析方法来处理经过预处理的数据，以获得事物内部的规律。GUI（图形用户界面计算机）环境下运行的机器学习工具有两类，即专门用于分析时间序列异常预兆的机器学习工具和进行一般数字数据分析的机器学习工具，根据需要分别使用。在 GUI 环境下运行的深度学习工具，可以处理声音、图像、文本等非结构数据。另外，为适应“无编程化”发展趋势，采用“低编码应用程序开发”等新的应用程序编程工具，可实现编程工具简易化。

3.4.5 钢铁材料创新基础设施及高性能计算

企业级钢铁材料创新基础设施是以工业互联网为载体、以数字孪生为核心的钢铁工业信息物理系统的重要组成部分。它是钢铁工业的核心竞争力。企业级钢铁材料创新基础设施包括实验工具、数字数据、计算工具三大部分。企业级钢铁材料创新基础设施的核心功能是建立钢铁材料的成分设计、制造工艺与其组织、性能、服役表现或其他各种经过数字化的非结构化数据表征的状态变量之间的关系，即建立钢铁行业信息物理系统的数字孪生。这个基础设施平台将成为开发新的集成计算—实验—数据信息的工具。这些软件和集成工具将跨越整个材料发现到应用的链条，形成数字孪生，进行全流程、一体化的控制和调整，提高材料行为的预测能力。平台还依照最新制定的标准，在材料创新基础设施中快速集成数字信息。这种基础设施将无缝地集成到现有的产品设计与优化的框架中，以实现快速和整体的工程优化。

评价与表征的实验工具主要包括各类材料组织分析和性能测定的仪表、仪器。原子探针、球差校正透射电镜等高级分析仪器在逐渐普及。合成与加工的实验工具主要是各类物理模拟实验工具。依据规模，物理模拟实验工具可以分为三类，即实验室级实验工具、中试级实验工具和生产线级实验工具。

3.4.5.1 实验室级实验工具

目前已经有一批实验室级物理模拟装置，例如热力模拟试验机、连续退火模拟试验机、涂镀模拟试验机、连铸实验模拟机、钮扣式冶炼装置等。东北大学 EPM 实验室研究开发了一系列强磁场环境下材料制备和物性测量实验装置。通过系统集成电阻和感应加热技术、反应釜技术、真空和气氛控制技术、机械动作技术、液态金属冷却技术、实时在线观察技术、图像分析技术以及超导强磁体技术，开发了强磁场 Bridgman 定向凝固装置、强磁场热处理装置、强磁场物理气相沉积装置、强磁场湿化学反应装置、强磁场金属熔体接触角测量装置，在实验室的环境中构建并模拟出真实的生产环境情况，并得出接近实际结果的理论数据结果，为研究强磁场下金属凝固过程、低维薄膜生长、纳米材料合成过程的传输行为提供了技术保证。

3.4.5.2 中试级实验工具

中试级实验也可称之为中间性实验简称中试，是科技成果向生产力转化的必要环节，成果产业化的成败主要取决于中试的成败。要实现钢铁行业科技成果转化与产业化，需要建立旨在进行中间性试验的专业试验基地，通过必要的资金、装备条件与技术支持，对科技成果进行成熟化处理和工业化考验，中试基地起到的就是这样的作用。

中试级的物理模拟实验工具应用也十分广泛，在太钢技术中心、河钢集团钢铁研究院、鞍钢钢铁研究院、宝钢中央研究院、山钢日照基地等企业建设的中试实验基地，有新型的实验用小型转炉、电炉、电渣炉等冶炼装置，各类热轧机及轧后控制冷却装置、冷轧实验轧机，连续热处理与涂镀试验线等轧制与热处理中试线。这些中试基地已经达到了很高的水平，在国际上也有一定影响。

3.4.5.3 生产线级实验工具

生产线级实验工具是高通量的实验工具，有巨大发展前景。这种工业型的大型实验系统充分利用现场的实用生产装备和完备的数据采集系统获得实时生产数据，以及数据中心的大量历史数据，和可以“原位分析”的信息物理系统，进行数据挖掘，获取生产线上材料的演变规律，并进行实时反馈控制，将大幅度提高新产品、新工艺、新装备的开发速度和缩短应用转化周期，大幅度减低研发与转化成本，从而可以大大加速成果转化和产业化。信息物理系统的高保真度和可靠的控制系统，可以很好地确保现场设备和数据的安全、可靠、准确。生产设备与实验工具一体化融合，是今后实验工具发展的重要方向。

现今，被处理的大数据的属性，与传统数据的根本不同之处在于，这个“大”是压倒性的“大”，不是采用有代表性的数据或有意挑选出来的数据，而是直接分析巨型原始数据集合本身，并将其应用到对象系统。如果将有关作业、传感器、产品等的所有数据，通过数据科学和人工智能公平地进行分析，就有可能找出至今未知的各种现象之间的因果关系，以及未知的现象和异常的前兆等。随着制造系统和工厂的规模变大，这种数据驱动的操作是有效和必要的。

钢铁公司过程控制系统有数千台至数万台计算机运行，发生大量的数据往来。由于原本没有考虑到整个过程大数据分析的需要，所以如果要运用海量大数据，需对复杂系统结构反复改造、扩建，这将成为进一步提升的障碍。因此，需要完善数据收集方法，使其适合数据驱动型的架构（Data Driven Architecture）。在传统的钢铁制造工序中，传感器信号汇集到定序器等下位计算机后，再传送到上位机。此时，传感器数据经过多次逻辑运算、阈值处理等，再分层地汇集，必然舍弃较多数据。在这样的结构中，大数据的分析和运用非常困难。因此，近年来广泛提倡将传感器等物联网化，公平收集所有传感器的数据，再进行分析。对于多厂商环境的问题，可以在边缘服务器等汇集数据后，从优先的数据群开始依次进行结构标准化等操作，并同时推进数据使用，这种方法十分有效。在运用原有系统的同时，通过运用最新的数据转换技术和高速通信，可以推进数据驱动型架构的构筑。

3.4.6 工艺过程的信息物理系统化

在收集数据时，根据需要对其进行分析，对结果进行解释并加以运用。一般情况下，是从数据中导出工艺效率和产品质量的影响因素并制定相应的对策。但是，为了能够从整体角度更好地使用数据，提出利用 CPS 进行全局化处理。钢铁的动态过程较多，最大限度运用多种大数据的技术难度很大。通过引进 CPS 来使用数据是一个很有前景的方法。一旦形成了控制模型，就可以定量地预测过程的动向。也就是说，在计算机中完成了想（Cyber）这一过程，可以进行未来的状态预测和预想之外的异常检测等工作。

以热轧生产过程为例，基于单指标、独立设备的单元级 CPS，研发各工序的系统级 CPS，并进一步构建企业智能管控平台，形成全流程的系统之系统级 CPS，是钢铁行业各层次智能化的有效方法。以单工序为例，系统级 CPS 工作模式如图 3.9 所示，融合大数据、智能算法、数字孪生等技术，将生产过程的各种属性映射到虚拟空间中，形成可拆解、可复制、可转移、可修改、可删除、可重复操作的数字镜像。采用数字化模型的设计技术，就可以在虚拟的三维数字空间修改生产线设备和产品的工艺参数和工序间的协调关系，把实测数据传输到数字空间对应的数字孪生体，通过算法模型计算，获得优化的策略，并通过指令反馈到物理空间中的实体执行，这使得生产工艺的窄窗口控制、设备运行可行性、质量控制参数优化等方面的验证工作大为简化，大幅度减少了新产品开发的实验次数、时间和成本。

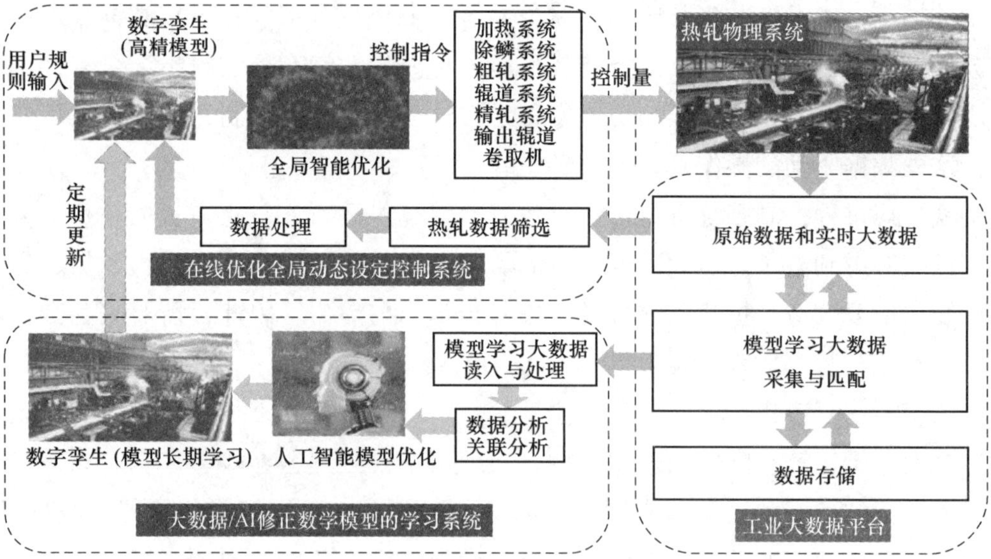

图 3.9 热轧过程信息物理系统工作模式

该工作模式以CPS的数据驱动、软件定义、泛在连接、虚实映射、异构集成、系统自治等六大特征为基础，内环针对高精度设定计算，将设定计算所需实时数据无滞后地反馈给数字感知在线动态设定控制系统，进行高精度、短周期的高精度实时动态设定；外环针对高精度模型自学习，将相关大数据信息反馈给数字感知云端模型学习系统，进行模型自学习、自适应，强化系统自治功能，实现模型参数的高精度自学习。动态设定系统给出确保极高控制精度的系统全局设定，利用大数据平台的相关大数据、基于逆向智能优化机器学习方法，进行高响应动态设定计算和反馈控制。动态设定模型为高精度数学模型，给出物理系统的数字孪生，通过大数据传感系统实现反馈控制和虚实高精度互动。云端模型学习系统利用泛在相关大数据进行设定模型的批处理优化，提高模型预测精度，同时利用学习优化的模型对数字感知在线动态设定控制系统定期进行更新，实现系统的高度自治，其终极目标是使数字孪生模型与实际物理系统高度吻合。

4　钢铁材料创新基础设施

4.1　传统工业互联网平台架构

4.1.1　平台总体架构

传统工业互联网平台需具备边缘计算、基础设施、工业 PaaS、应用服务等的完整产品体系，以数据驱动为核心，通过边缘计算一体机、物联网、人工智能平台、低代码开发平台和工业机理模型实现云网数融合的一体化服务能力，通过链接数据与智能算法赋能产品开发，驱动产业升级。工业互联网平台应全面支持云原生架构，聚合数据工厂、数据科学与机器学习平台等多种基于机器学习和深度学习的基础算法和建模工具，能够面向工业场景快速搭建工业互联网应用，实现数据汇聚、挖掘、分析决策的一站式服务，平台总体架构如图 4.1 所示。

边缘计算层是工业互联网实现智能物联的重要支撑，通过广泛部署感知终端与数据采集设施，实现全要素、全产业链、全价值链状态信息的全面深度实时监测和边缘侧智能决策，为企业打造智能物联能力；基础设施层以分布式云为地方产业、园区和企业提供公有云、驻场云、专享云服务；平台层提供共性技术、工业数据管理和工业模型管理、平台间集成、标识解析等工具和服务，基于智能物联形成的海量工业数据，通过数据管理与工业模型展开分析优化，助力企业打造智能决策能力；应用层包括工业应用、运营中心和应用中心，工业应用是工业互联网平台自身深度集成开发的应用，类别包括研发设计、供应链管理、生产制造、质量管控、运营管理、仓储物流、安全生产、节能减排、区域品牌等；应用中心为各生态伙伴结合平台能力适配开发的第三方应用服务产品；运营中心为园区和企业打造平台运营服务能力，实现平台精细化运营。

4.1.2　平台服务功能架构

4.1.2.1　工业云平台

工业云平台（ICP）是一个整体平台，由云中心（X86 设备、信创设备）、云平台（CVE、CSE、CKE）、云服务（IaaS、PaaS、SaaS）、云管理（BSS、OSS）和云安全模

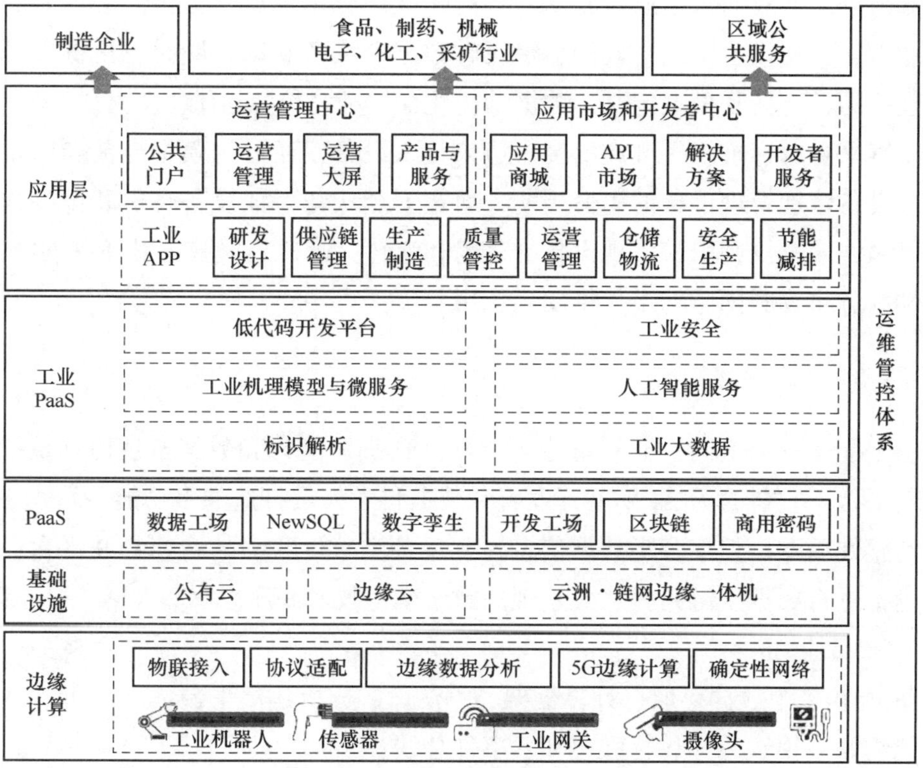

图 4.1 传统工业互联网平台总体架构

块组成，为租户提供软件定义计算、软件定义存储、软件定义网络的弹性运行环境，内部集成全生命周期管理工具及日志监控告警工具，实现敏捷运维，具备在线、离线部署升级能力及云服务线上管理功能。

云中心：提供基础设施服务，包括服务器、存储设备和网络设备等。云中心是独立的一套云平台环境，具备独立的计算、存储、网络资源，同一云中心内可进行统一的资源调度，但无法跨云中心在线资源迁移。

云平台：通过 CVE 提供 SDC、SDS 和 SDN 的基础运行环境；通过 CSE 提供平台运行的分布式存储环境；通过 CKE 提供弹性运行环境。

云服务：提供 IaaS、PaaS 和 SaaS 等服务。

云管理：提供统一运营和统一运维能力。

云安全：提供全栈的安全能力，保障云数据中心的可靠性与用户业务的连续性。

4.1.2.2 智能物联

物联网服务（简称 IoT 服务）提供一站式的智能物联网支撑，具备设备管理、数据采集、数据解析、数据计算等关键能力，赋能物联网应用开发商和生态合作伙伴，实现终端与云端的双向数据通道，助力智能物联网应用创新。提供安全可靠的设备连接通信能力，支持设备接入，规则引擎流转数据和设备联动。同时也提供方便快捷的设备管理能力，支持物模型定义，数据结构化存储和监控、运维。

物联网平台以标准统一开放的接入协议接入设备，通过物模型规范和简化设备定义，通过设备管理管理设备的生命周期，通过安全认证保证设备身份和设备数据通信的安全可靠，通过规则引擎实现设备的过滤和流转，通过数据服务对外提供数据接口，通过事件服务将物联网感知事件推动到应用。

4.1.2.3 人工智能

人工智能是一个面向行业具备感知能力、AI 训练能力和数字孪生仿真模拟能力的综合管理平台。它包含为 AI 模型开发者和数据科学人员打造的多功能一站式 AI 平台；整合各类感知前端、汇聚各类数据信息、实现各类事件联动的智能物联平台；对工业流程、设备进行数据全链路打通及呈现的数字孪生技术底座。

（1）产品能力：

AI 赋能：多源数据存取、计算框架、算法库、分析建模平台；

智能物联：视频感知、物联感知、事件总线；

数字孪生：对工业流程、设备进行数据全链路打通及呈现、借助互联网与云计算，解决单个机器自我学习的局限性、将物理空间中的实体数字化，并在云端构建该实体的数据模型。

（2）关键特性：

拉通 AI 开发平台、管理图谱分析、数字孪生，提供一站式解决方案；简化设备接入，支持多种协议；可支持多行业领域，扩展性强。

（3）应用场景：

AI 开发平台应用在数据准备分析、模型训练评估、在线预测到模型部署等场景、IoT 设备集成、视频集成、事件分析与联动、产品全生命周期管理、工程全生命周期管理、车间管控系统等应用场景。

4.1.2.4 工业大数据

工业大数据作为一个全栈式的数据集成平台，为用户提供数据资源采集、数据预处理、数据存储、数据管理、数据开发、可视化任务编排，具备数据汇聚整合、数据提纯加工、数据服务可视化和数据价值变现四个核心能力，可帮助用户快速落地搭建数据中台，为上层人工智能、低代码开发工厂提供全量、标准、干净、智能的数据。大数据平台如图 4.2 所示。

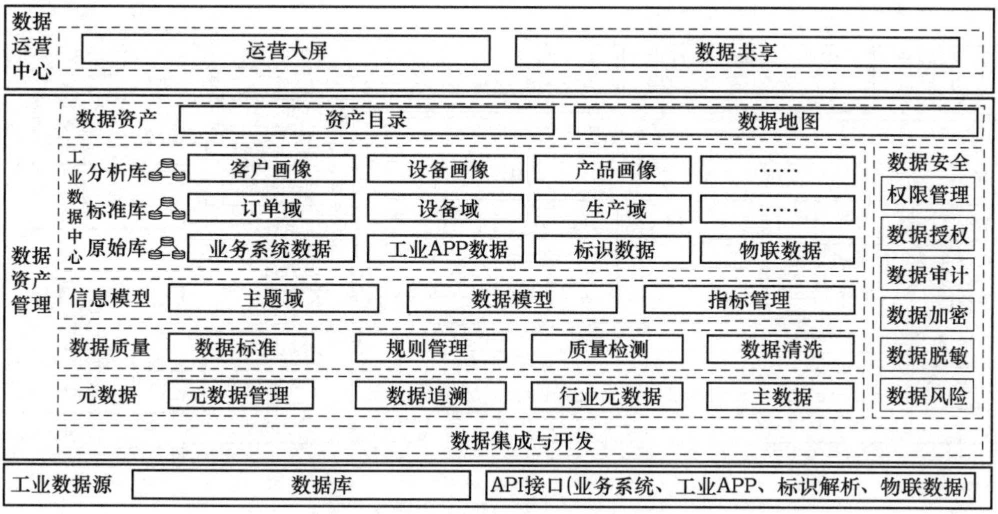

图 4.2 工业互联网工业大数据平台

(1) 产品能力：

数据工厂具备数据集成、数据开发、数据资产管理、智能数据治理、数据服务等数据处理全生命周期能力。

(2) 关键特性：

高效全量、数据汇聚；超大规模、数据管理；智能数据、治理融合；智能数据、分析利用；数据可视化、智慧呈现；数据安全、隐私保护。

(3) 应用场景：

数据集成：消息队列实时接入、本地数据文件上传、数据库和日志数据接入；数据治理：模型管理、治理管理、智能 ETL。

数据资产：元数据管理、数据血缘、数据地图。

数据服务：服务管理、服务审核、服务开放。

4.1.2.5 平台运营中心

平台运营中心如图 4.3 所示，通过提供集成门户、运营管理、运营大屏、企业中心，展示数字化公共服务平台的服务能力。为政府、行业或区域运营商提供公共门户对外展示工业互联网平台的服务能力，提供运营大屏动态化展示工业互联网平台核心运营数据方便动态监管；为运营商运营人员提供运营管理，支撑日常运营工作；为企业集成所购买的各类工业 APP、官方应用，提供统一入口，方便企业及其员工使用。

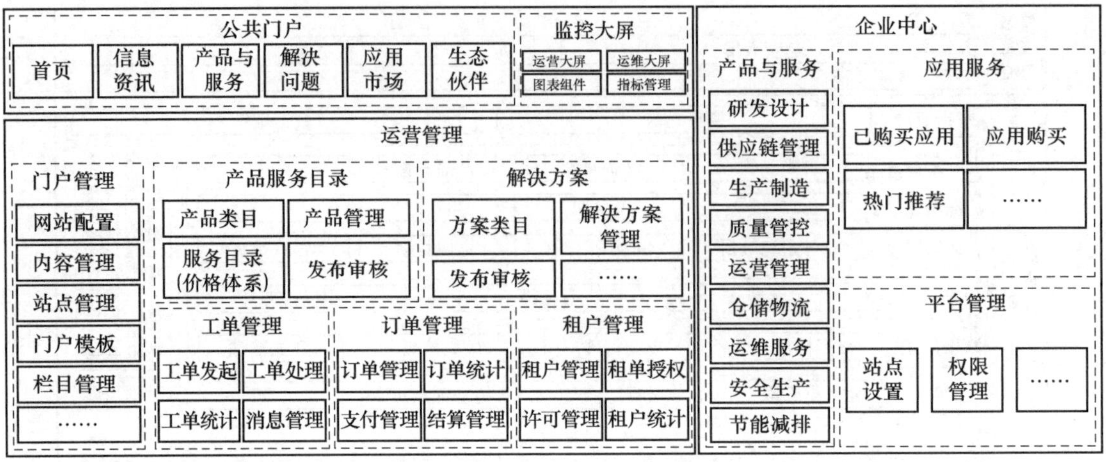

图 4.3 工业互联网平台运营中心

4.1.2.6 平台应用市场

工业互联网平台应用市场以物联网时代赋能企业数字化转型为导向，为工业应用软件的供需双方提供展示和交易的平台，与服务商和企业用户携手共享价值。应用市场包括应用门户、服务商工作台、用户工作台和管理后台四大模块。应用门户提供商品的分类和展示，供企业用户选购工业应用。服务商工作台提供服务商信息管理、商品信息维护、订单管理等等。用户工作台为企业用户提供已购应用和服务的使用入口以及订单管理。管理后台为平台运营人员提供服务商管理、商品管理、订单管理等功能。

4.2 钢铁材料创新基础设施的体系架构

钢铁材料创新基础设施是以工业互联网为载体、以数字孪生为核心，提供数据全生命周期管理，支持数据治理、大数据存储、大数据分析引擎、大数据流动驱动等数据底座，搭建数据化业务基盘，并构建面向未来的数字化创新应用，依托全流程、全场景数字化转型，软硬协同，发展最新的工业信息通信技术，实现钢铁工业的数字化转型。钢铁材料创新的基础设施如图 4.4 所示。

钢铁材料创新基础设施是钢铁工业的核心竞争力。它的核心功能是建立钢铁材料的成分设计、制造工艺与其组织、性能、服役表现、外形尺寸、表面质量或其他各种经过数字化的非结构化数据表征的状态变量之间的关系，即建立钢铁行业信息物理系统的数字孪生。

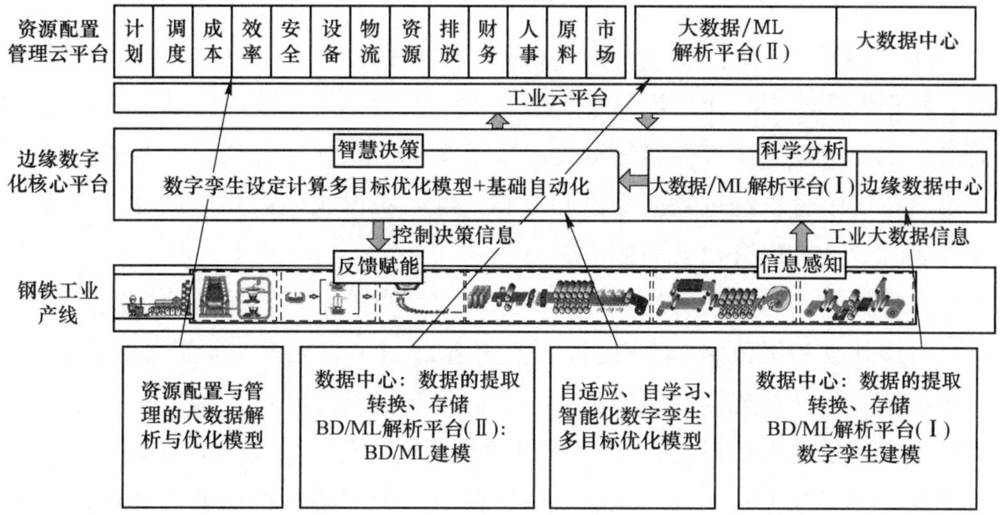

图 4.4　钢铁材料创新的基础设施

4.3　钢铁材料创新基础设施的主要组成部分

钢铁材料创新基础设施包括 3 个主要组成部分，即

(1) 实验室、中试基地、底层生产线组成的物理空间；

(2) 位于边缘的边缘数字化核心平台（边缘云平台）；

(3) 位于云平台之上的企业资源配置与管理平台（资源配置与管理平台）。

另外，还包括管理以上底层物理实体和 2 个平台的网络系统。

4.3.1　物理实体底层：数据采集与执行机构

物理实体是数据的采集与执行机构，是工业互联网底层，由实验室、中试基地、生产线组成。在物理实体设备上安装的信息感知系统，采集数据并传送到边缘或云平台，进行数据预处理和数字孪生建模。

钢铁工业要采用数字化技术，实现数字化转型，首要条件是钢铁生产线的各个基本单元具有完备、可靠、性能优良的数据采集系统，可以提供精准、齐全的现场有关材料成分数据和实时操作数据等输入数据，以及材料外形尺寸数据、组织性能数据、表面质量数据等输出数据，同时各工序的基础自动化系统和执行机构必须以足够的响应性、实时性和控制精度实现过程控制系统与物理系统的实时交互，完成需要的自动化控制任务。

尽管我国多数钢厂是近年建设的，采用了先进的自动化技术，有较好的自动化基础，但是仍然有缺项和“短板”。必须填平补齐底层生产线的数据采集和执行机构的缺项，消除“短板”。由于钢铁行业作业条件和技术水平的限制，过去的一些数据难以检测，甚至检测不了。比如炼钢过程中的下渣检测、连铸液面波动检测、复杂形状的测量等。现在可以采用各种新的检测方法来实现信息感知。利用机器视觉技术可以提供多维测量的信息，经过数据变换和计算，可以获得我们需要的尺寸、形状、分布等定量的表达。这方面有很大的创新空间。

执行机构嵌入实验工具的物理实体层上。依靠实验室规模的基础性实验装备提供的信息，可以建立初级数字孪生模型。这组模型经过中试规模实验工具的验证、优化，再进一步在实际生产线规模的实验工具上进行生产性验证和优化。优化后的数字孪生模型，在生产中承担生产过程设定计算和动态设定计算，并与物理系统（即生产线）进行实时交互、反馈控制、循环赋能。处于模型库中的各钢种模型，具有高度自治的功能，可以在轧制该钢种时，利用实测大数据进行自学习、自适应，实现模型的更新，不断提高模型的保真度。

4.3.2 边缘云平台：边缘数字化核心平台

边缘数字化核心平台，即边缘云平台。它紧邻物理设备，是系统的“本地决策层”，承担高实时性过程控制和基础自动化功能，是钢铁工业特别关注的核心和重点。目前最先进的自动化系统，多数采用基于物理-化学理论的机理模型和长期积累的经验模型。面对钢铁生产的全流程“黑箱”，现有的数学模型的低控制精度和几乎为零的保真度，成为钢铁行业进一步升级换代、实现高质量发展的最大障碍。

边缘云平台的任务是，利用大数据/机器学习的数据分析方法，解开贯穿钢铁全部主流程的“黑箱”，搞清楚隐藏在“黑箱”中的规律，将“黑箱”变“透明”，给出全局性的数字孪生过程控制模型。

传统的边缘主要使用传统的基础理论数学模型和经验模型，来完成过程机设定计算和基础自动化控制。此外，在边缘处还有过程监控系统、质量追溯系统、数据库系统等，近年还有少许的局部智能化控制环节。由于环境状况和操作条件波动及设备运行状态变化，加之过程输入条件、状态变量和控制系统之间的关系十分复杂，这些机理模型对于全流程“黑箱”的复杂动态过程适用性很差，预报精度不高，难以准确透视工艺、设备、质量等关键参数之间的复杂关系。

改造过的边缘部分设置了边缘数据中心，负责生产过程输入、输出大数据的提取、转换、存储的功能。与此相应，在边缘部分设置“大数据/机器学习解析平台（I）”（D/M 平台 I）。这个平台可以利用数据科学、AI 等技术解析建立数字孪生过程模型，以及实现过程可视化、APP 开发等功能，并将生产过程数字孪生模型传送到过程控制系统，代替传统的机理-经验模型，进行生产设备的设定和动态设定。边缘数字化核心平台如图4.5所示。

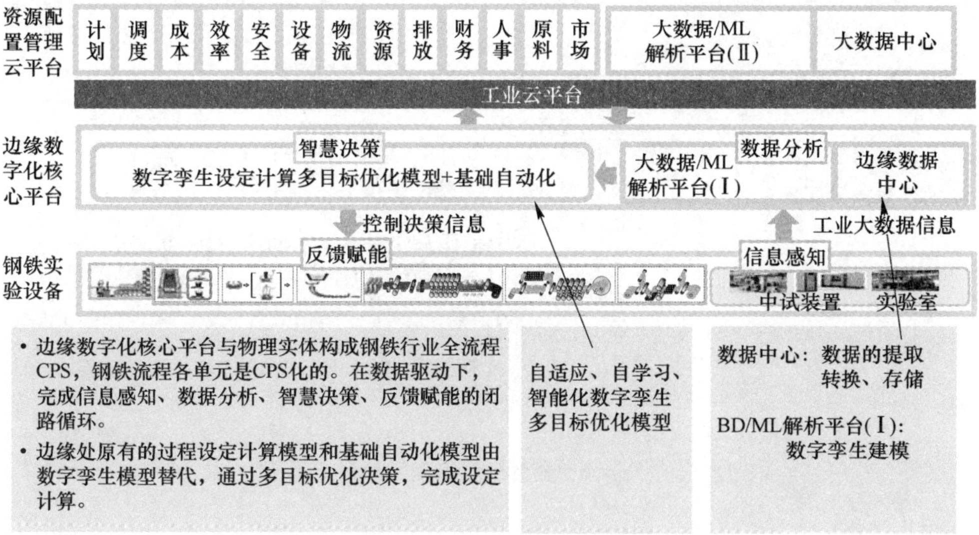

图4.5 边缘数字化核心平台

对于钢铁等流程工业，必须将云端业务能力延伸到边缘节点，强化边缘低时延、实时性工业控制，发挥边云协同能力，实现分布式云功能。构筑在边缘设施上的云计算平台，具有和传统私有云一样的安全性，在用户机房内就近部署，满足数据不出厂的需求。

另外，在各个不同的应用场景，比如烧结、球团、高炉、转炉、精炼、连铸、热轧、冷轧，它们有各自不同的特点。所以要注意，不能千篇一律，一定要依据各个场景的特点，采用不同的算法，解决各自的问题。这是我们需要突破的技术难点。

4.3.3 云平台：资源配置与管理云平台

云端智能层，即我们所称的“云平台”。在传统的工业互联网系统中，它承担低实时性的MES、ERP和BI生产计划、管理、调度、决策等功能，同时，还可以实现质量、设备能力、成本、资源、能源、人力资源等多个目标的管理控制、资源优化配置等支撑和保证作用，资源配置管理云平台如图4.6所示。

云平台是“边缘部分”设定、运行、调度和管理的强大支撑部分。在云平台配置有企业大数据中心和“大数据/机器学习解析平台（Ⅱ）”（D/M平台Ⅱ），该平台也是利用机器学习等数据转换和处理技术，分析生产、设备、能源和物流等各方面的大数据，对相应部分的运行和管理工作进行管理和优化，支撑和保证边缘云的最优化运行。位于云端智能层的资源配置与管理系统由以下7个部分组成。

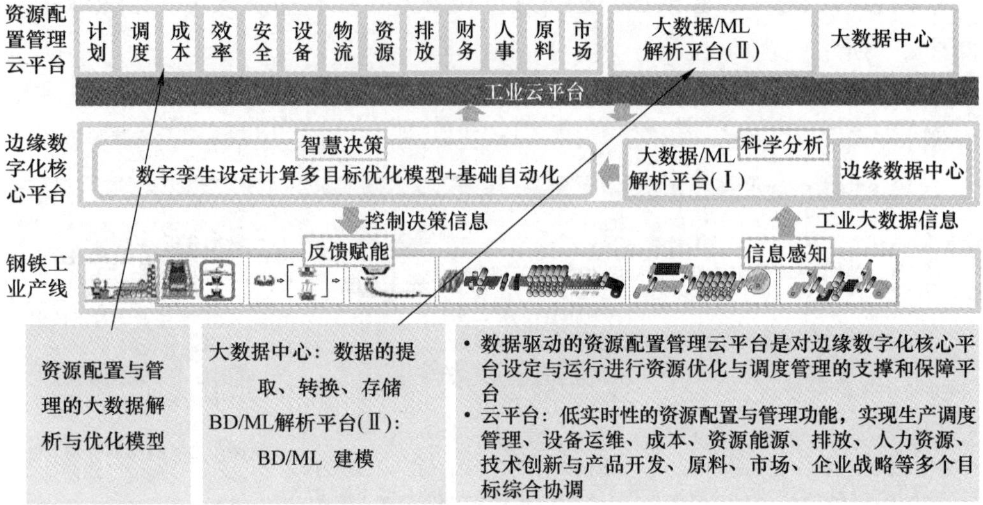

图 4.6 资源配置管理云平台

（1）生产计划与调度管理系统（MES，ERP）；

（2）运维、管理、诊断、维护、点检、检修、备件管理、可靠性分析等设备有关事项；

（3）物流、原料、介质、能源调度、管理，以及工件跟踪、产品管理、排放管理等；

（4）安全；

（5）钢铁材料产品开发、优化；

（6）人力资源、成本管理、原料管理、市场分析等企业管理事项；

（7）企业发展战略分析等。

这 7 个方面从不同的角度对数字孪生系统的分析决策提供支撑，保证数据采集齐全可靠，数据分析精准，决策科学正确，赋能有效执行，需要各领域专家的深入研究和多学科的密切配合。

4.4 网络与安全

底层的物理实体与边缘平台、资源配置与优化云平台以通讯与网络系统连接，形成工业互联网。将原有光纤网络系统与新型的 5G 网络混合，形成泛在网络，将“云”“边”“端”的内部和外部连接起来，做到无时不在，无处不在，即插即用，保证数据在系统内的自由流动。

网络化能够实现工业互联网内部单元之间以及与其他网络系统之间的互联互通。

应用到工业生产场景时，网络连接的时延、可靠性等网络性能和组网灵活性、功耗都有特殊要求，还必须解决异构网络融合、业务支撑的高效性和智能性等挑战。构成工业互联网的各器件、模块、单元、企业等实体都要具备泛在连接能力，并实现跨网络、跨行业、异构多技术的融合与协同，以保障数据在系统内的自由流动。泛在连接通过对物理世界状态的实时采集、传输，以及对信息世界控制指令的实时反馈下达，提供无处不在的优化决策和智能服务。5G 的先进信息通信技术有三个特性，增强移动宽带（eMBB）适于应对互联网流量爆炸式增长；超高可靠低时延通信（uRLLC）适于对时延和可靠性具有极高要求的垂直行业应用需求；海量物联（mMTC）面向以传感和数据采集为目标的应用需求。这些特性特别适用于钢铁行业的各种特殊需求。

作为典型的流程工业，钢铁流程中要将每一道工序作为一个垂直行业处理，从底层到边缘，再到上层的云平台。为处理海量数据，海量物联是重要的硬需求。在垂直方向上，可以将生产线底层提供的海量信息，利用大数据/机器学习平台处理，并建立起高保真度数字孪生模型，用于代替传统的机理-经验模型，在边缘侧进行高精度设定计算，完成高精度、短时延的快速实时控制。而高可靠、低至数毫秒的短时延通信，则为各边缘与生产线的实时交互提供了强力支撑。在基础设施云端的平台层，利用来自车间底层的生产操作信息和产品检测信息，传送到云平台的大数据中心和大数据/机器学习平台，进行数据分析和智慧决策，对生产计划、调度管理、物流、能源、设备、安全、人事、成本、转炉等进行极其复杂的企业资源部署与管理，确保企业整体的稳定、高效、安全、优质运行。

5G 为增强型的移动通信技术，峰值传输速率可达 20Gbps。各制造单元之间在流程方向上的海量数据传输与处理、非结构化数据传输处理、虚拟现实与增强现实的传输处理等，都将依赖于增强移动带宽。钢铁生产中存在大量环境恶劣、高温危险、重复性的现场操作岗位，恶劣和重复性工况下关键设备运维监控与远程装配，急需实现远程和自动化的操作与运维。通过手机/巡检仪等采集的音视频等非结构化数据，应用于对设备运行状态的实时分析、运算、监测、管理实现自动化操作。技术专家依托 AR 的实时标注、音视频通信、桌面共享等技术，远程指导进行生产线装配工作。5G 的应用，推动了图像、声音、视频、文本等非结构化数据的检测、处理、传输与控制技术的发展，为复杂工况的分析、决策与控制提供了强大的发展动力。

近年创新性提出的 5G 切片方案，确保统一基础设施能够适应差异化业务需求，是进入垂直行业的关键。5G 的多接入边缘计算（MEC），将多种接入形式的功能、内容、应用等同部署到靠近接入侧的网络边缘，将核心网用户面与应用下沉至离用户更近的位置，可以降低时延至毫秒级，并确保垂直方向上边缘与底层的短时延实时交互。全新的智能边缘云与 5G 结合，能够降低时延并赋能新的应用与服务，网络性能、安全性和隐私保护能力可以都得到提升。5G低时延大数据传输、切片网络架构、多接入边缘计算、智能化的边缘云，为钢铁工业互联网的应用和发展提供了强大的驱动力。

4.5 钢铁材料创新基础设施的特点

4.5.1 信息感知和精准执行的物理实体底层

钢铁产线的各个基本单元的底层具有完备、可靠、性能优良的数据采集系统，可以提供精准、齐全的现场有关材料成分和实时操作数据等输入项，以及材料外形尺寸、组织性能、表面质量等输出数据。同时各工序的基础自动化系统和执行机构必须以足够的响应性、实时性和控制精度实现过程控制系统与物理系统的实时交互，完成需要的自动化控制任务。这是系统可以发挥作用的基本条件。

4.5.2 数据驱动的钢铁材料创新基础设施

材料创新基础设施是数据驱动的，数据是基础设施为系统赋能的发动机。有了这些数据，就可以对所研究的具体过程进行数据分析，从而获得隐藏在这些过程中的规律。基础设施建设的重点是发展和提高计算能力，但必须确保这些新工具能够补充并充分利用现有的先进材料实验研究所提供的数据。材料行为的有效模型只能从精确和广泛的材料性能数据集合中发展出来。需要实验数据来创建模型以及验证它们的关键结果。在基于理论框架的计算尚不能满足需要的情况下，必须增加经验测试。如果能够借助纳入新的实验数据来改进模型，则它们将比“试错法”“模拟择优”等传统方法更有效、更全面、更安全。

这个基础设施平台将成为开发新的集成计算-实验-数据信息的工具。这些软件和集成工具将跨越整个材料发现到应用的链条，形成数字孪生，进行全流程、一体化的控制和调整，提高材料行为的预测能力。平台还依照最新制定的标准，在材料创新基础设施中快速集成数字信息。这种基础设施将无缝地集成到现有的产品设计与优化的框架中，以实现快速和整体的工程优化。

边缘与云平台均为数据驱动的数字化设施。

4.5.3 数据驱动的大数据/机器学习数据分析系统

在数据驱动的大数据/机器学习数据分析系统中，将传感器等物联网化，公平收集所有传感器的数据，再进行分析。对于多厂商环境的课题，可以在边缘服务器等汇集数据后，从优先的数据群开始依次进行结构标准化等操作，并同时推进数据使用。在运用原有系统的同时，通过运用最新的数据转换技术和高速通信，可以推进新型数据驱动型架构的构筑。

4.5.4 主流程过程控制模型数字孪生化与 CPS 化

钢铁生产诸多环节的内部运行状况无法在线实时测量，传统现场生产主流程运行的数学模型大多为机理-经验模型。由于环境状况和操作条件波动以及设备运行状态变化，加之过程输入条件、状态变量和控制系统之间的关系十分复杂，这些机理-经验模型对于全流程“黑箱”的复杂动态过程适用性很差，预报精度不高，难以准确透视工艺、设备、质量等关键参数之间的复杂关系，模型控制精度是进一步提高钢材生产质量的卡脖子问题。

因此，利用数据驱动的大数据/机器学习系统，建立具有高保真度的数字孪生过程模型，过程控制模型全面数字化转型升级，与生产线物理系统构成信息物理系统，利用大数据信息，进行生产过程的自适应、自学习的多目标优化设定，解决了钢铁生产模型系统的“卡脖子”问题。

4.5.5 软件定义，低成本、高效率改造

应当注意新系统与企业原有系统的衔接、继承和发展。我们在保持原系统的优点和优势的同时，还要开发先进的计算机软件，把最新的技术无缝融入原系统中去，通过高质量的软件实现“软件定义”，实现新旧软件系统的顺利过渡。只立不破，多立少破，数据驱动，软件定义，降低改造成本，逐步上线实施，确保安全可靠。这样做可以大大降低改造的成本，提高改造的效率，促进行业的数字化转型。所以，自主创新开发数据驱动、软件定义的全新系统，是我们必须认真执行的关键环节。

4.6 钢铁材料创新基础设施建设

鉴于钢铁材料创新基础设施的重要性，我国钢铁行业学科交叉、行业协同、产学研深度融合，将数字技术与实体经济融合，大力开展钢铁材料创新基础设施的研究，并在一批企业建设炼铁—炼钢—轧制—热处理全流程、一体化的钢铁材料创新基础设施，目前已经在一些重要的生产单元取得重要突破，实际应用成效显著。

依据上述工作，总结出一批重要的数字化转型关键技术：

（1）数据驱动的 IT 架构；

（2）数据驱动的信息感知：齐全、准确、可靠；

（3）数据驱动的数据中心：数据处理功能，提取、转换、存储（突出时间序列的存储）；

（4）数据驱动的科学分析平台：数据科学分析方法→大数据/机器学习（AI）平台→数字孪生或操作指导；

（5）数字驱动的智慧决策：全流程数字孪生化的边缘过程设定控制；

（6）数据驱动的回馈赋能：执行机构精准、快速、安全；

（7）制造主流程、一体化的虚拟模型与实际过程实时融合的 CPS 化；

（8）数据驱动的资源配置与管理云平台；

（9）自动化系统补课：远程化、自动化、机器人化；

（10）软件定义：高效率、低成本改造，快速实现数字化转型；

（11）软件编程方法：无代码编程，简单易学，便于推广，形成数字化生态；

（12）网络：光纤+5G，无时不在，无处不在，即插即用，泛在网络；

（13）安全：万无一失的网络安全，严格标准化管理应对；

（14）系统开发与上线：离线开发、调试→在线操作指导→在线运行（安全上线，规避风险），安全、稳妥数字化转型。

5 数据治理

随着数据资源的爆炸性增长，钢铁企业面临着数据信息分散、数据质量参差不齐、数据标准不统一、开发维护困难等问题，很难满足实时分析和决策的高要求。数据治理实现数据的产生、存储、迁移、使用、归档、销毁等环节的数据生命周期管理。数据治理是钢铁企业开展大数据创新应用，构建工业互联网大数据平台，实现其大数据发展战略的重要基础。在工业大数据战略从顶层设计到底层技术实现“落地”的过程中，治理是基础、技术是支撑、分析是手段、应用是目的。数据治理是大数据全链路上不可或缺的关键一环，是钢铁企业从容、持续发力工业大数据的“必修课”。数据治理目的是确保工业大数据的有序、共享和安全，促进工业大数据实现服务创新和价值增值。

钢铁工业数据主要包括操作技术数据（OT，Operation Technology）和信息技术数据（IT，Information Technology）。OT 数据源自生产过程机器设备记录和自动化采集系统等，可分为时序数据和非时序数据。其中包括温度、压力、流量等的时序数据是工业数据的主要部分，非时序数据包括工业系统的日志数据及生产调控的经验数据，时序数据处理是钢铁工业数据处理的重要组成部分。IT 数据也分为两类，一类是包括财务、客户关系、供应链管理等的企业资源计划（ERP，Enterprise Resource Planning）数据；另一类是包括生产调度、质量管理、人员管理等的制造执行系统（MES，Manufacturing Execution System）等数据。与 OT 数据相比，IT 数据一般具有完善的数据库系统，因此数据治理的重点是 OT 系统的数据治理。

钢铁工业数据具有隔离性、多模态、强关联、高通量等特点。隔离性是指数据来自铁—钢—轧—热处理—检测等多道工序的多台设备，设备均独立工作且工序间流通不畅，形成一座座“数据孤岛”。多模态是指数据来源多样，结构复杂，除工业生产中所采集的温度、压力、流量等时序数据之外，还包括金相组织图像、火焰温度等的红外热成像视频等非结构化数据。强关联是指钢铁产品在生产工序的工艺参数如成分—工艺—组织—性能等关联关系，铁—钢—连铸各工序与产品成分、质量的关联关系等。高通量是指钢铁生产过程中众多传感器所采集的时序数据具有设备多、测点多、频率高、吞吐量大、连续不间断、储存成本大等特点。以某生产设备为例，数据采样频率为 10Hz，单台设备每秒产生 16kB 的传感器数据，20 台设备每年将产生 4.58TB 的高通量数据。

为此，需要进行数据预处理，实现数据抽取、转换、装载的过程即 ETL 处理，它是数据治理的关键步骤，是构建大数据平台的重要环节。ETL 是将钢铁企业生产过程中的海量数据经过抽取、清洗转换之后加载到大数据平台的过程，目的是将钢铁企业中的分散、零乱、标准不统一的数据整合到一起，为企业的决策提供分析依据。ETL 的设计分三部分：数据抽取、数据的清洗转换、数据的加载。在设计 ETL 的时候也是从这三部分出发。数据的抽取是从各个不同的数据源抽取到操作型数据存储（ODS，Operational DataStore）中——这个过程也可以做一些数据的清洗和转换，在抽取的过程中需要挑选不同的抽取方法，尽可能地提高 ETL 的运行效率。ETL 三个部分中，花费时间最长的是“T”（Transform，清洗、转换）的部分，一般情况下这部分工作量是整个 ETL 的 2/3。数据的加载一般在数据清洗完了之后直接写入大数据平台中去。图 5.1 为 ETL 数据预处理逻辑图。

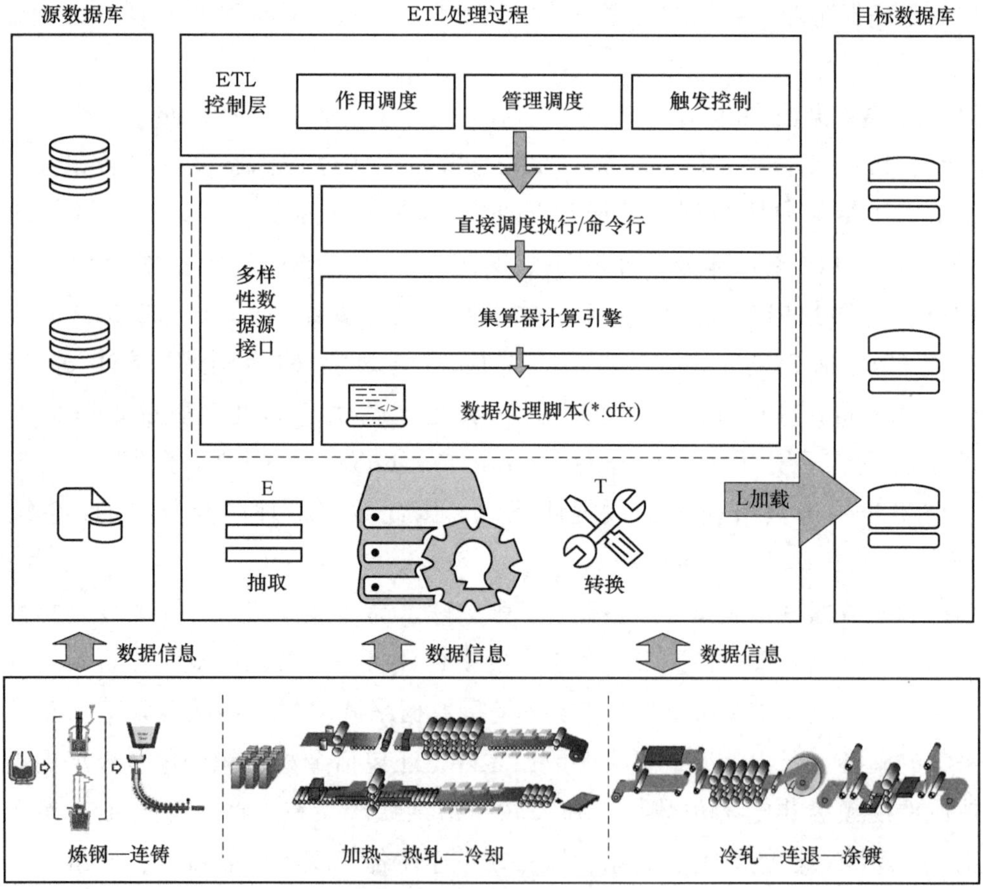

图 5.1 ETL 数据预处理逻辑图

5.1 数据抽取

这一部分需要在调研阶段做大量的工作，首先要搞清楚数据是从哪些控制系统中来，各个控制系统的数据库服务器运行什么 DBMS，是否存在手工数据，手工数据量有多大，是否存在非结构化的数据等，当收集完这些信息之后才可以进行数据抽取的设计。

5.1.1 数据源处理方法

（1）对于与大数据平台的数据库系统相同的数据源处理方法。这一类数据源在设计上比较容易。一般情况下，DBMS（SQLServer、Oracle）都会提供数据库链接功能，在大数据平台数据库服务器和原业务系统之间建立直接的链接关系就可以写 Select 语句直接访问。

（2）对于与大数据平台数据库系统不同的数据源的处理方法。这一类数据源，一般情况下也可以通过 ODBC 的方式建立数据库链接，如 SQLServer 和 Oracle 之间。如果不能建立数据库链接，可以有两种方式完成：一种是通过工具将源数据导出成 .txt 或者是 .xls 文件，然后再将这些源系统文件导入到 ODS 中；另外一种方法是通过程序接口来完成。

（3）对于文件类型数据源处理方法。对于文件类型数据源（.txt，.xls），可以培训业务人员利用数据库工具将这些数据导入到指定的数据库，然后从指定的数据库中抽取。或者还可以借助工具实现，如 SQLServer 数据库的 SSIS 服务的平面数据源和平面目标等组件导入 ODS 中去。

（4）增量更新的问题，对于数据量大的系统，必须考虑增量抽取。一般情况下，控制系统会记录业务发生的时间，我们可以用来做增量的标志，每次抽取之前首先判断 ODS 中记录最大的时间，然后根据这个时间去业务系统取大于这个时间所有的记录。利用控制系统的时间戳，一般情况下，控制系统没有或者部分有时间戳。

5.1.2 数据抽取方式

数据的抽取就是从钢铁生产全流程的各层级控制系统的数据库中把数据抽取出来，为大数据平台提供充足可靠的数据。数据抽取的过程需要关注抽取的方式、时间和周期等情况。数据抽取方式通常分为两种，一种是数据的全量抽取，另一种是数据的增量抽取，如图 5.2 所示。

全量抽取：类似于数据迁移或数据复制，它将数据源中的表或视图的数据原封不动地从数据库中抽取出来，并转换成自己的 ETL 工具可以识别的格式。

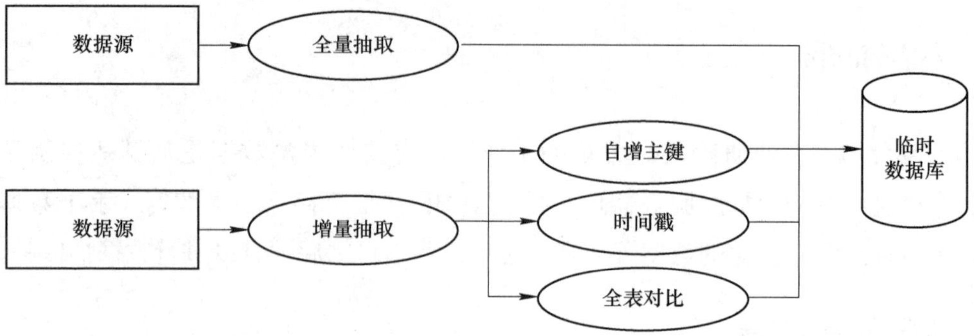

图 5.2　数据收取方式

增量抽取：只抽取自上次抽取以来数据库中要抽取的表中新增或修改的数据。在 ETL 使用过程中，增量抽取较全量抽取应用更广。如何捕获变化的数据是增量抽取的关键。对捕获方法一般有两点要求：准确性，能够将业务系统中的变化数据按一定的频率准确地捕获；性能，不能对业务系统造成太大的压力，影响现有业务。

目前增量数据抽取中常用的捕获变化数据的方法有以下几种。

5.1.2.1　触发器方式（又称快照式）

触发器是数据库提供的工具，利用触发器专用代码设置不同的触发器，插入、修改和删除等操作均有相应的触发器代码。在要抽取的表上建立需要的触发器，一般要建立插入、修改、删除三个触发器，每当源表中的数据发生变化，就被相应的触发器将变化的数据写入一个临时表，抽取线程从临时表中抽取数据，临时表中抽取过的数据被标记或删除。其优点是数据抽取的性能高，ETL 加载规则简单，速度快，不需要修改业务系统表结构，可以实现数据的递增加载；缺点是要求业务表建立触发器，对业务系统有一定的影响，容易对源数据库构成威胁。

5.1.2.2　时间戳方式

时间戳方式是一种基于快照比较的变化数据捕获方式，在源表上增加一个时间戳字段，系统中更新修改表数据的时候，同时修改时间戳字段的值。当进行数据抽取时，通过比较上次抽取时间与时间戳字段的值来决定抽取哪些数据。有的数据库的时间戳支持自动更新，即表的其他字段的数据发生改变时，自动更新时间戳字段的值。有的数据库不支持时间戳的自动更新，这就要求业务系统在更新业务数据时，手工更新时间戳字段。

该方式的优点同触发器方式一样，时间戳方式的性能也比较好，ETL 系统设计清晰，源数据抽取相对清楚简单，可以实现数据的递增加载。缺点是时间戳维护需要由业务系统完成，对业务系统也有很大的倾入性（加入额外的时间戳字段），特别是对不支持时间戳的自动更新的数据库，还要求业务系统进行额外的更新时间戳操作；另外，无法捕获对时间戳以前数据的 Delete 和 Update 操作，在数据准确性上受到了一定的限制。

5.1.2.3 全表删除插入方式

每次 ETL 操作均删除目标表数据，由 ETL 全新加载数据。全表删除插入方式优点是 ETL 加载规则简单，速度快。缺点是对于维表加外键不适应，当业务系统产生删除数据操作时，综合数据库将不会记录到所删除的历史数据，不可以实现数据的递增加载；同时对于目标表所建立的关联关系，需要重新进行创建。

5.1.2.4 全表比对方式

全表比对方式是 ETL 工具事先为要抽取的表建立一个结构类似的临时表，该临时表记录源表主键并且是根据所有字段的数据计算出来的，每次进行数据抽取时，对源表和临时表进行的比对，如有不同，进行 Update 操作，如目标表没有存在该主键值，表示该记录还没有，即进行 Insert 操作。

该方式的优点是对已有系统表结构不产生影响，不需要修改业务操作程序，所有抽取规则由 ETL 完成，管理维护统一，可以实现数据的递增加载，没有风险。但 ETL 比对较复杂，设计较为复杂，速度较慢。与触发器和时间戳方式中的主动通知不同，全表比对方式是被动地进行全表数据的比对，性能较差。当表中没有主键或唯一列且含有重复记录时，全表比对方式的准确性较差。

5.1.2.5 日志表方式

日志表方式是在业务系统中添加系统日志表，当业务数据发生变化时，更新维护日志表内容，当 ETL 加载时，通过读日志表数据决定加载哪些数据及如何加载。该方式的优点是不需要修改业务系统表结构，源数据抽取清楚，速度较快。可以实现数据的递增加载。但日志表维护需要由业务系统完成，需要对业务系统业务操作程序做修改，记录日志信息。日志表维护较为麻烦，对原有系统有较大影响。工作量较大，改动较大，有一定风险。

5.2 数据清洗与转换

5.2.1 数据清洗

以时间序列数据为主的 OT 数据经常出现数据缺失、错误、噪声和数据异常等问题。数据清洗的任务是过滤那些不符合要求的数据，将过滤的结果交给业务主管部门，确认是否过滤掉还是由业务单位修正之后再进行抽取。

5.2.1.1 数据缺失

数据有的信息缺失，如产品的化学成分、产品生产过程控制参数、产品生产过程工艺参数、设备参数等。

根据数据缺失情况不同，缺失值处理的方法有：不采取任何方式处理或者直接将其所在的行或列删除；再或者根据缺失值所在的行列的数值，通过寻求它们的某种隐含关系找到一个逼近真实值的数来填补缺失值。当数据缺失量较小的情况时，往往可以选择直接删除；而缺失值较多时，可采用线性插值、样条插值和机器学习填充等方法，填补缺失数据可以在一定程度上保证数据内容的完整性，有利于形成全面、系统的数据模型，为模型建立提供良好的数据基础。

5.2.1.2 数据错误

数据错误产生的原因是控制或管理系统不够健全，在接收输入后没有进行判断直接写入后台数据库，比如数值数据输成全角数字字符、字符串数据后面有一个回车操作、日期格式不正确、日期越界等。这一类数据也要分类，对于类似于全角字符、数据前后有不可见字符的问题，只能通过写 SQL 语句的方式找出来，然后要求工艺和生产主管部门在相关控制系统和管理系统修正之后抽取。日期格式不正确的或者日期越界等错误会导致 ETL 运行失败，这一类错误需要去相关控制系统和管理系统数据库用 SQL 的方式挑出来，交给工艺和生产主管部门要求限期修正，修正之后再抽取。

5.2.1.3 数据噪声

时间序列中的噪声数据会产生严重的后果，通常情况下利用去除噪声之后的数据建立的模型精度更高。最小化噪声的过程称为去噪。时序数据去除噪声的方法主要有以下几种。

A 滚动平均值

滚动平均值是先前观察窗口的平均值，窗口是时间序列数据的一系列值。计算每个有序窗口的平均值，可以有效地最小化时间序列数据中的噪声。

B 傅里叶变换

通过将时间序列数据转换到频域去除噪声的方法称傅里叶变换。我们可以先过滤掉噪声频率，然后采用傅里叶反变换得到滤波后的时间序列。

5.2.1.4 异常数据

异常数据的处理与分析也是数据治理中的一个重要步骤。工业大数据中往往由于各种原因，导致收集的数据中存在一些偏离正常范围的异常值点。如果将没有进行异常值处理的数据直接进行建模分析，其最后得出的数据分析结论往往在较大程度上是具有失误性的，所以忽略异常数值的存在往往对数据分析结果是不利的。但如果能够正常对待异常值的产生，剖析其形成的原因并合理处理异常值，常常也可以作为改善数据品质的重要方式。常用的异常数据检测方法以下几种。

A 基于滚动统计的方法

基于滚动统计的方法几乎适用于全部类型的时间序列。方法中的上限和下限是根据特定的统计量度建立，例如均值、标准差以及分布的百分位数等。但不可取序列的均值和标准差，因为这种情况下，边界是静态的。而边界建立时应该是动态滚动的。此方法是一种简单、高效的异常值检测方法。

B 孤立森林

孤立森林是基于 Ensemble 的快速异常检测方法，具有线性时间复杂度和高精准度，是符合大数据处理要求的 state-of-the-art 算法。孤立森林从数据集中取出一个样本，并在该样本上构建树，直到每个点都被隔离。为了隔离数据点，通过选择该特征的最大值和最小值之间的分割来随机进行分区，直到每个点都被隔离。特征的随机分区将为异常数据点在树中创建更短的路径，从而将它们与其余数据区分开来。

C *K*-means 聚类

K-means 聚类是一种无监督的机器学习算法，常用于检测时间序列数据中的异常值。该算法查看数据集中的数据点，并将相似的数据点分组为 K 个聚类。通过测量数据点到其最近质心的距离来区分异常。如果距离大于某个阈值，则将该数据点标记为异常。*K*-means 算法使用欧几里得距离进行比较。

异常数据检测的主要目的就是将偏离其他数据值过大或过小的离群点进行识别并处理，进而保证所有数据点能存在于一个合适的范围内。

5.2.1.5 数据标准化

钢铁工业中流程较多，影响产品质量和性能的因素错综复杂。钢铁工业数据各个参数量纲不同、维度庞大给模型计算分析上造成了较大的困扰。以热轧过程为例，轧制速度的单位是 m/s，出入口温度的单位是℃，而辊缝的单位是 mm，且它们的数量级有的能达到 10^3，有的为 10^1，相差较大，对模型的影响程度也不相同，不利于模型计算分析，还会降低模型的预测精度。因此，钢铁工业的数据标准化十分必要。

数据标准化就是根据一种设定的标准，将所有数据样本压缩在某个范围内，同时消除它们的量纲影响，使其变换到纯数值状态，以便单位不同或数量级差异较大的参数计算比较。数据标准化能够对数据集的数值大小分布、差异、特征参数等多方面做出影响，对基于数据的精准计算分析具有重要意义。Z-Score 标准化是指按照原始数据统计的平均值和标准差所实行的规范化，且标准化之后的数据均值为 0，方差为 1，呈正态分布。其计算公式如式（5-1）所示：

$$x' = \frac{x - \text{mean}}{\text{std}} \tag{5-1}$$

式中，x 为原始数据；x' 为标准化后的新数据；mean 为 x 所在列的均值；std 为 x 所在列的标准差。

采用 Z-Score 标准化方法对采集的热连轧粗轧样本数据集进行标准化，设定数据中含有 m 个样本，每个样本有 n 个指标，且第 i 个样本对应的第 j 个指标为 x_{ij}，从而构造成一个 $m \times n$ 的矩阵 $\boldsymbol{X}$，如式（5-2）所示：

$$\boldsymbol{X} = \begin{bmatrix} x_{11} & x_{12} & \cdots & x_{1n} \\ x_{21} & x_{22} & \cdots & x_{23} \\ \vdots & \vdots & \ddots & \vdots \\ x_{m1} & x_{m2} & \cdots & x_{mn} \end{bmatrix} \tag{5-2}$$

根据式（5-3）、式（5-4）将数据标准化，可以获得以 0 为平均值、1 为方差的一个正态分布的数据集矩阵 $\widetilde{\boldsymbol{X}}$：

$$\widetilde{\boldsymbol{x}}_{ij} = \frac{x_{ij} - \bar{x}_j}{s_j} \quad (i = 1, 2, \cdots, m; j = 1, 2, \cdots, n) \tag{5-3}$$

其中

$$\bar{x}_j = \frac{\sum_{i=1}^{m} x_{ij}}{m} \quad (j = 1, 2, \cdots, n) \tag{5-4}$$

$$s_j = \sqrt{\frac{\sum_{i=1}^{m} (x_{ij} - \bar{x}_j)^2}{m - 1}} \quad (j = 1, 2, \cdots, n) \tag{5-5}$$

式（5-4）中 $\bar{x}_j$ 为第 j 个指标的样本均值，式（5-5）中 s_j 表示第 j 个指标的样本标准差，得到标准化后的数据符合均值为 0，方差为 1 的标准正态分布。对应标准化指标变量为 $\tilde{x}_j$，如式（5-6）所示：

$$\tilde{x}_j = \frac{x_j - \bar{x}_j}{s_j} \qquad (j = 1, 2, \cdots, n) \tag{5-6}$$

5.2.2 数据转换

数据的转换是按照预定的规则进行设计，把来自钢铁全流程各个工序控制系统和管理系统中的数据进行转换，使原本分散、凌乱、标准不统一的数据按照相应的格式整合起来，保证大数据平台中的一致性。

钢铁全流程各个工序控制系统和管理系统中的数据经历了长时间的积累，业务系统也存在迭代式开发，所以每个工序的数据库规则并不统一，有可能存在冲突，甚至有些数据在企业控制系统或管理系统中并不存在，需要对业务数据进行计算获取。面对这种情况，需要对数据进行灵活的计算、映射、合并和拆分等操作，如图 5.3 所示，这也是 ETL 系统的核心功能。

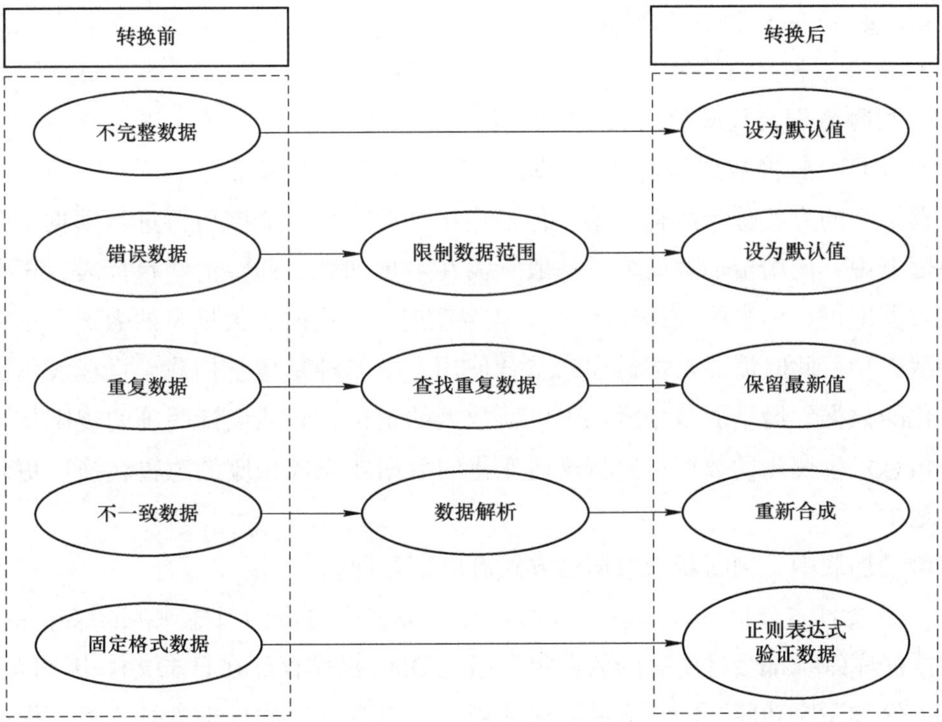

图 5.3 数据转换策略

数据转换的任务是主要进行不一致数据转换、数据粒度的转换，以及一些生产过程规则的计算。

（1）不一致数据转换：这个过程是一个整合的过程，将不同控制或管理系统的相同类型的数据统一，比如某一产品的编码在炼钢控制系统中是 XX0001，而在轧钢控制系统中的编码是 YY0001，这样在抽取过来之后统一转换成一个编码。

（2）数据粒度的转换：控制或管理系统一般存储非常明细的数据，而大数据平台中数据是用来分析的，不需要非常明细的数据。一般情况下，会将业务系统数据按照数据平台粒度进行聚合。

（3）生产过程工艺规则的计算：不同的工序或车间有不同的生产业务规则、不同的数据指标，这些指标有的时候不是简单地加加减减就能完成，这个时候需要在 ETL 中将这些数据指标计算好了之后存储在数据仓库中，以供分析使用。

5.3 数据加载

数据加载是 ETL 中最后一步，是将已转换的数据加载到指定的大数据平台中，为后续数据的分析、挖掘提供数据准备。

数据加载需要注意的技术点：

（1）缺失值和空值检测。

（2）目标数据与和源数据一致性检测。

（3）验证已转换数据是否符合预期，即测试数据加载验证。

数据加载的方式分为两种，第一种是全量加载，全表清空后再进行数据加载。从技术角度上说，比增量加载简单。一般只需在数据加载之前，清空目标表，再全量导入源表数据即可。但当源数据量较大 、业务实时性较高时，大批量的数据无法在短时间内加载成功，此时需要与增量加载结合使用。第二种是增量加载，目标表仅更新源表中变化的数据。增量加载难度在于更新数据的定位，必须设计明确的规则从数据源中抽取信息发生变化的数据，并将这些变化的数据在完成相应的逻辑转换后更新到数据目的地中。

在增量加载中，判断新增数据的方式有以下几种。

（1）系统日志分析方式：该方式通过分析数据库自身的日志来判断变化的数据。关系型数据库系统都会将所有的数据定义语言 DML 操作存储在日志文件中，以实现数据库的备份和还原功能。ETL 增量抽取进程通过对数据库的日志进行分析，提取对相关源表在特定时间后发生的 DML 操作信息，就可以得知自上次抽取时刻以来该表的数据变化情况，从而指导增量抽取动作。

（2）触发器方式：增、删、改+触发器。触发器增量抽取主要有两种方式，一种是直接进行数据加载，另一种是利用增量日志表进行增量加载。直接进行数据加载方式是创建一个与源表结构类似的临时表，然后创建一个三种类型的触发器，分别对应 Insert、Update、Delete 操作。每当源表有数据变动的时候，利用触发器将变化的数据填入此临时表中。最后通过维护这个临时表，在进行 ETL 过程的时候，将目标表中相应的数据进行修改。ETL 过程结束后，清空此临时表。

（3）时间戳方式：在大数据系统数据表中统一添加一个字段作为时间戳，当钢铁全流程各个工序控制系统和管理系统更新修改业务数据时，同时也会修改时间戳字段值，这时就将更新修改的数据加载到目标表中。

（4）全表比对方式：该方式为抽取所有源数据，在加载目标表之前先根据主键和字段进行数据比对，有更新的数据就进行更新或插入。

6 机 器 学 习

钢铁生产过程中会产生大量的过程数据，这些数据已经成为一种重要的资源，对分析产品质量，优化产品生产工艺具有至关重要的作用。那么，如何从大数据中挖掘有价值的信息来指导生产成为人们关注的问题。随着人工智能技术在各个领域的兴起，其在钢铁行业的应用也得到了国家高度重视，中央对大数据在工业中的应用提出了更高的要求。而机器学习算法是从大量数据中挖掘知识的一种有效手段，正在成为钢铁行业数字化转型的新宠，同时也是寻求相关技术突破的下一个关键点。为了推动钢铁行业数字化转型，技术人员对机器学习算法的需求十分迫切，因此，本章对钢铁工业数据建模过程中常用到的机器学习算法进行介绍，供相关人员参考。

6.1 线性模型

6.1.1 概述

给定由 d 个属性描述的示例 $\boldsymbol{x}=(x_1, x_2, \cdots, x_d)$，其中 x_i 是 $\boldsymbol{x}$ 在第 i 个属性上的取值，线性模型试图学得一个通过属性的线性组合来进行预测的函数，即

$$f(\boldsymbol{x})=\omega_1 x_1+\omega_2 x_2+\cdots+\omega_d x_d+\boldsymbol{b} \tag{6-1}$$

一般用向量形式写成：

$$f(\boldsymbol{x})=\boldsymbol{\omega}^{\mathrm{T}} \boldsymbol{x}+\boldsymbol{b} \tag{6-2}$$

其中 $\boldsymbol{\omega}=(\omega_1, \omega_2, \cdots, \omega_d)$ 确定之后，模型就得以确定。

线性模型形式简单、易于建模，但却蕴涵着机器学习中一些重要的基本思想。许多功能更为强大的非线性模型可在线性模型的基础上通过引入层级结构或高维映射而得。此外，由于 $\boldsymbol{\omega}$ 直观表达了各属性在预测中的重要性，因此线性模型有很好的可解释性。下面介绍一下线性回归模型。

6.1.2 线性回归

给定数据集 $D=\{(x_1, y_1), (x_2, y_2), \cdots, (x_m, y_m)\}$，其中 $x_i=(x_{i1}, x_{i2}, \cdots, x_{id})$，$y_i \in R$。“线性回归”试图学得一个线性模型以尽可能准确地预测实值输出标记。

我们先考虑一种最简单的情形：输入属性的数目只有一个。为便于讨论，此时我们忽略关于属性的下标，即 $D=\{(x_i, y_i)\}_{i=1}^m$，其中 $x_i \in R$。对离散属性，若属性值间存在“序”（order）关系，可通过连续化将其转化为连续值，例如二值属性“身

高”的取值“高”“矮”可转化为 {1.0, 0.0}，三值属性“高度”的取值“高”“中”“低”可转化为 {1.0, 0.5, 0.0}；若属性值间不存在序关系，假定有 k 个属性值，则通常转化为 k 维向量，例如属性“颜色”的取值“红”“绿”“黄”可转化为 (0, 0, 1), (0, 1, 0), (1, 0, 0)。

线性回归可得：

$$f(x_i) = \omega x_i + b，使得 f(x_i) = y_i \tag{6-3}$$

接下来需要确定 ω 和 b，确定 ω 和 b 的关键在于如何衡量 $f(x)$ 之间的差别。均方误差是回归任务中最常用的性能度量，因此我们可试图让均方误差最小化，即

$$\begin{aligned}(\boldsymbol{\omega}^*, b^*) &= \underset{(\omega, b)}{\operatorname{argmin}} \sum_{i=1}^{m} (f(x_i) - y_i)^2 \\ &= \underset{(\omega, b)}{\operatorname{argmin}} \sum_{i=1}^{m} (y_i - \omega x_i - b)^2\end{aligned} \tag{6-4}$$

均方误差对应了常用的欧几里得距离或简称“欧氏距离”。基于均方误差最小化来进行模型求解的方法称为“最小二乘法”。在线性回归中，最小二乘法就是试图找到一条直线，使所有样本到直线上的欧氏距离之和最小。求解 $\boldsymbol{\omega}$ 和 b 使 $E_{(\omega, b)} = \sum_{i=1}^{m} (y_i - \omega x_i - b)^2$ 最小化的过程，称为线性回归模型的最小二乘“参数估计”。

线性模型虽简单，却有丰富的变化。例如对于样例 (x, y)，$y \in R$，当我们希望线性模型式 (6-2) 的预测值逼近真实标记 y 时，就得到了线性回归模型。为方便观察，我们把线性回归模型简写为：

$$y = \boldsymbol{\omega}^{\mathrm{T}} \boldsymbol{x} + b \tag{6-5}$$

假设我们认为示例所对应的输出标记是在指数尺度上变化，那就可将输出标记的对数作为线性模型逼近的目标，即

$$\ln y = \boldsymbol{\omega}^{\mathrm{T}} \boldsymbol{x} + b \tag{6-6}$$

这就是“对数线性回归”，它实际上是在试图让 $e^{\boldsymbol{\omega}^{\mathrm{T}} \boldsymbol{x} + b}$ 逼近 y。式 (6-6) 形式上仍是线性回归，但实质上已是在求取输入空间到输出空间的非线性函数映射，如图 6.1 所示，这里的对数函数起到了将线性回归模型的预测值与真实标记联系起来的作用。

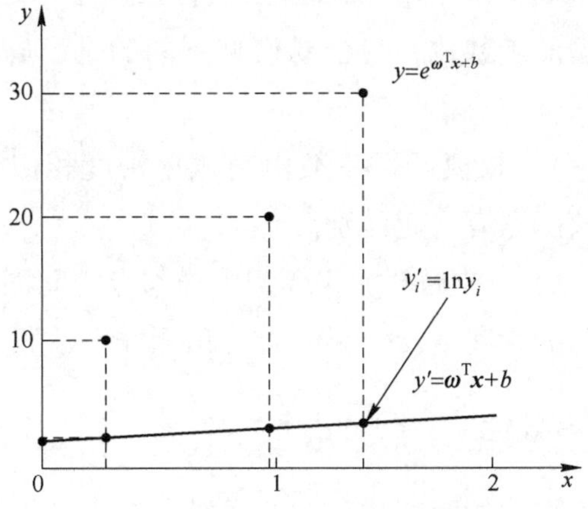

图 6.1 对数线性回归示意图

6.2 局部加权回归

6.2.1 概述

局部加权学习属于非参数统计学习方法。传统参数统计学习中，往往需要给出数据来源的分布族假设，并选择适当的模型，在此基础上进行参数统计。然而实际应用中数据满足的分布是未知的，在整体上也不可能完全满足单一指定的分布。由于整体数据分布的复杂性，可以通过局部统计来简化，局部加权学习通过简单的局部模型假设即可拟合出复杂的全局模型。局部加权学习的基本思路是根据待预测点 x 与训练样本的距离远近，赋予训练样本不同的权值，使得离 x 越近的训练样本具有越大的权值，从而有差异地学习到数据的局部信息。

对于数据集 $S=\{(x_i, y_i), x_i \in R, y_i \in R, i=1, 2, \cdots, N\}$，局部加权模型的一般形式可以用以下加权极小化问题表示：

$$\min \sum_{i=1}^{N} L(f(x_i, \boldsymbol{\omega}), y_i) K_h(d(x_i, x)) \tag{6-7}$$

式中，x 为待预测的测试样本；$\boldsymbol{\omega}$ 为极小化问题所要求解的局部模型参数。最终待预测样本 x 的局部加权预测结果将由 $f(x, \boldsymbol{\omega})$ 给出。

由式（6-7）可知局部加权模型主要由以下几个重要的部分构成。

（1）损失函数 $L(\cdot)$。分类问题和回归问题选择的损失函数差异较大。回归问题常用的损失函数为平方损失函数或绝对值损失函数。在实际问题中为了方便求解，一般选择平方损失函数，即式（6-7）可具体表示为：

$$\min \sum_{i=1}^{N} L(f(x_i, \boldsymbol{\omega}), y_i) K_h(d(x_i, x)) \tag{6-8}$$

（2）局部模型 $f(x, \boldsymbol{\omega})$。局部加权模型虽然在数据总体分布上不做提前假设，但仍然需要在局部进行模型的参数化，与全局模型不同的是，局部模型通过结合权值来对数据进行有区别的学习。

（3）权值函数 $K_{\mathrm{h}}(\cdot)$。权值函数一般由与概率密度相似的“核”来定义，这里的核与上文核回归中的核函数有一定区别。

（4）距离度量 $d(x, x)$。在局部加权模型中样本点之间的远近对权值的计算有着直接的影响，样本点之间的距离度量。影响着待预测样本 x 的一个有效局部。

6.2.2 距离度量与局部有效性

在局部方法中，样本之间的距离如何定义虽然基础却十分重要，在局部加权方法中更是如此，因为在局部加权回归中，权值的确定主要依赖于样本之间的距离。如果距离度量设计得不合理，那么权值也会受到影响。通常，距离定义为欧氏距离，在 RGB 彩色空间中，两个 RGB 响应值向量 $\boldsymbol{x}_1 = (R_1, G_1, B_1)^{\mathrm{T}}$、$\boldsymbol{x}_2 = (R_2, G_2, B_2)^{\mathrm{T}}$ 的欧氏距离为：

$$d(\boldsymbol{x}_1, \boldsymbol{x}_2) = \sqrt{(R_1 - R_2)^2 + (G_1 - G_2)^2 + (B_1 - B_2)^2} \tag{6-9}$$

由于 RGB 响应值向量中三个值是对同一条高维光谱反射率曲线的不同采样，而且 RGB 响应值向量从某种程度上反映了所观测的物体光谱反射率在各波长段的分布特点。因此为了能够合理描述 RGB 颜色空间中采集于同一场景的 RGB 响应值向量之间的相似关系，可以考虑使用马氏距离进行度量：

$$d(\boldsymbol{x}_1, \boldsymbol{x}_2) = \sqrt{(\boldsymbol{x}_1 - \boldsymbol{x}_2)^{\mathrm{T}} \Sigma^{-1} (\boldsymbol{x}_1 - \boldsymbol{x}_2)} \tag{6-10}$$

式（6-10）中 Σ 为 RGB 响应值的协方差矩阵，估计于待预测场景采集的 RGB 响应值。这里需要注意的是，Σ 并非用训练样本集中的 RGB 响应值估计，因为训练集和测试集的光谱反射率分布可能不同，因此需要使用对应的 RGB 响应值进行估计。但是当待预测的样本很少时，也可以考虑使用训练集中的 RGB 响应值估计出协方差矩阵。

基于颜色向量在形状上的特征，提出使用向量夹角来描述两个 RGB 响应值向量之间的相似度，这里考虑引入角度信息的距离度量为：

$$d(\boldsymbol{x}_1, \boldsymbol{x}_2) = \theta \sqrt{\boldsymbol{x}_1^{\mathrm{T}} \boldsymbol{x}_2} + (1 - \theta)\,\mathrm{across}\,\frac{\boldsymbol{x}_1^{\mathrm{T}} \boldsymbol{x}_2}{\|\boldsymbol{x}_1\| \cdot \|\boldsymbol{x}_2\|} \tag{6-11}$$

若考虑光谱反射率为关于波长的函数时有：$R(\lambda)$，类似的 RGB 响应值可以认为是关于通道数的函数：$p(i)$。由于我们希望估计的光谱反射率在形状上与真实的光谱反射率尽可能接近，因此考虑 $R(\lambda)$ 的梯度信息，对应在 RGB 响应值上为一阶差商：

$$p[i, i + 1] = p(i + 1) - p(i) \quad (i = 1, 2) \tag{6-12}$$

通过式（6-12），对 RGB 响应值 $\boldsymbol{x}$ 求一阶差商有：

$$\boldsymbol{x}' = (\boldsymbol{x}_2 - \boldsymbol{x}_1, \boldsymbol{x}_3 - \boldsymbol{x}_2)^{\mathrm{T}} \tag{6-13}$$

因此考虑引入梯度信息的距离度量为：

$$d(\boldsymbol{x}_1, \boldsymbol{x}_2) = \theta \sqrt{\boldsymbol{x}_1^{\mathrm{T}} \boldsymbol{x}_2} + (1 - \theta) \sqrt{\boldsymbol{x}'^{\mathrm{T}}_1 \boldsymbol{x}'_2} \tag{6-14}$$

6.3 人工神经网络

6.3.1 概述

人工神经网络是在现代神经生物学研究基础上提出的模拟生物过程、反映人脑某些特性的一种计算机结构和系统。它反映了人类大脑功能的许多基本特征，但并不是人脑神经网络系统的真实描写，是它的某种抽象、简化和模拟。神经网络建立在自学习的数学模型基础之上。它可以对大量复杂的数据进行学习，并可以完成对人脑或其他计算机来说极为复杂的模式抽取及趋势分析。

6.3.2 人工神经网络的结构

人工神经元是对生物神经元结构和功能的模拟，是对生物神经元的形式化描绘，是对生物神经元的信息处理过程的抽象。人工神经元相当于一个多输入-单输出的非线性罚值器件。它一般是多输入-单输出的非线性器件，其结构如图 6.2 所示，是人工神经元的模型。

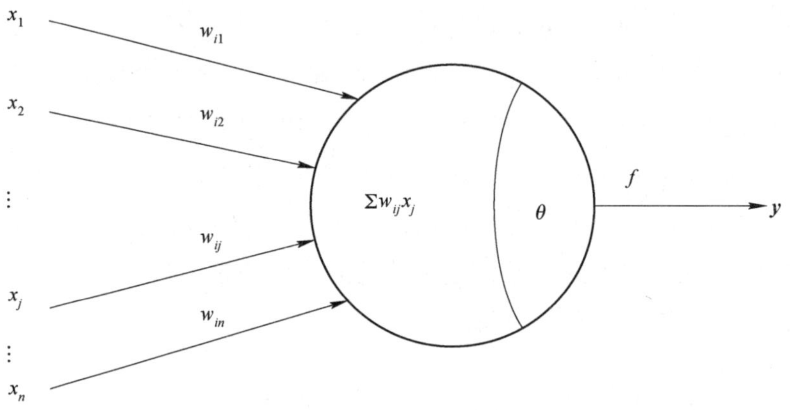

图 6.2 人工神经元模型

其中 x_1，x_2，…，x_n 表示它的 n 个输入；w_{i1}，w_{i2}，…，w_{in} 表示与它相连的 n 个突触的连接强度，或称其为权值；$\sum w_{ij}x_j$ 称为激活值，表示这个人工神经元的输入总和，对应于生物神经细胞的膜电位；y 表示这个人工神经元的输出；θ 表示这个人工神经元的阈值。如果输入信号的权值和超过 θ，则人工神经元被激活。

这样，人工神经元的输出可描述为：

$$y = f(\sum w_{ij}x_j - \theta) \tag{6-15}$$

式中，f 表示神经元输入-输出关系的函数，称为激活函数。

神经网络的拓扑结构决定了其重要特性，常用的网络为前馈性神经网络。前馈型神经网络结构如图 6.3 所示，神经元分层排列，最前面的层称为输入层，最后一层为输出层，中间的各层都是隐含层。输入信息只是以向前的方向传递，每一层的神经元只接受来自前一层神经元的输入，后面对前面的层没有信号反馈。输入信息经输入层逐级向下层传递，经过网络处理后计算结果由输出层输出。感知器网络和 BP 网络均属于前馈型神经网络。

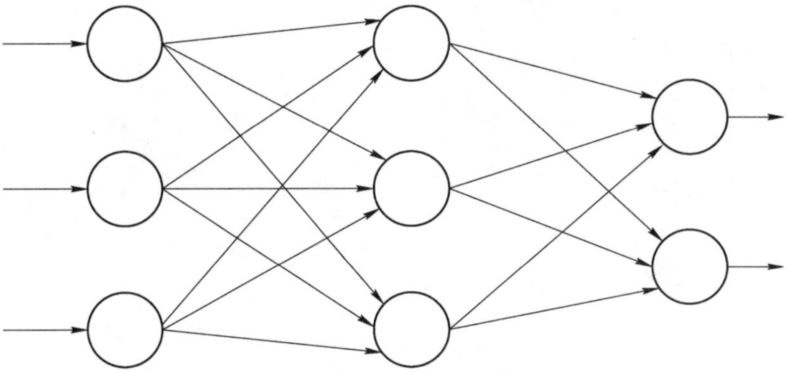

图 6.3 前馈型神经网络模型

6.3.3 BP 算法的基本思想

BP（Back Propagation）网络是一种反向传播的多层前馈网络，使用梯度搜索技术，实现网络的实际输出与期望输出的均方差最小化。网络学习的过程是边向后传播边修正权值的过程。

在 BP 网络中，学习过程由正向传播和反向传播组成。

（1）正向传播。在正向过程中输入信号从输入层经各个隐含层向输出层传播，在输出层的各个神经元获得网络的实际输出响应。在信号的正向传递过程中网络的权值固定不变，每一层神经元的状态只影响下一层神经元的状态。如果在输出层不能得到期望的输出，则转入误差信号反向传播。

（2）反向传播。在误差信号反向传播中，误差信号由输出端开始逐层向前传播，通过修改各层神经元的连接权值使误差减小，然后再转入正向传播过程。如此反复计算，不断修正，使网络的实际输出更加接近期望输出。

对于给定的一组训练模式，不断用这些模式训练网络，重复正向传播和误差反向传播的过程。当各个训练模式都满足要求时，我们认为 BP 网络已经学习完成。

6.4 RBF 神经网络

6.4.1 概述

径向基函数神经网络是由 Moondy 和 Darken 于 20 世纪 80 年代末提出的一种具有单隐层的三层前馈网络。输入层由信号源节点构成；第二层是隐藏层，节点数视需要而定；第三层为输出层，它对输入模式作出响应。从输入层空间到隐藏层空间的变换是非线性的，而隐藏层空间到输出层空间的变换是线性的。隐节点的激活函数是径向基函数（RBF），它是一种局部分布的关于中心点对称的非线性函数。RBF 神经网络的拓扑结构如图 6.4 所示。

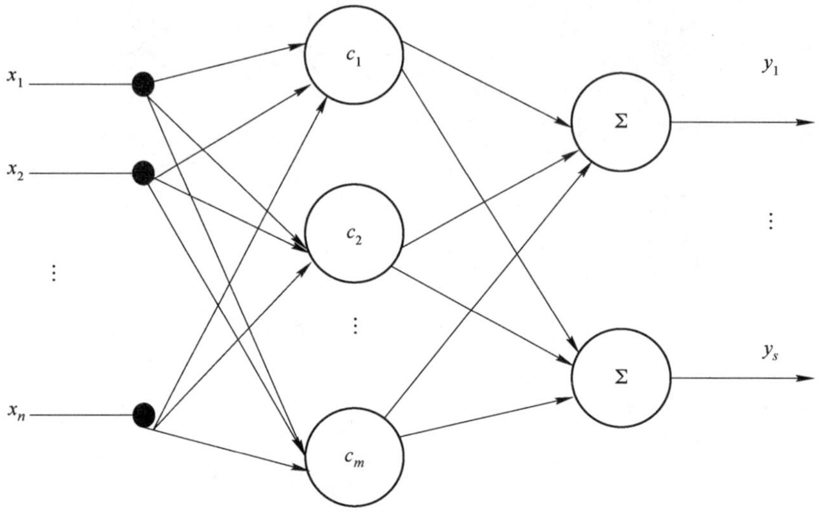

图 6.4　RBF 神经网络

RBF 神经网络，作为一种正则化网络，它模拟了人脑中局部调整、相互覆盖感受野的神经网络结构。因此，RBF 神经网络是一种局部逼近网络，它能以任意精度逼近任意连续函数，不存在局部最小问题。RBF 方法最初是用来对一组多维空间中的数据点进行插值，插值的目的是寻找一个函数 f 将每个矢量 $\boldsymbol{X}$ 映射到相应的目标值 $\boldsymbol{Y}$。

设输入层、隐层、输出层的节点数分别为 n、m、s，有 P 组输入输出样本对 $(\boldsymbol{X}^{(i)}, \boldsymbol{Y}^{(i)})$，$i=1, 2, \cdots, P$，其中 $\boldsymbol{X}^{(i)}$、$\boldsymbol{Y}^{(i)}$ 分别为 n 维、s 维向量，隐层节点的激活函数是 m 维径向基函数：$\phi(\boldsymbol{X})=\phi(\|\boldsymbol{X}^{(i)}-c_j\|)$，$j=1, 2, \cdots, m$；$c_j$ 是基函数的中心；$\|\cdot\|$ 是距离测度，通常取为欧几里得距离。网络的输出可表示为：

$$y_k^{(i)} = \sum_{j=1}^{m} \omega_{jk}\phi_j^{(i)} \quad (k=1, 2, \cdots, s) \tag{6-16}$$

其中，ω_{jk} 是隐节点 j 至输出节点 k 的连接权；$\phi_j^{(i)}$ 是隐节点输出值。用矩阵表示网络的输出为：

$$\boldsymbol{Y}=\boldsymbol{\phi W}, \ \boldsymbol{\phi} \in R^{P\times m}, \ \boldsymbol{W} \in R^{m\times s} \tag{6-17}$$

式中

$$\boldsymbol{Y}=\begin{pmatrix} y_1^{(1)} & \cdots & y_s^{(1)} \\ \vdots & \ddots & \vdots \\ y_1^{(P)} & \cdots & y_s^{(P)} \end{pmatrix}, \ \boldsymbol{\phi}=\begin{pmatrix} \phi_1^{(1)} & \cdots & \phi_m^{(1)} \\ \vdots & \ddots & \vdots \\ \phi_1^{(P)} & \cdots & \phi_m^{(P)} \end{pmatrix}, \ \boldsymbol{W}=\begin{pmatrix} \omega_{11} & \cdots & \omega_{1s} \\ \vdots & \ddots & \vdots \\ \omega_{m1} & \cdots & \omega_{ms} \end{pmatrix}$$

6.4.2　RBF 神经网络的特点

RBF 神经网络广泛应用于众多领域，如函数或信号逼近、数据或图形压缩、模式识别、非线性系统建模、软测量技术及机械故障信号的分析和处理等，主要基于以下功能：

（1）任意连续函数都可表示为一组径向基函数的加权和，RBF 能逼近任意函数。

（2）RBF 可作为线性不可分模式的分类器。原空间的线性不可分模式经隐层处理后，变换至新的高维空间，成为线性可分，由输出层实现线性分类。选用合适的径向基函数是实现上述功能的关键。径向基函数为局部分布的、中心径向对称的、非负衰减的非线性函数，它的两个参数，基中心和基宽度，将确定对输入产生显著响应的范围。

径向基函数有高斯函数、多二次函数、逆多二次函数与薄板样条函数等，它们均具有良好的逼近能力，其中高斯函数是最为常用的。

6.4.3 RBF 神经网络的映射机理

在 RBF 网络中，隐含层执行的是一种固定不变的非线性变换，将输入空间映射到一个新的空间。非线性变换单元仅仅对中心附近的输入敏感，随着与中心距离的加大，非线性变换单元的输出很快减小到很小的值，表现为一种局部敏感性；而减小的快慢由宽度 σ 决定，即 σ 越大，减小得越慢；反之 σ 越小，减小得越快。

中心代表了比较集中的一组数据的中心值，而这组数据就构成了一个类。由于它们距离较近，所以相似性较大。因此，中心代表了输入数据的一种模式。用于神经网络学习的样本数据含有有限个不同的模式，各模式对应不同的中心值。现在可以采用一定的数学方法，由输入数据提取代表不同模式的数据中心，并分配适当的宽度值，由各个数据中心 c_j 及对应的宽度值 σ，即构成了全部非线性变换单元。然后，非线性变换单元的输出再经过输出层的权值调整，从而得到期望的输出。

实际应用时，构造和训练一个 RBF 神经网络就是要使映射函数通过学习，确定出每个隐含层神经元基函数的中心 c_j、宽度 σ 以及隐含层到输出层的权值 ω_j 这些参数的过程，从而可以完成所需的输入到输出的映射。与 BP 网络单纯由权参数构成不同，RBF 神经网络的三部分参数在映射中所起的作用是不同的。隐含层的中心和宽度代表了样本空间模式及各中心的相对位置，完成的是从输入空间到隐含层空间的非线性映射。而输出层的权值是实现从隐含层空间到输出空间的线性映射。必须明确，RBF 神经网络的核心是隐含层的设计，中心的选取合适与否将从根本上影响 RBF 神经网络的最终性能。

在 RBF 网络结构中，对于训练样本，通常取性能指标为：

$$E = \frac{1}{2}\sum_{i=1}^{N}(y_i - f(x_i))^2 \tag{6-18}$$

通过上述描述可知，指标是关于中心 c、宽度 σ 和权值 ω 的函数。RBF 网络的训练就是针对一组样本，使 E 趋于最小。

6.5 支持向量机

6.5.1 概述

支持向量机（SVM）是近年发展起来的一种通用机器学习方法，它建立在统计学习理论基础之上，具有完备的理论基础和严格的理论体系。SVM 的出发点是更符合实际情况的有限样本假设。SVM 采用结构风险最小化归纳原则最小化一个正则化泛函，并通过最大间隔控制学习机器的容量，从而实现对学习机推广能力的控制。

SVM 通过核函数把非线性问题转换为特征空间的线性问题，因此具有很强的非线性处理能力。SVM 的求解是一个凸优化问题，理论上存在全局最优解，避免了局部极值问题。SVM 在模式分类、回归问题、密度估计、新奇性检测等很多领域表现出了良好的性能。SVM 利用核函数实现输入数据到高维特征空间的映射，从而实现算法从线性到非线性情况下的推广。

假设变量 x 与 y 存在一定的依赖关系，即遵循某一未知的联合概率分布 $F(x, y)$，机器学习问题就是根据 1 个独立同分布观测样本 $T=\{(x_1, y_1), \cdots, (x_n, y_n)\}$，在函数集合 $f(x, a)$，$a\in\Lambda$（Λ 是参数集合）中求出一个最优的函数 $f(x, a_0)$，并用它对依赖关系进行估计，使得下面的损失的数学期望值最小：

$$R(a)=\int L(y, f(x, a))\mathrm{d}F(x, y) \tag{6-19}$$

式中，$f(x, a)$ 为决策函数集，a 为函数的广义参数，$L(y, f(x, a))$ 为损失函数，它是用 $f(x, a)$ 对 y 进行预测造成的损失。$R(a)$ 被称作风险泛函或期望风险，它可看作是 a 代表的学习函数的函数。

6.5.2 支持向量机推导

设线性可分样本集为 (x_i, y_i)，$i=1, 2, \cdots, n$，$x\in R^d$，$y\in\{+1, -1\}$ 是类别标号空间中线性判别函数的一般形式为，分类面方程为：

$$w\cdot x+b=0 \tag{6-20}$$

等比例调整 w 和 b，将判别函数归一化，使两类样本都满足 $|g(x)|\geqslant 1$，这样分类间隔就等于 $2/\|w\|$，因此使间隔最大就等价于使 $\|w\|$ 最小，而要求分类线对所有样本正确分类，就是要满足：

$$y_1[(wx_i)+b]-1\geqslant 0 \quad (i=1, 2, \cdots, n) \tag{6-21}$$

因此满足上述条件且使 $\|w\|^2$ 最小的分类平面就是最优分类面。过两类样本中离分类面最近的点且平行于最优分类面的超平面上 H_1，H_2 的训练样本就是使式（6-21）

等号成立的那些样本，它们叫作支持向量。可见，最优分类面的问题转化为带约束条件的优化问题：

$$\begin{cases}\min\phi(w)=\frac{1}{2}\|w\|^2=\frac{1}{2}(w\cdot w)\\ \text{s. t. } y_i[w\cdot x_i+b]-1\geqslant 0\quad(i=1,2,\cdots,n)\end{cases}\tag{6-22}$$

定义 Lagrange 函数：

$$L(w,b,a)=\frac{1}{2}(w\cdot w)-\sum_{i=1}^{n}a_i\{y_i[(w\cdot x_i+b)]-1\}\tag{6-23}$$

其中，α_i 为 Lagrange 系数，把式（6-22）分别对 w、b 求偏微分令它们为 0，把原问题转化为对偶优化问题：

$$\begin{cases}\max Q(a)=\sum_{i=1}^{n}a_i-\frac{1}{2}\sum_{i=1}^{n}\sum_{j=1}^{n}a_ia_jy_iy_j(x_i\cdot x_j)\\ \text{s. t. } a_i\geqslant 0\quad(i=1,2,\cdots,n)\\ \sum_{i=1}^{n}a_iy_i=0\end{cases}\tag{6-24}$$

若 a^* 为最优解，则：

$$w^*=\sum_{i=1}^{n}a_i^*y_ix_i\tag{6-25}$$

式（6-25）不等式约束下二次函数极值问题，存在唯一解。且根 Karush-Kuhn-Tucker 条件，这个优化问题的解必须满足：

$$a_i(y_i(w\cdot x_i+b)-1)=0\quad(i=1,2,\cdots,n)\tag{6-26}$$

因此，对多数样本 a^* 将为零，取值不为零的 a^* 对应于支持向量，他们通常只是全体样本的很少一部，由任一支持向量结合式（6-25）可以求出分类阈值 b^*。求解上述问题后得到的最优分类函数是：

$$f(x)=\text{sgn}(w^*\cdot x+b^*)=\text{sgn}\{(\sum_{i=1}^{n}a_i^*y_ix_i)\cdot x+b^*\}\tag{6-27}$$

上述讨论的是线性可分情况，然而在实际应用中通常遇到的都是非线性的情况，此时可以通过非线性变换将其转化为某个高维空间中的线性问题，在变换空间中求解最优分类面。这种变换可能比较复杂，并且这种思路在一般情况下并不易实现，因此通常是采用一种更一般的方法，即通过核函数将输入向量非线性地映射到高维空间，由 SVM 在高维空间中给出最佳分类超平面。

SVM 的最终输出只由少数的支持向量所确定，计算的复杂性取决于支持向量的数目，而不是样本空间的维数，这在某种意义上避免了“维数灾难”。如果说神经网络方法是对样本的所有因子加权的话，SVM 方法是对只占样本集少数的支持向量样本加权，这不但可以抓住关键样本、剔除大量冗余样本，而且使得该方法不但算法简单，而且具有较好的鲁棒性。这种鲁棒性主要体现在增、减非支持向量样本对模型没有影响以及支持向量样本集具有一定的稳定性等方面。

6.6 决策树和随机森林

6.6.1 决策树概述

在机器学习领域，决策树是一种较简单的树状预测模型，它代表的是对象属性与对象值之间的一种映射关系，而且由它的不同分支来对该类型的对象进行分类。决策树的构造往往是自顶向下，首先通过对训练集进行递归分析来生成一棵树状结构，随后根据从根节点到叶子节点的不同路径来制定一系列分类规则，每一条路径都对应着一条合取规则，整个决策树就对应着一组析取表达式规则。一旦分类规则确定，决策树模型也就构建完成了。最后可以利用这些自定义分类规则，对测试集中的数据进行分类处理。

一棵决策树包含三种节点：根节点、中间节点、叶子结点。树中每个节点都代表对象的属性，也可以解释为多维数据集中的某一特征维度，而从每个节点向下一层分裂的不同路径则代表此属性可能存在的不同值域，即利用若干超平面将多维空间进行划分。从决策树的根节点出发到达每一个叶子节点都表示一个不同规则，其意义则是多维空间中一块独立区域，而决策树的输出是唯一的，代表多维空间中一点必定会落在唯一一块划分后的区域内，进而可以利用决策树这个特点来对数据集进行分类。

决策树的生成一般采用递归的方式，从根节点开始分裂，生成左右两棵子树，每棵子树则继续分裂生成新的左右子树，直到产生叶子结点为止。针对某一个具体数据集来说，每次节点分裂需要确定两个要素，一是选择利用哪个属性进行划分；二是在确定分裂属性后如何确定分裂点。针对这两个问题，先后出现过很多不同典型规则，即不同的决策树生成算法。在这里主要介绍 ID3 算法、C4. 5 算法和 CART 算法。

6.6.2 随机森林

随机森林由许多决策树组成，属于机器学习领域中的集成学习方法。随机森林是一个包含多个决策树的分类器，其输出类别是由单独树输出类别的众数决定。随机森林所包含的决策树彼此之间并无关联，故生成决策树的过程可以并行化。随机森林的随机性主要体现在决策树的构建过程中，其中最重要的两点为随机选取训练样本以及随机选取特征变量。

随机森林在构建决策树时，对整体训练样本采用了 Bootstrap 即有放回采样的方法。所谓有放回采样是指随机从整体训练样本集中采样，每次采样一条样本，采样次数与原样本集中样本数量相同，但采样后要将样本放回样本集中。故虽然采样后得到的样本集与原样本集的样本数量相同，但其中可能会有重复样本存在，也有可能不包含某些样本。可以证明，在原训练集样本数量足够大时，大约有 36.8%的样本不会在 Bootstrap 方法采样得到的训练集中出现，这些数据被称为袋外数据。有放回采样使得每棵决策树的训练集相互独立并存在差异，从而使产生的树也存在差异。这样做的好处有以下几点：（1）由于基本上每棵树的训练集都不是全部样本，故可有效防止算法过拟合，对于训练集之外的新数据也能作出较好的反应和判断，大大提高了算法的泛化能力；（2）可以有效提高模型精度，在现实情况下，原训练样本集中很有可能存在噪声，而对于某些决策树来说，经过抽样得到的训练集中可能并没有抽到异常数据。在一定程度上减少了异常数据对于模型的影响，可以起到去噪的作用；（3）对于每一棵独立决策树来说，原样本集中都会有一部分数据没有参与到训练模型中，故在建立模型后，可以利用这些袋外数据来估计每棵决策树的泛化误差以及相关系数，使算法的分类精度可以量化度量。

除了对于样本数据集的随机有放回采样外，随机森林的随机性还表现在对于参与节点分裂的属性的随机选取。每次构建一棵新决策树并不让所有的属性都参与模型的建立，而是随机地选取某几个属性。假设原训练集中包含 M 个属性，一般会随机抽取（$\log_2 M+1$）个属性来训练模型。这样做的目的是因为随机森林的准确率依赖于子分类器的精度和它们之间的依赖性，理想情况是在提高子分类器精度的同时，降低它们之间的依赖性。随机选取分类属性可以异化不同决策树所掌握的信息，使它们彼此之间的相关性减少，防止算法过拟合。

在指定随机森林的规模后，便可以通过重复随机样本抽样—随机属性选取—训练决策树的步骤来训练决策树，最终生成一个由大量决策树组成的随机森林。对于分类树来说，随机森林的输出通过投票法决定：根据随机构建的多棵子树对测试数据进行分类，将每棵子树输出的结果汇总，并取其众数作为最终的分类结果。而对于回归树来说，每棵子树的输出都是一个实数，最终的预测结果则为各子树输出结果的平均值。

6.7 遗传算法

6.7.1 概述

遗传算法在 20 世纪 60 年代末到 70 年代初由美国 Michigan 大学的 John Holland 与其同事、同学研究提出，以生物学理论为基础，根据“适者生存，优胜劣汰”的原则进行自然选择，从而产生越来越好的解。遗传算法具有高效的随机搜索性和全局优化的特点，遗传算法在搜索过程采用的是概率搜索，而不是简单的路径搜索。遗传算法的这种机制和特点决定了算法自身的优势：

（1）适用领域广泛，遗传算法可以处理任意复杂的目标函数和约束条件。

（2）具有全局优化能力，它采用概率意义上的全局搜索，解决的问题无论是否为凸性，理论上都能获得最优解。

（3）具有可行解的完备性和非冗余性。问题空间中的所有点都能包含在遗传算法的表达空间内，遗传表达空间中的染色体能对应于问题空间所有的候选解，并且染色体和候选解一一对应。

6.7.2 基本思想及步骤

遗传算法是一种基于群体寻优的方法，以一个种群在搜索空间进行搜索。从代表问题潜在解集的一个种群开始，而一个种群则由经过基因编码的一定数目的个体组成，每个个体的基因编码就形成了染色体字符串。初始种群产生之后，通过染色体的适应值，即个体对环境的适应能力，对染色体的好坏进行评价，适应值大的染色体被选择的概率高，适应值小的染色体被选择的概率低，被选择的染色体进入下一代。下一代中的染色体通过交叉和变异遗传操作，产生新的染色体组成新的种群。经过若干代繁殖，得到的末代种群中适应值最好的染色体对应的解就是问题的最优解或近优解。

遗传算法的流程如图 6.5 所示。

遗传算法的具体步骤如下：

Step1：产生初始种群。随机产生初始种群，个体数目一定，每个个体表示为染色体的基因编码。

Step2：计算个体的适应值。

Step3：进行选择。根据选择策略，选择适应值高的个体。

Step4：交叉运算。按照一定的交叉概率和交叉方法，生成新的个体。

Step5：变异运算。按照一定的变异概率和变异方法，生成新的个体。

Step6：更新种群。由交叉和变异产生新一代的种群。

Step7：判断停止条件。一般采用最大迭代次数。如果符合停止准则，则不再进行遗传运算，否则进入步骤 Step2。

6.7.3 编码方式

由于遗传算法求解问题一般不是直接作用在问题的解空间上，而是通过基因编码与问题的解对应，因此选择一种合适的编码方式对算法的性能和算法的实现效率意义重大。

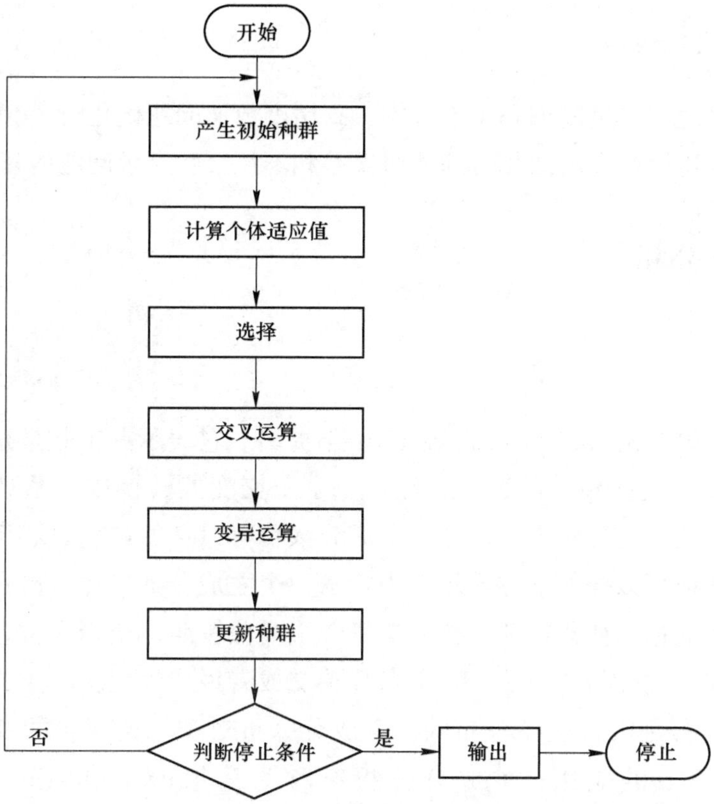

图 6.5 遗传算法流程图

6.7.3.1 二进制编码

二进制编码是遗传算法中最常用的一种编码方法，采用最小字符编码原则，具有编码、解码操作简单易行的优点，可以采用模式定理对算法进行理论分析。

6.7.3.2 格雷码编码

格雷码编码是对于一些连续化问题，由于遗传算法的随机特性，此时采用二进制编码会使其局部搜索能力较差，为改进这一特性，人们提出用格雷码进行编码。其方法是二进制编码的变形。它具有二进制编码的一些优点，而且能够提高遗传算法的局部搜索能力，另外任意两个整数差是两个整数所对应的格雷码之间的海明距离，这也恰恰是采用此种编码的重要原因。

6.7.3.3 基因优劣编码

基因优劣编码是对个体的组成部分进行分析处理，找出个体中对目标解有利和不利的部分，即优势基因和劣势基因。

6.7.3.4 实数编码

实数编码是对于二进制编码用于多维、高精度数值问题优化时，会遇到一些问题，并不能很好克服连续函数离散化时的映射误差和不便反映所求问题的特定知识。

6.8 主成分分析

6.8.1 概述

主成分分析最初由 Karl Pearson 在 1901 年提出。它表示一个数学过程，这个过程将一系列可能存在线性相关的变量，经过一个正交变换转换成一系列线性无关的变量，这些线性无关的变量称为主成分。主成分数目可以和原始变量相等，或小于原始变量数。这个变换可以按如下方式确定为：第一个主成分拥有尽可能最大的方差，即为了尽可能表示数据的变化特征，接下来每个主成分按照当前最大方差的原则依次选取，且限制当前主成分与前面的所有主成分正交或者说线性无关。主成分被认为是独立的当且仅当数据是联合正态分布的。主成分分析对于原始变量的相对尺度比较敏感。对于不同领域的应用，主成分分析又称为离散的 Karhunen - Loève 转换、Hotelling 变换或者正交分解。主成分分析可以利用对数据的协方差矩阵进行特征值分解或对数据进行奇异值分解实现，通常是为了将数据依其属性做中心化处理。

6.8.2 PCA 原理

对于某一生产过程，假设变量是呈线性的正态分布系统。有 m 个观测变量 x_1，x_2，x_3，…，x_m。对这 m 个测量变量进行 n 次观测，形成一组观测数据 $\boldsymbol{X} = [\boldsymbol{x}_1, \boldsymbol{x}_2, \boldsymbol{x}_3, \cdots, \boldsymbol{x}_m]$，写成矩阵形式为：

$$\boldsymbol{X}_{n\times m} = \begin{bmatrix} x_{11} & x_{21} & \cdots & x_{m1} \\ x_{12} & x_{22} & \cdots & x_{m2} \\ \vdots & \vdots & \ddots & \vdots \\ x_{1n} & x_{2n} & \cdots & x_{mn} \end{bmatrix} \tag{6-28}$$

其中，矩阵的列为测量变量，行为每个变量的测量次数。存在下列线性组合：

$$\begin{cases} \boldsymbol{t}_1 = \boldsymbol{X} \cdot \boldsymbol{p}_1 = p_{11}x_1 + \cdots + p_{1m}x_m \\ \boldsymbol{t}_2 = \boldsymbol{X} \cdot \boldsymbol{p}_2 = p_{21}x_1 + \cdots + p_{2m}x_m \\ \boldsymbol{t}_m = \boldsymbol{X} \cdot \boldsymbol{p}_m = p_{m1}x_1 + \cdots + p_{mm}x_m \end{cases} \tag{6-29}$$

式中，$t_i \in R^n$ 被称为得分向量；$p_i \in R^m$ 被称为负荷向量，得分向量又称为主成分或潜隐变量，式（6-29）也可以写成：

$$X = TP^{\mathrm{T}} + E \tag{6-30}$$

式中，E 称为残差矩阵；$T = [t_1, t_2, \cdots, t_m]$ 称为得分矩阵；$P = [p_1, p_2, \cdots, p_m]$ 称为负荷矩阵。

对于每个得分向量 t_i，使其方差最大化，且使 t_i、t_j 间线性不相关，也就是说，当 $i \neq j$ 时，$t_i^{\mathrm{T}} t_j = 0$，因此，负荷向量 p_i、p_j 间也是相互正交的，且为单位向量。即当且仅当 $i = j$ 时，$p_i^{\mathrm{T}} p_j = 1$，否则 $p_i^{\mathrm{T}} p_j = 0$。

由式（6-29）可以理解，对于每个得分向量 t_i，相当于原始数据 X 在对应负荷向量 p_i 上的投影。为尽可能多地使 t_i 承载原始数据的信息，希望 t_i 的长度尽可能大，也就是 X 在对应负荷向量 p_i 的投影覆盖程度越高，也就是使得 t_i 的方差尽可能地大。

对于上述矩阵 $X_{n \times m} = [x_1, x_2, x_3, \cdots, x_m]$，首先对每个变量进行去均值处理，即处理后数据样本期望为零。那么，处理后每个变量的样本方差为：

$$S^2(x_i) = \frac{1}{n-1} x_i^{\mathrm{T}} x_i \tag{6-31}$$

处理后数据变量间样本协方差：

$$\mathrm{Cov}(x_i, x_j) = \frac{1}{n-1} x_i^{\mathrm{T}} x_j \tag{6-32}$$

式中，$i, j = 1, 2, \cdots, m$，数据的协方差矩阵为：

$$C(X) = \begin{bmatrix} S^2(x_1) & \mathrm{Cov}(x_1, x_2) & \cdots & \mathrm{Cov}(x_1, x_m) \\ \mathrm{Cov}(x_1, x_2) & S^2(x_2) & \cdots & \vdots \\ \vdots & \vdots & \ddots & \\ \mathrm{Cov}(x_1, x_m) & & \cdots & S^2(x_m) \end{bmatrix} \tag{6-33}$$

观测数据的协方差矩阵的形式为：

$$C(X) = \frac{1}{n-1} X^{\mathrm{T}} X \tag{6-34}$$

方差（对角线）表示某变量的分布特征。协方差（非对角线）表示两两变量间线性相关性。希望协方差矩阵有如下形式：

$$C(T) = \mathrm{diag}[S^2(t_1), S^2(t_2), \cdots, S^2(t_m)] \tag{6-35}$$

将 m 个变量视为 m 个载荷向量。进行的 n 次统计相当于落在这 m 个载荷向量的 n 个坐标。利用坐标变换实现希望的形式：

$$T = XP \tag{6-36}$$

图 6.6 为二维空间情况下的示意图。

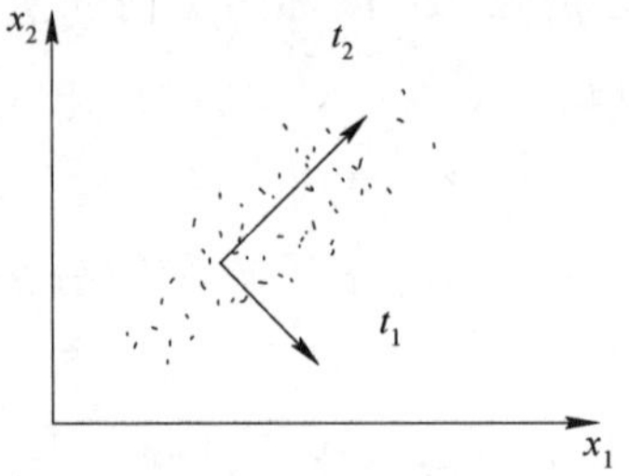

图 6.6　二维主成分分析中坐标变换

由大数定律相关理论，正态分布和依然是正态分布的，由于 $t_i = \sum_{j=1}^{m} p_{ij}x_j$，为正态分布 $x_i \sim N(0, \sigma^2)$ 的和，所以 $\mu(t_i) = 0$，其中 $i = 1, 2, \cdots, m$，即 $t_i \sim N(0, \sigma^2(t))$。

坐标变换后的协方差矩阵为：

$$C(\boldsymbol{T}) = \boldsymbol{P}^{\mathrm{T}} C(\boldsymbol{X}) \boldsymbol{P} \tag{6-37}$$

式中，$C(\boldsymbol{T})$ 为变换后新的数据的协方差矩阵。

考虑 $C(\boldsymbol{X})$ 为实对称矩阵，上述过程相当于对实对称阵正交对角化：

$$\boldsymbol{P}^{\mathrm{T}} C(\boldsymbol{X}) \boldsymbol{P} = \mathrm{diag}[\boldsymbol{S}^2(t_1), \boldsymbol{S}^2(t_2), \cdots, \boldsymbol{S}^2(t_m)] \tag{6-38}$$

在主成分模型的建立过程中，保留多少个主成分需要根据经验确定。当主成分个数选取得过少时，将使原始数据丢失很多信息，所建立的主成分模型不具备很好的代表性，模型误差会比较大。如果主成分个数选取得过多时，数据中的测量噪声反而会将过多地包括进来，致使模型误差增大。因此，确定选取的主成分是建模过程中的一个关键问题，需要结合具体建模过程进行确定。

6.9 深度神经网络

6.9.1 概述

在过去的十年里，由于深度学习（DL）技术被应用地越来越多，人工智能（AI）也取得了非常大的进步，对于复杂的不好描述的非线性关系，深度学习能够利用深度神经网络（DNNs）来进行很好地模拟，所以很多现实生活中的问题利用深度学习可以得到很好地解决。从层结构上来看，深度神经网络通常由输入层、多个隐藏层以及输出层组成。每一层都会使用一些非线性操作，将一种层级的表现转化为更抽象的另一种高级表现，而且 DNN 由于其完全连接的层而在回归映射中具有相当的优势，DNN 的结构相对简单，容易应用在工程中，因此，基于 DNN 的研究已经引起了相当多的关注。

深度神经网络是由一组神经元层组成。网络中的每个神经元都通过称为权重的数值连接到其他神经元，除此之外，每个神经元都会产生一个激活函数，这种激活的原理是对输入层进行加权求和，之后通过非线性的计算方式获得。在模型训练时，通过调整权重值使得对于深度神经网络中的每个输入和网络中对应的输出尽可能接近目标值，就其结构来看，DNN 可以构建为多变量系统，即深度神经网络可以设置为任意数量的输入输出参数，因此具有较好的泛化能力，深度神经网络的结构如图 6.7 所示。

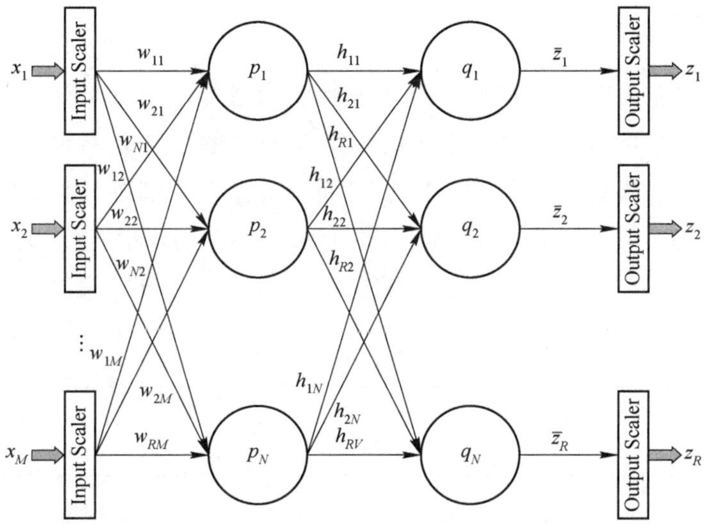

图 6.7 深度神经网络结构

图 6.7 中的神经网络由一组输入标量来修改输入值的范围。输入标度的主要目的是减少网络权值的可能取值的空间，从而简化网络的训练。这些标量可以用式（6-39）一组线性方程表示：

$$\bar{x}_i = \mu_i x_i + \beta_i \quad (i = 1,\ 2,\ \cdots,\ M) \tag{6-39}$$

式中，μ_i 和 β_i 是由输入范围确定的常量值。如果网络输出层的神经元具有限制输出值的激活函数，就需要对网络的输出进行缩放。例如，如果激活函数是双曲正切（tan h），则 z_j 的范围是从−1 到 1。在这种情况下，输出标量必须将每个输出 z_j 转换为目标值的实际范围。图 6.7 中神经网络对于输出层中的每个神经元都有一个标量。这些输出标量的公式如式（6-40）所示：

$$z_j = \delta_j \bar{z}_j + \lambda_j \quad (j = 1,\ 2,\ \cdots,\ R) \tag{6-40}$$

式中，δ_j 和 λ_j 是根据训练集目标值的范围和网络中神经激活函数的类型确定的常数。

作为目前人工智能应用的基础，深度神经网络在许多方面都体现了其优越的特点，例如具有非线性映射能力、自适应能力、自学习能力以及有多变量系统等。非线性映射能力体现在深度神经网络中，它可以任意精度逼近任意非线性函数。深度神经网络的自适应能力和自学习体现在当处于训练过程时，深度神经网络可以从数据中学到知识，而从数据中学到的知识则体现在深度神经网络的权值上，而且深度神经网络具有很好的泛化能力。多变量系统是指深度神经网络对于其输入输出数据是不固定的。这是因为深度神经网络具有的这些特点和能力，使它得到了相当广泛的应用。

6.9.2 模型参数融合方法

6.9.2.1 参数平均方法

参数平均是最基础的基于数据并行来进行模型参数融合的方法，其思想是通过参数平均算法对模型参数进行融合，首先需要根据模型的配置来对模型参数进行初始化的操作；其次将当前模型参数下发至每个训练设备，每个训练设备在其数据子集对各自的模型进行训练，最后计算每个计算节点上模型参数的均值，作为最终的模型参数；如果还有其他数据需要处理，则可以继续在不同的计算节点上来进行模型训练。该方法的框架如图 6.8 所示，其中 W 表示模型参数。

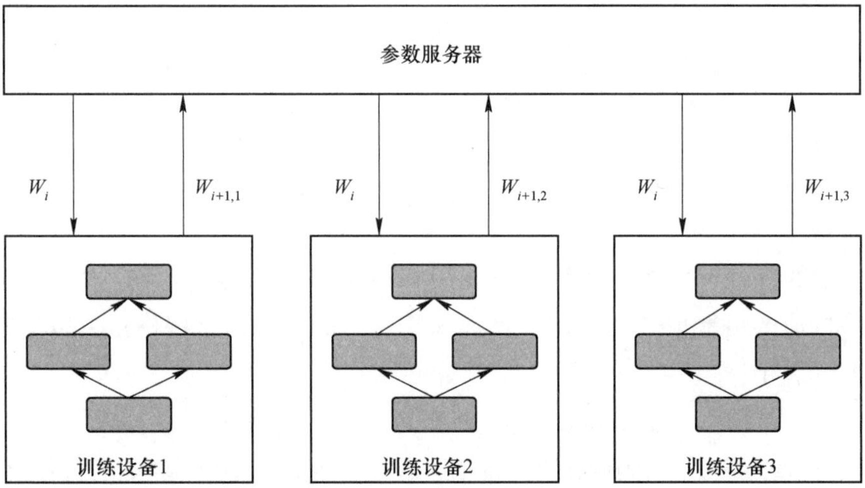

图 6.8 参数平均方法框架图

参数平均方法的结果在数学意义上等价于在单个计算节点上进行训练，每个计算节点处理的数据量是相同的。考虑到具有 n 个计算节点的情况，其中每个计算节点上训练 m 条数据，则总共是对 nm 个样本求均值。在单个计算节点上处理所有 nm 个样本，且学习率设为 a，则权重更新方程如式（6-41）所示：

$$W_{i+1} = W_i - \frac{a}{nm}\sum_{j=1}^{nm}\frac{\partial L_j}{\partial W_i} \tag{6-41}$$

对于求均值的问题可以有很多种方法来处理，其中最简单的方法一种方法就是对其进行多轮迭代，下一步是进行简单地求平均的操作，操作对象是每轮迭代之后的参数，但是这样的操作会在方法的计算之外带来相当大的额外的开销。因此参数平均算法通常有一个平均周期，如果这个平均周期过长的话，那么会导致这样的结果：对于每一个计算节点来说，都能够得到更加多样化的模型参数，这样会使得求完均值后的模型效果非常的差。在求均值的一些研究中，有文献表明，平均周期为 10~20 时，所进行参数融合的模型表现地很好；模型精度会随着平均周期的增加出现一定程度的下降。

6.9.2.2 异步随机梯度下降方法

异步随机梯度下降方法可以被称为基于更新的数据并行所进行模型参数融合的方法，其与参数平均方法的不同在于，其不是将计算节点上训练模型的参数上传至参数服务器，而是对更新的学习率和梯度等进行传递，其中更新超参数的公式如式（6-42）所示：

$$W_{i+1} = W_i - \lambda \sum_{j=1}^{N} \Delta W_{i,j} \tag{6-42}$$

式中，λ 为缩放因子；W 为模型参数。

异步随机梯度下降方法与参数平均方法之间存在直接的相似性。如果将损失函数定义为 L，那么对于具有学习率 a 的简单随机梯度下降训练，在迭代 $i+1$ 处的模型参数向量 W 可以通过式（6-43）获得：

$$W_{i+1,j} = W_i - a \nabla L_j \tag{6-43}$$

其中，∇L_j 由式（6-44）表示：

$$\nabla L_j = \left(\frac{\partial L}{\partial w_1}, \ \cdots, \ \frac{\partial L}{\partial w_n} \right) \tag{6-44}$$

异步随机梯度下降方法的优势在于：首先计算节点可以有更多的时间执行更多有用的计算，而无需等待参数平均步骤完成；其次使用异步随机梯度下降方法可以更迅速地对来自不同计算节点上的模型参数进行融合。然而通过向模型参数向量引入异步更新，引发了陈旧梯度的新问题，所产生的原因是梯度的计算需要时间，所以会产生当计算节点完成计算并将结果进行模型参数融合时，计算节点上的模型参数可能已经进行了多次更新。为了解决陈旧梯度的问题，有文献实现“软”同步协议来解决，参数服务器不是立刻进行模型参数的融合，而是通过式（6-45）来进行参数的更新；或采用文献的系统在有需要时通过延迟更快的计算节点，来确保最大陈旧梯度低于某个阈值。

$$W_{i+1} = W_i - \frac{1}{s} \sum_{j=1} s\lambda(\Delta W_j) \Delta W_j \tag{6-45}$$

式中，$\lambda(\Delta W_j)$ 为标量的陈旧依赖缩放因子。

6.10 卷积神经网络

6.10.1 概述

自从 LeCun 等人在 1998 年提出 LeNet-5 模型之后，许多研究者在此基础上针对不同的问题以及不同的应用做出诸多改进。本节从 CNN 模型的核心思想和基本结构等方面介绍 CNN 模型的基本概念。CNN 模型的核心思想主要是受生物视觉感知机制的启发，通过特征映射、权重共享及局部连接、池化操作实现生物视觉的过程。

6.10.1.1 特征映射

CNN 模型通过采用二维映射定义特征的方式来实现初级视觉皮层的二维成像的特性，将提取的特征映射在一个平面中，这个平面被称为特征图或特征映射。

6.10.1.2 局部连接和权重共享

在 CNN 模型中，通过卷积核实现初级视觉皮层的简单细胞感受野机制。在视觉细胞中感受野是视觉的感受区域大小，在 CNN 模型中，每一层输出的特征图上的像素点在原始图像上映射的区域大小即为感受野，感受野与输出神经元之间的连接权重称为卷积核。每个卷积核可以看作是过滤器，在输入特征图上滑动并生成一个特征图。传统的神经网络中，前后层之间的神经元采用全连接模式。CNN 模型中相邻两层神经元之间采用局部连接的方式，即当前层的神经元仅与其对应的前一层网络的感受视野内的神经元相连，超出感受野的神经元不会产生连接，全连接和局部连接模式如图 6.9 所示。

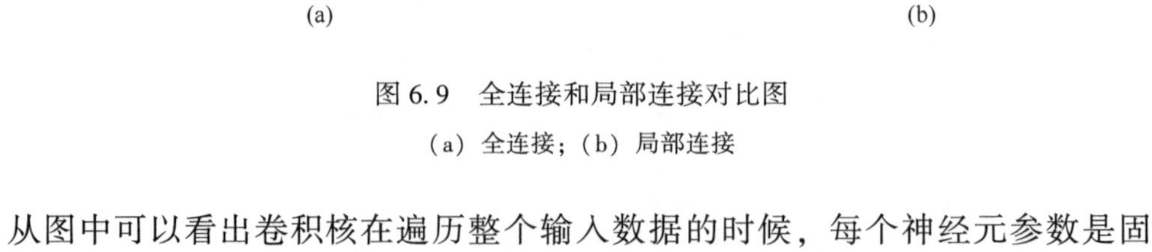

图 6.9 全连接和局部连接对比图

（a）全连接；（b）局部连接

从图中可以看出卷积核在遍历整个输入数据的时候，每个神经元参数是固定不变的，即同一个特征图共享权重。局部连接和权值共享使得 CNN 模型大大减少了计算量和参数数目。例如，输入大小为 1×N 的特征图，假设 1-1 层有 m 个节点，l 层

有 n 个节点，在全连接的神经网络中，共有 $m\times n$ 个连接，及包括偏置在内的 $m\times n+n$ 个训练参数。在 CNN 模型中，假设卷积核大小为 $1\times k$，当前层的每个节点只与前一层的 k 个节点相连，则共有 $k\times n$ 个连接和 $k+n$ 个训练参数。可以看出局部连接的计算量远小于全连接的计算量。

6.10.1.3 池化操作

池化操作的思想来自初级视觉皮层的复杂细胞机制，将输入特征平面划分为一组长度 $k>1$ 的不重叠或重叠的子区域，对每个子区域计算出一个值作为该子区域的特征，然后将计算出的值依次排列生成新的特征映射。根据子区域大小可分为局部池化和全局池化，全局池化即针对整个特征平面进行池化。常见的池化操作有最大池化、平均池化，平均池化计算每个子区域的平均值作为该区域池化后的值输出，最大池化则选取每个子区域的最大值作为输出，图 6.10 显示了最大池化和平均池化操作过程。

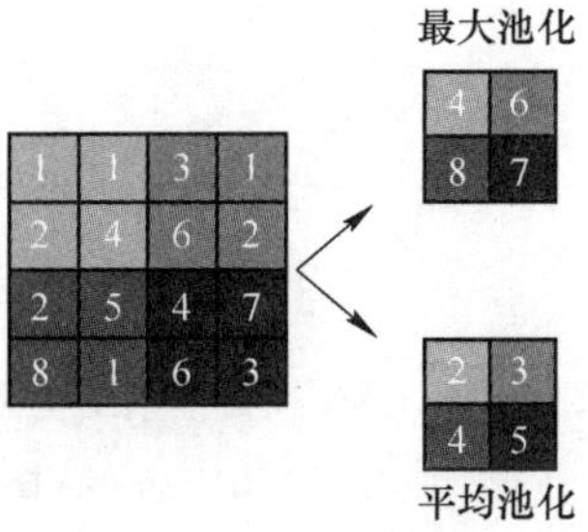

图 6.10 最大池化和平均池化操作过程

池化操作利用特征图局部相关性的原理对特征图进行子抽样，在保留有用结构信息的同时有效地减少数据处理量和参数个数。另外，池化操作使得模型更关注特征本身而非特征具体的位置，特征学习过程中包含某种自由度，容忍特征微小的位移。

6.10.2 CNN 模型的基本结构

1988 年，日本 Fukushima 受生物视觉感知机制的启发，构建了 Neocognitron 模型首次模拟了生物视觉系统识别过程。Neocognitron 模型由 K 层级联组成，其中每层由 S 层和 C 层交替组成，S 层和 C 层分别对应视觉皮层的简单细胞和复杂细胞。1998 年，LeCun 等人基于 Fukushima 的研究工作构建了基于梯度反向传播算法的 LeNet-5 模型，并成功应用在手写数字识别中。LeNet-5 模型结构如图 6.11（a）所示，由输入层、3 个卷积层、2 个池化层、全连接层和输出层构成。

经过近几年的发展，有许多研究工作基于 LeNet-5 模型进行改进衍生出了结构复杂的模型，如 AlexNet 模型，结构在图 6. 11（b）中显示，由 5 个卷积层、3 个池化层和 3 个全连接层构成。AlexNet 模型虽然比 Lenet-5 模型结构要复杂，但整体架构大体上都遵循着一种固定的范式，即模型的前半部分为交替连接的卷积层和池化层，后半部分是少量的全连接层。输入经过若干个“卷积”和“池化”加工后，由全连接层实现特征与输出目标之间的映射，最终从输出层得到模型的识别结果。

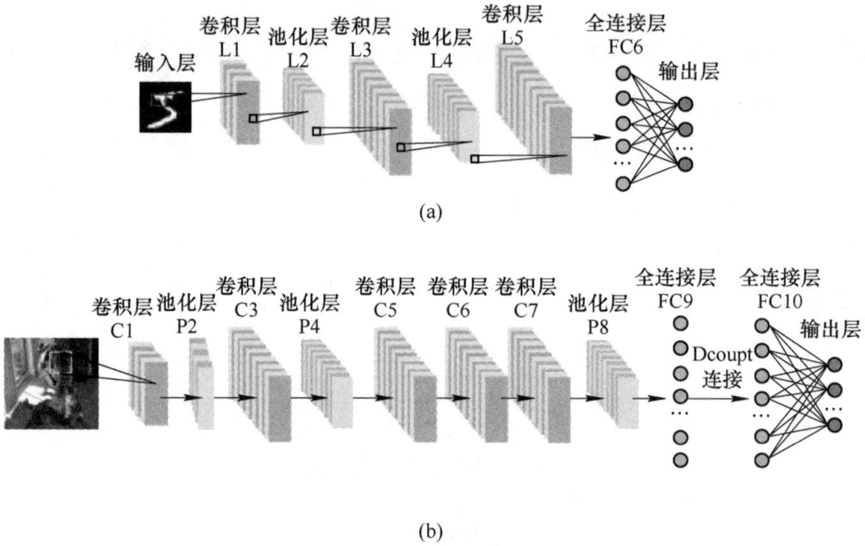

图 6. 11　CNN 经典模型结构图

（a）Lenet-5 模型结构图；（b）AlexNet 模型结构图

CNN 模型是一种深层前馈神经网络模型，基本结构由输入层、卷积层、池化层、全连接层和输出层构成。

6. 10. 2. 1　输入层

CNN 模型是一种监督式学习模型，需要在样本标签的监督下进行学习。因此，输入由样本 X 和样本标签 Y 构成。如：对于一个 C 分类问题，模型的输入用式（6-46）表示：

$$\{X, Y\} = \{x_i, y_i\}^N \tag{6-46}$$

式中，N 为输入模型的样本数量；x_i 为第 i 个样本；y_i 为第 i 个样本对应的类别标签。

6. 10. 2. 2　卷积层

卷积层是 CNN 模型的核心组成部分，通过卷积核实现局部连接和权值共享的思想。卷积核沿着输入特征图的坐标横向和纵向滑动，与感受野内的数据进行卷积运算进而将隐藏在数据内部的结构特征提取出来。卷积层是按照深度、宽度和高度这三个维度组织的，宽度和高度分别是指卷积核的宽度和高度，即局部感受野的大小。振动信号是一维数据，因此卷积核的大小为 1×k，且 k 必须在输入样本长度的限制内。深度是指卷积核的数量，为了提取输入特征图上不同的特征，卷积层通过一定数量的卷积核进行卷积操作，每个卷积核的权重不同，对应着一种特征提取。卷积操作根据卷积核大小，以及移动步长从输入特征图中提取特征。卷积核提取特征的过程描述如下：

$$fea_{i,\ j}^{L} = \sum_{q=1}^{Q} \sum_{j=1}^{J} w_{k,\ j}^{L} \cdot fea_{M,\ q}^{L-1} + b_{j}^{L}$$

$$i = \left[\frac{M + 2p - k}{s}\right] + 1 \tag{6-47}$$

式中，$w_{k,j}^{L}$和 b_{j}^{L} 分别为第 L 卷积层中的第 j 个卷积核的权重和偏置；J 为卷积核的数量（卷积层的宽度）；s 为步长，即卷积核在输入特征图上滑动的距离；p 为填补尺寸；$fea_{M,q}^{L-1}$为 $L-1$ 层输出的第 q 个尺寸为 M 的特征图；$*$ 为离散卷积运算符；$fea_{i,j}^{L}$为第 L 卷积层中的第 j 个卷积核在输入特征图上提取生成尺寸为 i 的特征图。每个卷积核在特征图中的每个位置都会找到特定的特性，学习的特征类型由算法动态决定。

6.10.2.3 激活函数

卷积运算后通过激活函数对运算结果进行处理获得对应的输出特征。激活函数是将原本线性不可分的多维特征映射到另一空间，从而使得神经网络能够拟合输入的样本数据与标签之间的非线性关系。激活函数的选择会影响网络训练时间，在大型数据集上的性能具有重要影响。在故障诊断领域常见的激活函数有 Sigmoid 函数、双曲正切函数（Hyperbolictangent，Tanh）和线性修正单元（Rectifiedlinearunits，ReLU）函数。三类函数的表示如下所示：

$$fea_{i,\ j}^{L} = \mathrm{Sigmoid}(fea_{i,\ j}^{L-1}) = \frac{1}{1 + \mathrm{e}^{-fea_{i,\ j}^{L-1}}} \tag{6-48}$$

$$fea_{i,\ j}^{L} = \mathrm{Tanh}(fea_{i,\ j}^{L-1}) = \frac{\mathrm{e}^{fea_{i,\ j}^{L-1}} - \mathrm{e}^{-fea_{i,\ j}^{L-1}}}{\mathrm{e}^{fea_{i,\ j}^{L-1}} + \mathrm{e}^{-fea_{i,\ j}^{L-1}}} \tag{6-49}$$

$$fea_{i,\ j}^{L} = \mathrm{ReLU}(fea_{i,\ j}^{L-1}) = \begin{cases} fea_{i,\ j}^{L-1},\ z_{i,\ j}^{L-1} > 0 \\ 0,\ fea_{i,\ j}^{L-1} \leqslant 0 \end{cases} \tag{6-50}$$

式中，$fea_{i,j}^{L-1}$和 $fea_{i,j}^{L}$分别表示函数的输入和输出；Sigmoid 函数和 Tanh 函数是饱和非线性函数，分别将输入映射到［0，1］和［−1，1］区间。在模型训练过程中，一旦神经元的初始化或优化进入饱和区，Sigmoid 函数和 Tanh 函数容易出现梯度消失难以继续优化的问题。此外，随着网络层数的增加，由于链式法则，连乘的 Sigmoid 函数和

Tanh 函数的导数会变得越来越小，导致梯度难以回传，降低网络的收敛速度，甚至导致网络不能收敛到很好的状态。而 ReLU 函数是非饱和非线性函数，保证所有输出为正，能够有效地减小网络在训练的过程中遭遇梯度消失和梯度爆炸的风险，减轻深度神经网络内部参数的训练难度，有助于更快地训练网络。因此，所有网络层的激活函数均采用 ReLU 函数。

6.10.2.4 池化层

池化层是实现池化操作的网络层，也被称为下采样层。卷积层提取特征后，直接用于分类将面临巨大的计算量挑战，而且容易产生过拟合现象，需要对特征图进行池化处理，降低特征图的数据维度。

池化操作是对信息进一步抽象的过程，类似于卷积层提取特征的过程，通过滑动窗口在特征图上滑动，将滑动窗口对应的局部区域的统计值作为该区域的采样值，然后将这些局部区域提取的值连接起来以形成一个新的特征图。池化操作通常在卷积层之后使用，在降低特征维度的同时保留显著特征信息，具有空间不变性的特性。相比于卷积运算，池化操作不涉及参数设置和内存，计算量也大大减少。池化操作可表示为：

$$fea_{i',j}^{L} = f(fea_{i,j}^{L-1})\left(i' = 0,\ 1,\ 2,\ \cdots,\ \frac{i-d}{s}\right) \tag{6-51}$$

式中，$fea_{i,j}^{L-1}$为第 L 层输入的第 j 个尺寸为 i 的特征图；f 为池化处理的方式；d 为池函数尺寸，当 $d<i$ 时，表示对特征图的局部池化，当 $d=i$ 时，表示全局池化，对整张特征图进行池化处理；s 为池化函数移动步长；$fea_{i',j}^{L}$为其对应的池化操作后的输出特征图，其尺寸为 i'。

6.10.2.5 全连接层

经过多个卷积层和最大池化层之后，通常会连接着少量全连接层，用于整合卷积层或者池化层中提取的局部特征。全连接层是传统的多层感知器，它将前一层的每个神经元连接到下一层的每个神经元，是一种全连接结构。为了提升 CNN 模型性能，全连接层中的神经元的激活函数一般采用 ReLU 函数。对于一个长度为 M 的一维输入 x_i^{L-1}，全连接层有 N 个神经元，每个神经元的输出可表示为：

$$z_j^L = \mathrm{ReLU}\left(\sum_{i=1}^{M} x_i^{L-1} w_{j,i}^{L} + b_j^L\right) \quad (j = 1,\ 2,\ \cdots,\ N) \tag{6-52}$$

式中，$w_{j,i}^{L}$为第 $L-1$ 层的第 i 个神经元到第 L 层的第 j 个神经元的连接权重；x_i^{L-1} 为第 L 层的第 j 个神经元的输入；b_j^L 为第 L 层的第 j 个神经元的偏置；M 和 N 分别为第 $L-1$ 层和第 L 层神经元的数量。

6.10.2.6　输出层

输出层通过分类器以类别或者概率的形式输出模型的识别结果。最常用的是非线性 Softmax 函数，该函数是 logistic 函数的推广，通常用于多分类问题。Softmax 函数将提取的特征转换为一种概率分布，使用对数概率值来估算样本 x_i 属于类别 y_i 的可能性大小，值越高表示置信度越高，如式（6-53）所示：

$$\tilde{y}_i = \mathrm{Softmax}(z_i^{L-1}) = \begin{bmatrix} p(y_i = 1 \mid z_i^{L-1};\ \theta) \\ p(y_i = 2 \mid z_i^{L-1};\ \theta) \\ \cdots \\ p(y_i = c \mid z_i^{L-1};\ \theta) \end{bmatrix} = \frac{1}{\sum_{j=1}^{C} \exp(z_i^{L-1})} \begin{bmatrix} \exp(z_i^{L-1}) \\ \exp(z_i^{L-1}) \\ \cdots \\ \exp(z_i^{L-1}) \end{bmatrix} \tag{6-53}$$

式中，θ 表示模型的参数；z_i^{L-1} 是与输入 $\boldsymbol{x}_i$ 相关联的特征向量。Softmax 函数将特征集映射到一个 C 维的向量 $\tilde{\boldsymbol{y}}_i$ 中，每个向量的值在（0，1）范围内，并且所有向量的和为 1。每个元素都可以看作一个与分类器参数相对应的类别。

6.11　循环神经网络和 LSTM 神经网络

6.11.1　循环神经网络概述

循环神经网络是一种擅长处理时间序列的特殊神经网络，它由输入层、隐含层、输出层组成。它最大的特点就是神经元在某时刻的输出可以作为输入再次输入到神经元，网络会对前一时刻的信息进行记忆并将其运用到当前的运算中。循环神经网络隐含层之间的节点不再是毫无关联，而是相互连接的，这种串联的网络结构使得其适合处理时间序列数据，可以保持数据间的关联性。循环神经网络结构图如图 6.12 所示。

由图 6.12 可以看出循环神经网络具有了时序概念，隐含层输入不仅包含当前时刻的输入 xt，还包含上一时刻隐含层的输出 $st-1$。因此当前时刻的输入 ot 会依赖于前一时刻隐含层的输出。循环神经网络通过隐含层上神经元的回路连接，使得前一时刻的网络状态能够传递给当前时刻，当前时刻的网络状态又可以传递给下一时刻。循环神经网络的前向传播计算过程按照时间序列顺序展开，然后通过反向误差传递过程对网络中的参数进行更新，完成整个循环神经网络的训练过程。

在传统的神经网络结构中，神经元之间没有关联关系，各观测值的处理是相对独

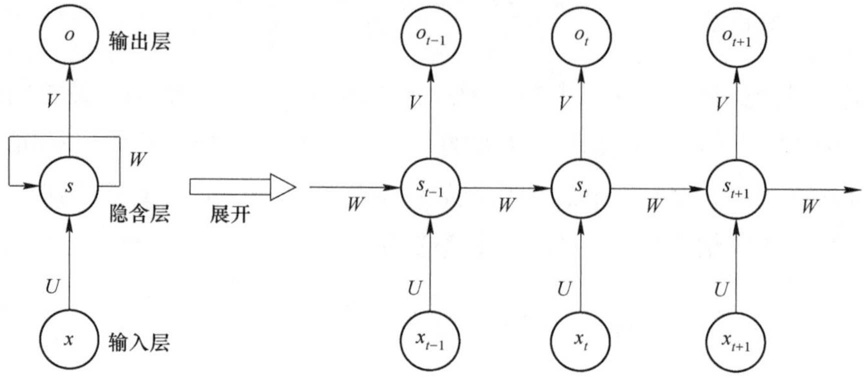

图 6.12 循环神经网络结构图

立的。然而在许多问题中，数据之间蕴含着前后关联的信息，例如文本数据、音频数据、时间序列数据等，因此传统神经网络结构存在一定的局限性。而循环神经网络结构的出现使得时序数据问题迎刃而解，被广泛地用于处理时间序列问题的任务中。

循环神经网络处理时间序列问题的效果虽然很好，但仍然存在着一些问题，其中较为严重的是在训练过程中容易发生梯度消失或者梯度爆炸的情况，更多出现的问题是由于序列时间跨度过长而造成记忆值较小的现象。尽管它不断尝试去学习序列的长期依赖性，但是实际的研究发现这确实是一项很困难的任务。长期依赖信号往往会变得非常微弱，极易受到短期信号波动的影响。在基于时间的反向传播中存在激活函数导数的乘数，不断地积累便会有不可控制的问题产生。虽然理论上可以通过调整参数来解决，但是实践发现这个问题很难完善地解决，所以仍需从结构上进行优化。这就引出了其改进结构——LSTM 神经网络。

6.11.2 LSTM 神经网络

为了解决循环神经网络存在的梯度消失等问题，专家学者经过研究提出了长短期记忆（Long-Short Term Memory，LSTM）神经网络。LSTM 神经网络从本质上来说是一种特殊的循环神经网络，能够用来处理长期依赖问题。大量的研究表明长短时记忆神经网络已经解决了循环神经网络无法解决的许多问题，在时间序列预测问题上获得了更进一步的成功。长短时记忆神经网络在循环神经网络的基础上增加了一个信息存储记忆单元，可以维持一个持续的信息流，使得梯度不会消失或爆炸。同时在网络结构上增加了门控记忆单元，分别为遗忘门，输入门和输出门，利用这三个门控结构对记忆单元进行控制，实现信息的存储和更新。门控结构可以看作一层全连接层，它的功能实现通过 Sigmoid 函数和点乘运算来完成，不会产生额外信息。门控结构就像滤波器一样，遗忘门负责控制记忆单元状态信息的舍弃与保留，输入门负责更新记忆单元状态，输出门负责控制神经网络单元输出，这三门各司其职又互相配合，共同完成信息的处理工作。长短时记忆神经网络拥有着与循环神经网络相似的结构，具体网络结构图如图 6.13 所示。

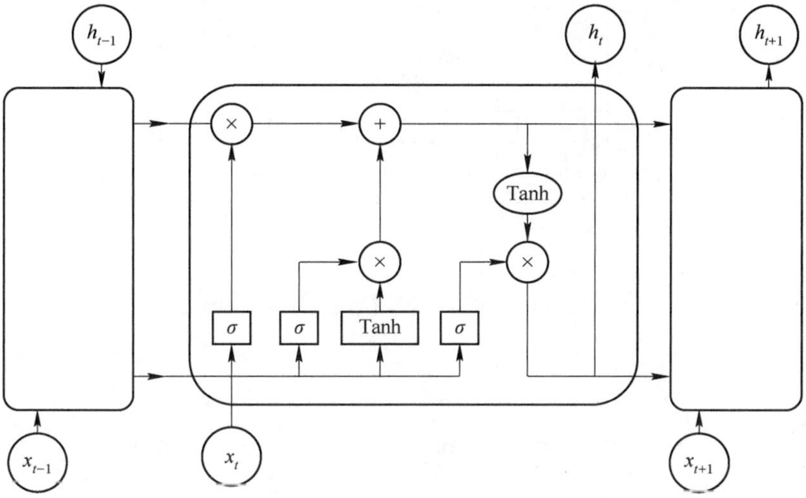

图 6.13 LSTM 神经网络结构图

下面详细介绍一下 LSTM 神经网络门控装置的功能以及具体结构。

6.11.2.1 遗忘门

遗忘门的任务是负责控制记忆单元状态信息的舍弃与保留。它是 LSTM 神经网络结构的关键组成部分，可以控制哪些信息要保留哪些信息要舍弃，并且以某种方式避免当梯度随时间反向传播时引发的梯度消失和爆炸问题。遗忘门将上一隐含状态和当前状态输入同时传递给 Sigmoid 函数，Sigmoid 函数更便于信息的舍弃或保留，它将信息映射到 0 至 1 的区间内，用于反映信息通过的多少。

当值为 0 时表示没有信息通过，信息被舍弃；当值为 1 时表示信息全部通过，信息被保留。遗忘门的结构如图 6.14 所示。

6.11.2.2 输入门

输入门的任务是负责更新记忆单元状态，用于控制当前输入数据流入记忆单元的多少。首先将上一隐含状态的信息和现在状态的信息分别输入传递给 Sigmoid 函数和 Tanh 函数。Sigmoid 函数的作用与遗忘门相同，Tanh 函数则创建一个新的候选状态向量。Sigmoid 控制 Tanh 创建的候选状态向量中要保留的部分。输入门的结构如图 6.15 所示。

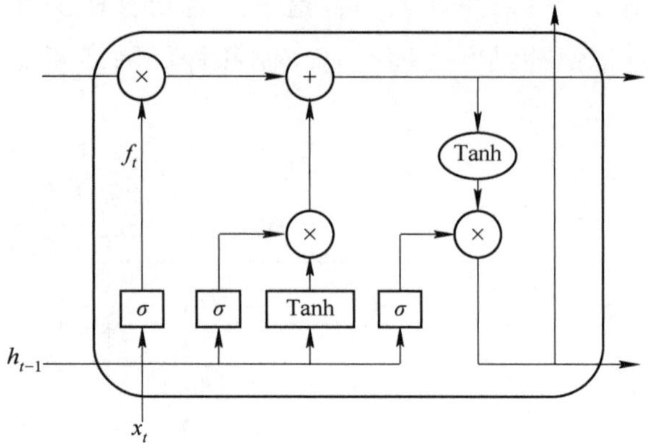

图 6.14 LSTM 神经网络遗忘门结构图

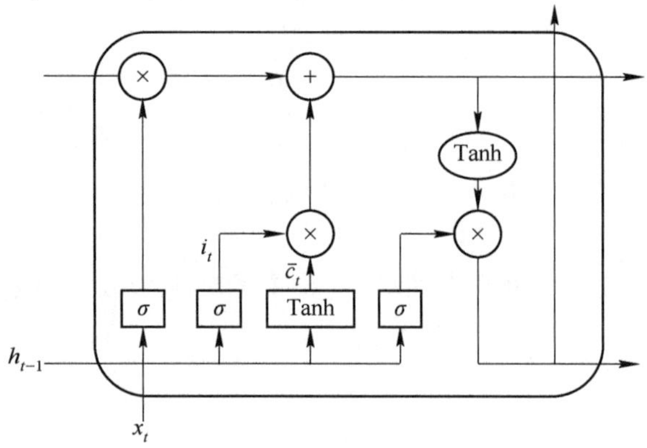

图 6.15 LSTM 神经网络输入门结构图

6.11.2.3 单元状态更新

单元状态是 LSTM 神经网络的核心。单元状态，通过简单的线性交互，即可完成对信息的更新。首先将上一单元状态与遗忘门输出相乘，决定信息是舍弃还是保留。然后再加上输入门输出，即加上 Sigmoid 与 Tanh 计算值的乘积，便可以获得更新后的单元状态。单元状态更新过程如图 6.16 所示。

6.11.2.4 输出门

输出门的任务是输出下一隐含状态。一开始将上一隐含状态和现在输入传送到 Sigmoid 函数，再将更新后的单元状态传送到 Tanh 函数。将 Tanh 与 Sigmoid 二者输出相乘，即可得到并输出新的隐含状态。输出门的结构如图 6.17 所示。

经过上述过程，便可得到新的单元状态和新的隐含状态，并传递到下一个时刻去。

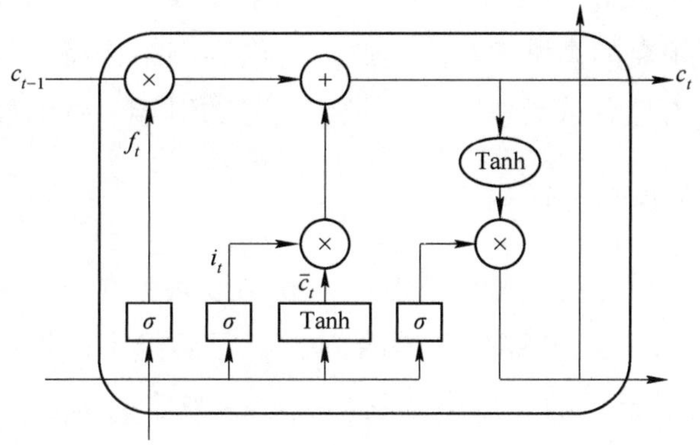

图 6.16 LSTM 神经网络单元状态更新图

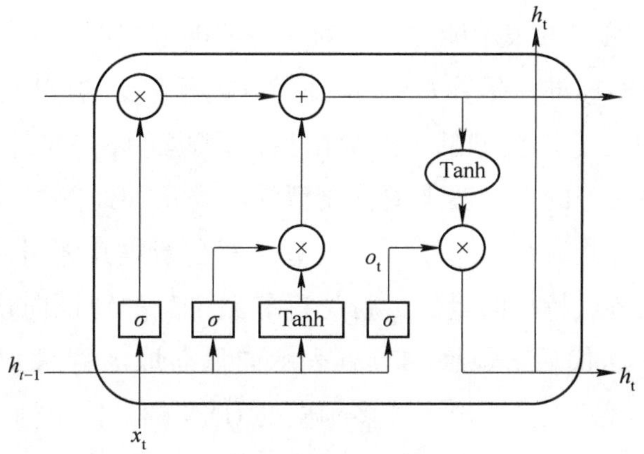

图 6.17 LSTM 神经网络输出门结构图

尽管三个门的任务分工有所差异，但它们的内部单元在实际使用时的功能是一致的。它们都是通过 Sigmoid 函数完成对数据的选择，通过 Tanh 函数完成对数据的转换，通过二者的协同工作完成了各部分的任务。

6.12 图神经网络

6.12.1 概述

多年来，已经有大量关于节点和图的表示方法，图神经网络（GNN）近年来逐渐获得了普及，其出现存在着必然性和重要性。深度神经网络的技术发展的几年，在图像、文本、语音等方面上得到了很好的应用，但是深度学习在处理图数据上一直没有很好地进行学习，在这样的技术背景下，图神经网络的出现实现了图数据和深度学习技术的良好结合。GNN 是一种高效处理图数据的表示模型，GNN 提出通过捕获内容特征和结构关系来学习顶点的高维表示。其通过将内容和结构特征编码为一个函数来实现这一目标，并在（有监督或无监督的）训练信号的引导下对函数进行优化。

6.12.2 图神经网络的模型设计

图神经网络的模型设计主要分为节点嵌入和图嵌入。在节点嵌入方法中，基于邻居聚集的方法，如 GCN、GraphSAGE、GIN 等，都是转换不变性的方法。基于神经网络的方法已被广泛应用于图的应用中，其中大多数被定义为节点级预测任务或单图分类。

6.12.2.1 节点嵌入

GNN 继承了神经网络的表示能力，作为一种能够解决图学习问题的方法，已经成为图中表示学习的基本标准。尽管 GNN 得到了有效且广泛的应用，近期，研究者针对 GNN 应用上的缺点总结了该模型的一些局限性。因此，许多先进的 GNN 模型都是围绕这些缺点进行解决改进的。一般来说，典型的图卷积神经网络（GCN）及其变体通常遵循着消息传递的方式。在每一层，每个节点都会聚集其邻居的特征，这也可以看作是消息传递阶段，节点特征向量的更新是将节点自身的特征向量与其邻居的聚集特征相结合。经过 K 次迭代后，最终的节点表示向量获取 K 跳邻居的结构信息及其特征。在上述框架下，研究人员提出了许多不同的 GNN 的变体架构，它们在分配邻域权重和聚合邻域信息方面存在差异。例如，GCN 是基于光谱的 GNN 模型的简化版本，并分配与其度数相关的邻居权重。

图卷积神经网络（GCN）分为两类：谱卷积和空间卷积。谱卷积利用谱滤波器使用图拉普拉斯重新定义傅里叶域中的卷积。相比之下，空间卷积直接卷积在图上。它通常将相邻顶点的特征聚合到中心节点。其中，空域上的 GCN 虽在工程上更具有应用性，也可以通过频域的理论分析其原理，其频域方法通常是在局域图上进行拉普拉斯矩阵传播的形式，基于图信号处理的方式将卷积运算转化为图滤波运算。SpectralCNN 是第一个通过频域变换对图执行卷积运算的方法。ChebyshevGCN 通过使用 k 阶多项式参数化设计的光谱滤波器，简化了光谱 CNN。CayleyNet 是通过使用多项式函数来模拟卷积核的谱域空间中的函数，能够减少计算复杂度。GCN 进一步将多项式简化为 1 阶，适用于半监督学习。

图注意力网络（GAT）将注意力机制引入到基于空间域的图神经网络，与上面介绍了基于谱域的图卷积神经网络不同，图注意力网络不需要使用拉普拉斯等矩阵进行复杂的计算，仅是通过一介邻居节点的表征来更新节点特征，所以算法原理从理解上较为简单。图注意力网络是采用注意力机制对中心节点的邻域节点进行聚合，能够在邻居聚合时为邻域节点分配不同的权重，这样的方式能够提升了图表示学习的效果。注意力机制的思想是对给定信息进行权重分配，权重越大表示越重要，下面是注意力机制的形式，如图 6.18 所示。

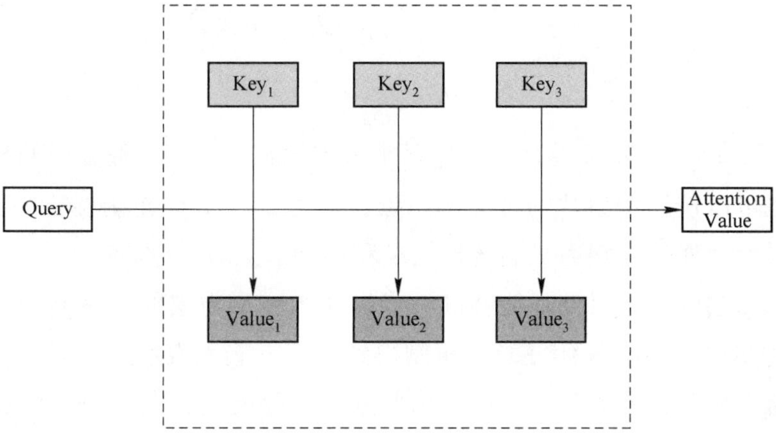

图 6.18 注意力机制的表达形式

图中的虚线表示系统要处理的信息，Query 表示某种特定条件或者先验知识，Attention Value 是在给定查询 Query 的条件下，通过此注意力机制从系统中提取到的信息，注意力机制的定义，如式（6-54）所示：

$$\text{Attention}(\text{Query},\ \text{Source}) = \sum_i \text{similarity}(\text{Query},\ \text{Key}_i) \cdot \text{Value}_i \quad (6\text{-}54)$$

式中，$\text{similarity}(\text{Query}, \text{Key}_i)$ 表示 Query 和 Key 之间的相关程度。将其代入图神经网络中，Query 表示当前节点的特征，Attention Value 表示当前节点经过聚合后得到的新的特征，通过注意力机制进行加权聚合之后输出新的特征的过聚合操作称为图注意力层，如图 6.19 所示。

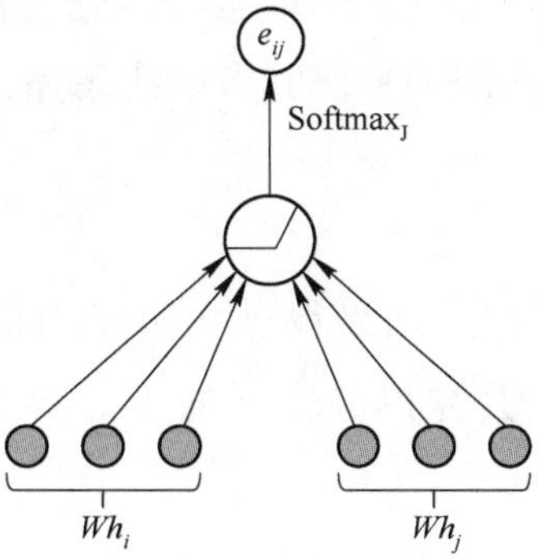

图 6.19 注意力机制

对于给定的当前节点 v_i，将采用能计算出两个节点相关度的函数得到邻居节点到当前节点 v_i 的权重系数，该权重系数通过式（6-55）~式（6-57）进行表示：

$$e_{ij}=\mathrm{LeakyReLU}(a^{\mathrm{T}}[Wh_i][Wh_j]) \tag{6-55}$$

$$\alpha_{ij}=\mathrm{Softmax}_j(e_{ij})=\frac{\exp(e_{ij})}{\sum_{v_k\in N(v_i)}\exp(e_{ik})} \tag{6-56}$$

$$h_i=\sigma(\sum_{v_j\in N(v_i)}\alpha_{ij}Wh_j) \tag{6-57}$$

式中，$a^{\mathrm{T}}[Wh_i][Wh_j]$ 表示能够计算出这两个节点的相关度，一般采用的是向量的内积来表示的，也可以选用带参数的神经网络层，这里是一个全连接层。LeakyReLU 为其激活函数。最后便通过注意力机制的加权求和得到节点最终的特征。

多头注意力层的主要目的是能够进一步提高图注意力层的表达能力，即设置独立的 K 组注意力机制，再将 K 组注意力机制得到的节点嵌入表示进行联接。通过增加多组独立的注意力机制，能够学习到更多相关的特征分配给当前节点，节点的嵌入表示信息也更丰富。

6.12.2.2 图嵌入方法

图形神经网络处理图结构化数据，最近引起了相当大的关注，因为它们可以学习各种图相关任务的表示，如图分类。虽然 GNN 的大部分现有工作集中于邻域聚合的消息传递策略，其目的是对图中的节点进行精确编码，但图池化将节点集映射为紧凑的表示对于捕获整个图的有意义的结构是至关重要的。

经过消息传递可以产生的一组节点表示，GNN 模型要利用这些节点表示来获取整个图的表示，这时候便需要一个额外的读出函数也就是图池化的方法。作为图池化最简单的方法是可以对给定图中的所有节点特征进行平均值或求和。然而，由于这种简单的聚合方案在不考虑图结构的情况下对所有节点信息一视同仁，而不考虑它们在给定任务上的相对重要性或者关键特征，可能会导致信息的丢失，丢失了准确表示图所必要的结构信息。为了克服这些限制，研究者解决思路，具体方法如下。

6.12.2.3 节点删除方法

节点删除方法使用图卷积神经网络得到的可学习的评分函数获得每个节点的得分，然后在每个图池化步骤中丢弃得分较低的不必要节点。过程如式（6-58）和式（6-59）所示：

$$y^{(l)}=s(H^l,\ A^{(l)}) \tag{6-58}$$

$$i^{(l+1)}=\mathrm{top}_k(y^{(l)}) \tag{6-59}$$

式中，函数 $s()$ 依赖于特定任务的实现，top_k 函数是通过删除低分的节点来对前 k 个节点进行采样。

6.12.2.4 基于图坍缩的图池化方法

基于图坍缩的图池化方法是将图池化问题转化成了节点聚类问题，通过利用相似节点的层次结构，将其聚类为单个节点，即将节点映射成一组簇。该方法能够学习到一个具有节点特征的聚类分配矩阵，如式（6-60）和式（6-61）所示：

$$\boldsymbol{H}^{(l+1)} = \boldsymbol{C}^{(l)^{\mathrm{T}}}\boldsymbol{H}^{(l)} \tag{6-60}$$

$$\boldsymbol{A}^{(l+1)} = \boldsymbol{C}^{(l)^{\mathrm{T}}}\boldsymbol{A}^{(l)}\boldsymbol{C}^{(l)} \tag{6-61}$$

式中，聚类分配矩阵 $\boldsymbol{C}^{(l)}$ 取决于具体实现。DiffPool 是首个将图坍缩与 GNN 结合一起进行图级别的学习算法；EigenPooling 不同于其他方式，没有对图分类模型引入参数学习，其思路是借鉴了谱聚类算法，保持了超级节点之间连接的稀疏性且兼顾了子图内结构和属性信息，但是基于图坍缩的方法对大型图的可扩展性有限。MinCutPool 针对谱聚类算法的重要局限性，提出了一种深度学习方法，并针对现有的池算子存在的不足，设计了一种图形神经网络的几何方法。该方法结合了图论方法的理想性质和可学习方法的自适应能力。

钢铁工业数据具有多模态的特征，既有数值型数据又有曲线和图像数据，所包含的信息量十分丰富，为机器学习建模提供了丰富的应用场景。在具体建模过程中应结合所研究的问题有针对性地选择建模算法，与数据预处理方法相结合进行不断尝试，通过比较分析选择出最适应于应用场景的建模方法。例如，在数值型过程数据建模时可以选择线性模型、局部加权回归、人工神经网络、RBF 神经网络、支持向量机、决策树、随机森林、深度神经网络等算法；在处理图像数据时可以选择卷积神经网络及其改进算法；在处理时序数据时可以采用循环神经网络和 LSTM 神经网络等算法；在处理图数据时可以采用图神经网络算法。此外，在建模前可以结合主成分分析对建模数据进行降维处理，在对模型超参数进行优化时可以采用遗传算法等。

7 多目标智能优化决策算法

7.1 多目标优化问题

7.1.1 多目标优化问题的定义

钢铁生产制造过程中，人们制定的方案规划与设计过程总体上反映了最大化效益、最小化成本这一基本的优化原则。效益可能包括多种类型：经济效益、社会效益、等多种类型。成本或损失也可能包括生产成本与非生产成本，或与此相关联的其他目标如环境污染等方面的损失，此外还需考虑社会发展与国民经济的中长期发展等计划。因此，例如钢铁生产制造这类科学与工程实践活动的许多优化问题大都是具有多个目标的优化与决策问题。

无论是在科学研究还是在工程应用上，多目标优化问题（Multi-Objective Optimization Problems，MOP）都是非常重要的研究课题。将所有需要同时达到多个目标的问题均可看作多目标优化问题，即问题的目标个数多于一个；若目标个数大于三个，则称之为高维多目标问题。在传统的多目标优化问题中，目标之间存在竞争关系，一个目标的改善会以损害其他目标为代价。解与解之间的偏序关系决定了问题存在一组互不占优的解，构成了彼此互不支配的 Pareto 最优解集。随着目标个数的增加，最优解集中互不占优解的数目会大大增加，极大地增加了问题的求解难度。且已有研究表明，对于目标个数多于 15 的优化问题，求解难度会再次大幅增加。

在复杂系统和体系的设计与应用优化中，多目标优化问题中的各目标不限于竞争关系，也可以是促进、互不相关、约束，甚至是相似、冗余的关系。此时无法使各个目标同时满足最优，需要在优化过程中对相互冲突或竞争的目标进行折中求解。传统的多目标优化问题默认目标之间存在竞争关系。

不失一般性地，这里介绍含有小于等于三个目标的经典多目标优化问题。在多目标优化中，对于不同的子目标可能有不同的优化目标。归纳起来，无外乎下列三种可能的情况：

（1）最大化所有的子目标；

（2）最小化所有的子目标；

（3）最小化部分子目标函数而最大化其他子目标。

这里以最小化所有子目标为例，对多目标优化问题进行详细说明。

定义1：对有 m 个最小化目标的多优化问题，可以形式化地描述为：

$$\text{minimize} F(x) = (f_1(x), f_2(x), \cdots, f_i(x))^{\mathrm{T}}$$

$$\text{s. t. } g_i(x) \leqslant 0 \quad (i = 0, 1, 2, \cdots, q)$$

$$h_j(x) = 0 \quad (j = 0, 1, 2, \cdots, p)$$

式中，x 为决策变量；$F(x)$ 为目标函数；$f_i(x)$ 为第 i 个目标函数；$g_i(x)$ 为不等式约束函数；$h_j(x)$ 为等式约束函数；q 为不等式约束个数；p 为等式约束个数。

其中 $\boldsymbol{x} = (x_1, x_2, \cdots, x_n)^{\mathrm{T}}$，$\boldsymbol{x} \in X$，$X \in R^n$，$\boldsymbol{x}$ 是 n 次决策变量。X 是决策变量集合，R^n 表示决策空间。由于优化问题的复杂性，实际目标向量空间的维度可能小于 m。

由于多目标优化问题中目标之间存在默认的冲突性，多目标优化问题的解由 Pareto 最优解定义。

定义2：Pareto 占优。对两个可行解向量 $\boldsymbol{x}_{\mathrm{A}} = (x_{\mathrm{A}1}, x_{\mathrm{A}2}, \cdots, x_{\mathrm{A}m})$ 和 $\boldsymbol{x}_{\mathrm{B}} = (x_{\mathrm{B}1}, x_{\mathrm{B}2}, \cdots, x_{\mathrm{B}m})$，当且仅当 $\forall i \in \{1, 2, \cdots, m\}$，有 $x_{\mathrm{A}i} \leqslant x_{\mathrm{B}i}$，且 $\exists i \in \{1, 2, \cdots, k\}$，$k \leqslant m$，有 $x_{\mathrm{A}i} < x_{\mathrm{B}i}$ 成立时，称向量 $\boldsymbol{x}_{\mathrm{A}}$ 优于向量 $\boldsymbol{x}_{\mathrm{B}}$，或 $\boldsymbol{x}_{\mathrm{A}}$Pareto 支配 $\boldsymbol{x}_{\mathrm{B}}$，记为 $\boldsymbol{x}_{\mathrm{A}} \leqslant \boldsymbol{x}_{\mathrm{B}}$。

定义3：对于向量 $\widetilde{\boldsymbol{x}} \in X$ 和 $\boldsymbol{x} \in X$，当且仅当不存在 $F(\boldsymbol{x})$ 优于 $F(\widetilde{\boldsymbol{x}})$ 时，称 $\widetilde{\boldsymbol{x}}$ 为 F 的 Pareto 最优解，或非支配解。

定义4：由 Pareto 最优解构成的集合 P^* 称为 Pareto 最优解集（Pareto Set，PS）。由最优解集在目标空间中对应的多目标函数的映像集合 $F(P^*) = \{F(\boldsymbol{x}) \mid \boldsymbol{x} \in P^*\}$ 构成 Pareto 前沿面（Pareto Front，PF）。

在 Pareto 最优解集中，解的个数随目标个数的增长呈指数级增长，这是目标个数较多的多目标问题求解难度大的主要原因。多目标优化问题还有如下的特性：

（1）多个目标之间通常存在冲突或竞争关系；

（2）不只有一个最优解，而是存在一组互不占优的解来组成解集；

（3）解集中的解存在于同一目标维度的空间中。

（4）目前常见的求解多目标优化问题的算法，在运行一次时可以同时求得多个 Pareto 最优解。

7.1.2 多目标优化问题与决策的关系

实际中的多目标问题不仅是一个优化问题，大部分往往被归结为一个决策问题。与单目标优化问题的本质区别在于多目标优化问题的解是一个非劣最优解的集合，实际的多目标优化问题往往希望按照某些可以定量或者定性的领域约束、目标偏好或难以表述的专家经验，从而从这一非劣最优解集中选择唯一现实可行的最优方案。

对多目标优化与决策的基本框架做如下描述：非劣最优解的搜索过程由优化模块实现，解的选择过程由决策模块完成。优化模块可由多目标优化算法实现，而决策模块则由决策专家或具有领域决策知识的专家系统承担。决策模块可以从优化模块对非劣最优域的搜索过程中不断获得与精炼决策信息，不断变化与丰富的决策信息可以逐步引导优化模块搜索最感兴趣的非劣最优域。决策信息决定了非劣最优域的性质以及对最终解的选择结果，一般以决策者对目标的偏好关系程度、目标期望值、权重优先次序、模糊逻辑等表示。因此，多目标优化问题最终被表示为一个与实际问题相关的决策过程。

综上所述，多目标优化算法的研究是多目标优化决策问题的重中之重。优良的多目标优化算法极大程度地影响着满足条件的最优解的产生以及多目标优化决策框架的有效性与实用性。

7.2 多目标优化算法综述及典型算法

7.2.1 多目标优化算法综述

多目标优化算法的目标是找到一个非支配目标向量集 A，集合 A 中的所有元素都不被 A 中任何其他元素支配，集合中的向量在目标空间中要尽可能地接近真实 Pareto 前沿，且沿着 Pareto 前沿面尽可能地均匀分布。接近真实 Pareto 前沿的程度用收敛性度量，均匀分布的程度用多样性度量。

多目标优化算法的研究内容主要包括问题的求解策略和提升性能的方法。此外，评价函数、评价指标以及结果的可视化也是多目标优化算法的相关研究领域。

（1）根据问题的求解策略，可将多优化目标算法大致分为四类：

1）基于分解的方法：分解策略是传统数学规划中解决多目标优化问题的基本思路。在给定权重偏好或者参考点信息的情况下，分解方法通过线性或者非线性方式将原多目标问题的各个目标进行聚合，得到单目标优化问题。

2）基于选择压力的方法：通过增加选择压力来区分非占优解的优劣。一般情况下，算法通过 Pareto 占优选择优秀个体，当非占优解的数目较多时，在 Pareto 占优的基础上进一步设置排序方式增加选择压力。该方法能够在一定程度上提高算法的收敛性。

3）基于目标约简的方法：目标约简技术通过去除原目标集中的冗余目标降低问题求解难度。具体的研究内容包括冗余目标的识别、约简等。该方法对于含有较多冗余目标的 MaOPs 具有良好的求解性能。

4）基于指标的求解方法：评价指标是用于评价不同多目标优化算法的量化工具，可以分为收敛性、分布性和综合性三大类。该方法是以多目标优化算法的优化目标为目标，综合考量收敛性和多样性，根据当前获得的占优解满足优化目标的程度来衡量解的优劣，通过转化优化问题实现目标约简，从而减小问题的求解难度。

这些方法各有优势，也都有一定的局限性。因此在求解具体的多目标优化问题时，要根据待求解问题的特征、求解目标以及对时间效率的要求等选择相应的求解策略和算法。

（2）对于不同类型的求解策略，要思考如何提升算法性能。多目标优化算法的求解目标是找到一组在目标空间中尽可能接近 Pareto 前沿面的向量集，并且希望这些向量在 Pareto 前沿面上尽可能地均匀分布。所以提升多目标优化算法性能的研究就主要集中在两个方面：

1）提高候选解的多样性：使算法搜索的结果在 Pareto 前沿面上尽可能地均匀分布在整个解空间；

2）提高算法的收敛速度：期待算法能够快速收敛找到最优解集。

（3）公开的标准测试函数集用于评价算法性能。在多目标优化问题中，要求测试函数中的目标维度和决策变量维度可以扩展，问题的 Pareto 前沿的形状与位置可知；评价指标用于量化算法的性能。任何一种算法的评价指标都具有某种偏好，没有任何一种算法在所有评价指标上都最优。多目标优化问题的结果可视化一直都是难点，目标维度和决策变量维度越高，结果的可视化难度就越大。

上述三个方面的内容不是相互独立的。在实际的算法研究过程中，往往将多种求解策略相结合。在解决具有某种特定性质的多目标优化问题时，也需要根据算法的特定目标设计相应的测试函数和评价指标，并采用多种方式表达可视化的优化结果。

7.2.2 求解多目标优化问题的进化算法

多目标优化是一类常见的优化决策问题。经过来自不同领域的研究者和使用者的近 30 年的努力，逐步形成了以多目标进化算法（Multi-Objective Evolutionary Optimization Algorithm，MOEA）为代表的求解方法。事实上，MOEA 已经成为多目标优化与决策领域的主流方法和技术，也是进化计算领域的研究热点。

MOEA 的前身——进化算法（Evolutionary Algorithm，EA），是一类基于模拟生物自然选择与自然进化的随机搜索算法。1989 年，David Goldberg 在其著作中提出了用进化算法实现多目标的优化技术，对多目标进化算法的研究具有重要的方向性的指导意义。

大部分的 MOEA 是在例如遗传算法（Genetic Algorithm，GA）等智能优化方法的基础上改进并发展而来。为了能更好地理解多目标优化算法的核心内容，以下先从遗传算法的基本理论入手，并逐步过渡到以遗传算法为基础并改进的多目标优化算法。

7.2.2.1 遗传算法

遗传算法是模拟生物在自然环境中的遗传和进化过程，从而形成的自适应全局优化搜索算法。它起源于 20 世纪 60 年代人们对自然和人工自适应系统的研究，最早由美国 J. H. Holland 教授提出，并于 20 世纪 80 年代由 D. J. Goldberg 在一系列研究工作的基础上归纳总结形成的。

遗传算法是通过模仿自然界生物进化机制而发展起来的随机全局搜索和优化方法。它使用“适者生存”的原则，本质上是一种并行、高效、全局搜索的方法：它能在搜索过程中自动获取和积累有关搜索空间的知识，并自适应地控制搜索过程以求得最优解。

遗传算法已被证明能有效地求解 NP（Non-deterministic Polynomial）问题以及非线性、多峰函数优化以及多目标优化问题。GA 使用群体搜索技术，将种群代表一组问题解，通过对当前种群施加选择、交叉、变异等一系列遗传操作来产生新一代的种群，并逐步使种群进化到包含近似最优解的状态。由于遗传算法是自然遗传学与计算机科学相互渗透而形成的计算方法，所以遗传算法中经常会使用一些有关自然进化基础的相关术语，做如下说明：

（1）群体和个体：群体是生物进化过程中的一个集团，表示可行解的集合；个体是组成群体的单个生物体，表示可行解。

（2）染色体和基因：染色体是包含生物体所有遗传信息的化合物，表示可行解的编码；基因是控制生物体某种性状（即遗传信息）的基本单位，表示可行解编码的分量。

（3）遗传编码：是将优化变量转化为基因的组合表示形式，优化变量的编码机制有二进制编码、十进制编码（实数编码）等。

（4）适应度：即生物群体中个体适应生存环境的能力。在遗传算法中，用来评价个体优劣的数学函数，称为个体的适应度函数。遗传算法在进化搜索中基本上不用外部信息，仅以适应度函数为依据。它的目标函数不受连续可微的约束，且定义域可以为任意集合。对适应度函数的唯一要求是，针对输入可计算出能进行比较的结果。

（5）遗传操作：是优选强势个体的“选择”、个体间交换基因产生个体的“交叉”、个体基因信息突变而产生新个体的“变异”这三种变换的统称。与此对应，遗传算法中最优解的搜索过程也模仿生物的这个过程，使用所谓的遗传算子来操作，即选择算子、交叉算子、变异算子。

1）选择算子：根据个体的适应度，按照一定的规则或方法，从第 t 代群体 $P(t)$ 中选择出一些优良的个体遗传到下一代群体 $P(t+1)$ 中。其中“轮盘赌”选择法是遗传算法中最早提出的一种选择方法。它是一种基于比例的选择，利用各个个体适应度所占比例的大小来决定其子代保留的可能性。若某个个体 i 的适应度为 f_i，种群大小为 N_p，则它被选取的概率表示为 $p_i = \dfrac{f_i}{\sum_{i=1}^{N_p} f_i}(i=1, 2, \cdots, N_p)$。个体适应度越大，则其被选择的机会也越大，反之亦然。为了选择交叉个体，需要进行多轮选择。每一轮产生一个[0, 1]内的均匀随机数，将该随机数作为选择指针来确定备选个体。

2）交叉算子：将群体 $P(t)$ 中选中的各个个体随机搭配，对每一对个体，以某一概率 P_c 交换他们之间的部分染色体，通过交叉，GA 的搜索能力能够飞跃地提高。

3）变异算子：对群体中的每个个体，以某一概率 P_m 将某一个或某一些基因座上的基因值改变为其他的等位基因值。根据个体编码方式的不同，变异方式有：实值变异，二进制变异。表 7.1 展示了生物遗传概念与遗传算法中的作用的对应关系。

表 7.1 生物遗传概念与遗传算法中的作用的对应关系

生物遗传概念	遗传算法中的作用
适者生存	算法停止，最优值被保留
个体	问题候选解
染色体	解的编码（字符串、向量等）
基因	解中每一分量特征（编码单元）
适应度	适应函数值
种群	根据适应函数值选定的一组解
交叉	交换部分基因产生一组新解的过程
变异	编码的某一分量发生变化

下面介绍一下遗传算法在程序设计与调试中的主要参数：

(1) 群体规模 N_p：群体规模将影响遗传优化的最终结果以及遗传算法的执行效率。当群体规模 N_p 太小时，遗传优化性能一般不会太好。采用较大的群体规模可以减少遗传算法陷入局部最优解的机会，但较大的群体规模意味着计算复杂度较高。一般 N_p 取10~200。

（2）交叉概率 P_c：控制着交叉操作被使用的频度。较大的交叉概率可以增强遗传算法新的搜索区域能力，但高性能的模式遭到破坏的可能性增大；若交叉概率太低，遗传算法搜索可能陷入迟钝状态。一般 P_c 取 0.25～1.00。

（3）变异概率 P_m：变异在遗传算法中属于辅助性的搜索操作，它的主要目的是保持群体的多样性。一般低频度的变异可能防止群体中重要基因的可能丢失，高频度的变异将使遗传算法趋于纯粹地随机搜索。通常 P_m 取 0.001～0.1。

（4）遗传算法的终止进化代数 H：表示遗传算法运行结束条件的一个参数，它表示遗传算法运行到指定的进化代数之后就停止运行，并将当前群体中最佳个体作为所求问题的最优解输出。H 的取值可在 100～1000。

综上所述，下面介绍下遗传算法的计算流程：

（1）初始化。设置进化代数计数器 $g=0$，设置最大进化代数 H，随机生成 N_p 个个体作为初始群体 $P(0)$。

（2）个体评价。计算群体 $P(t)$ 中各个个体的适应度。

（3）选择运算。将选择算子作用于群体，根据个体的适应度，按照一定的规则或方法，选择一些优良个体遗传到下一代群体。

（4）交叉运算。将交叉算子作用于群体，对选中的成对个体，以某一概率交换他们之间的部分染色体，产生新的个体。

（5）变异运算。将变异算子作用于群体，对选中的个体，以某一概率改变某一个或一些基因值为其他的等位基因。

（6）循环操作。群体 $P(t)$ 经过选择、交叉和变异运算之后得到下一代群体 $P(t+1)$，计算其适应度值，并根据适应度值进行排序，准备进行下一次遗传操作。

（7）终止条件判断：若 $g \leqslant G$，则 $g=g+1$，转到步骤（2）；若 $g>G$，则此进化过程中所得到的具有最大适应度的个体作为最优解输出，终止计算。

根据以上遗传算法的计算流程，可将其流程图归纳为图 7.1。

7.2.2.2 求解多目标优化问题的基于非占优排序的遗传算法

在单目标优化问题中，假设 x 和 y 的大小比较，有“$x>y$”“$x<y$”和“$x=y$”三种情况。而在多目标优化问题中，假设有（x，y）和（m，n），已知 $x>y$，$m<n$，但（x，y）和（m，n）之间的关系是什么并不知道。为了比较类似上述的不同个体之间的关系，需引入一种重要的关系——支配关系。

个体之间的支配关系：设 p 和 q 是进化群体 Pop 中的任意两个不同的个体，称 p 支配 q 必须满足下列两个条件：

（1）对于所有的字母表，p 不比 q 差，即 $f_k(p) \leqslant f_k(q)$，（$k=1, 2, \cdots, r$）；

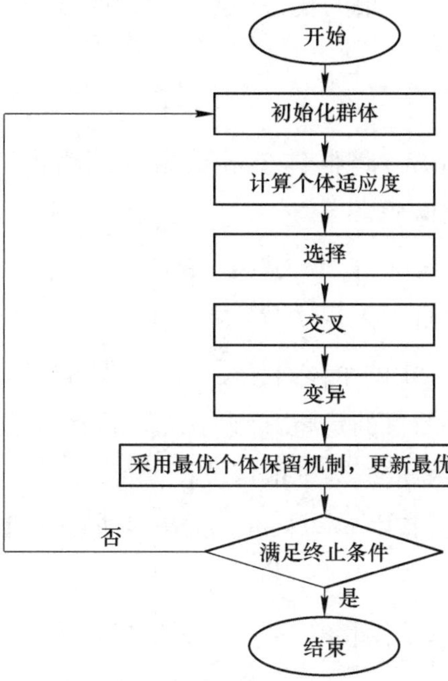

图 7.1 遗传算法计算过程

(2) 至少存在一个子目标，使 p 比 q 好，即 $\exists l \in \{1, 2, \cdots, r\}$，使得 $f_1(q) \leqslant f_1(q)$，其中 r 为子目标的数量。

此时称 p 为非支配的，或占优的；q 为被支配的。具体表示为 $p > q$。

目标空间的支配关系：设 $\boldsymbol{U} = \{u_1, u_2, \cdots, u_r\}$ 和 $\boldsymbol{V} = \{v_1, v_2, \cdots, v_r\}$ 为目标空间中的两个向量，称 $\boldsymbol{U}$ 支配 $\boldsymbol{V}(\boldsymbol{U} > \boldsymbol{V})$ 当且仅当 $u_k \leqslant v_k(k = 1, 2, \cdots, r)$，且 $\exists l \in \{1, 2, \cdots, r\}$，使得 $u_l < v_l$。

支配关系这个概念对后来的基于改进遗传算法的多目标优化算法打下了坚实的理论基础。2000 年 Deb 等提出了基于非占优排序的遗传算法（Non-dominated sorting genetic algorith，NSGA）的改进算法，即 NSGA-Ⅱ算法。

之前的 NSGA 算法主要有以下三个方面的不足：

(1) 没有最优个体保留机制；

(2) 共享参数的动态修改和调整难度较大；

(3) 构造 Pareto 最优解集的时间复杂度较高。

为此，Deb 等提出的 NSGA-Ⅱ算法中，将进化群体按支配关系分为若干层，第一层为进化群体的非支配个体集合，第二层为在进化群体中去掉第一层个体后所求得的非支配个体集合，第三层为在进化过程中去掉第一层和第二层个体后所求得的非支配个体集合，以此类推。选择操作首先考虑第一非支配集，按照某种策略从第一层中选取个体；然后再考虑在第二层非支配个体集合中选择个体，依此类推，直到满足新进化群体的大小要求。下面从非支配集的构造方法、保持群体分布和多样性的方法这两个方面具体讨论 NSGA-Ⅱ算法。

A 非支配集的构造方法

设群体 Pop 的规模大小为 N，将群体 Pop 按某种策略进行分类排序为 m 个子集 P_1，P_2，…，P_m，且满足下列性质：

$$\cup p \in \{P_1, P_2, \cdots, P_m\} P = \text{Pop}$$

$\forall i, j \in \{1, 2, \cdots, m\}$ 且 $i \neq j$，$P_i \cap P_j = \emptyset$

$P_1 \succ P_2 \succ \cdots \succ P_m$，即 P_{k+1} 中的个体直接受 P_k 中个体的支配($k = 1, 2, \cdots, m-1$)

对群体 Pop 进行分类排序的目的是将其划分成若干个满足上述三个性质的互不相交的子群体。对个体分类排序的依据为 Pareto 支配关系。

设两个向量 $\{n_p\}$ 和 $\{S_p\}$，其中 $p \in \text{Pop}$，n_p 记录支配个体 p 的个体数，S_p 记录被个体 p 支配的个体集合，即有

$$n_p = |\{q | q \succ p \quad p, q \in \text{Pop}\}|$$

$$S_p = \{q | p \succ q \quad p, q \in \text{Pop}\}$$

首先通过一个二重循环计算每个个体的 n_p 和 S_p，则 $P_1 = \{q | n_q = 0, q \in \text{Pop}\}$。然后一次按方法 $P_k = \{$所有个体 $Q | n_q - k + 1 = 0\}$ 求 P_2，P_3，…。

B 保持解群体分布性和多样性的方法

为了保持解群体的分布性和多样性，Deb 等首先通过进化群体中每个个体的聚集距离，然后依据个体所处的层次及其聚集距离，定义一个偏序集，构造新群体时依次在偏序集中选择个体。

在产生新群体时，通常将优秀且聚集密度小的个体保留并参与下一代进化，聚集密度小的个体其聚集距离反而大，一个个体的聚集距离可以通过计算与其相邻的两个个体在每个子目标上的距离差之和来求取。一般情况下，当有 r 个子目标时个体 i 的聚集距离为：

$$P[i]_{\text{distance}} = \sum_{k=1}^{r} (P[i+1] \cdot f_k - P[i-1] \cdot f_k)$$

为了计算每个个体的聚集距离，需要对群体 P 按每个子目标函数值进行排序，当采用最好的排序方法时（如快速排序、堆排序等），若群体规模为 N，最坏情况对 r 个子目标分别进行排序的时间复杂度为 $O(rN\log N)$（每个个体的聚集距离时间为 $O(rN)$）。

为了进一步描述 NSGA-Ⅱ算法的工作流程，需讨论建立在进化群体上的一类偏序关系，因为 NSGA-Ⅱ算法在构造新群体时，将依据这种偏序关系进行选择操作。

构造进化群体的偏序关系时，主要考虑以下两个因素：

(1) 个体 i 的分类序号 i_{rank}，$i_{rank}=k$ 当且仅当 $i \in P_k$。

(2) 个体 i 的聚集距离 $P[i]_{distance}$。

定义：设个体 i 和 j 为进化群体中的两个任意个体，个体之间的偏序关系 $>_n$ 为：

$$i >_n j \text{ if}(i_{rank} < j_{rank})\text{or}(i_{rank} = j_{rank})\text{and}(P[i]_{distance} > P[j]_{distance})$$

这表明当两个个体属于不同的分类排序子集时，优先考虑序号 i_{rank} 小的个体；当 i_{rank} 相同时，则优先考虑聚集大或者说聚集密度小的个体。

综上所述，NSGA-Ⅱ的计算过程归纳如下：

开始时随机产生一个初始群体 P_0，在此基础上采用遗传算法的选择、交叉和变异操作产生一个新群体 Q_0，P_0 和 Q_0 的群体规模为 N。将 P_t 和 Q_t 都并入 R_t 中(初始时 $t=0$)，对 R_t 进行分类排序，然后根据需要计算某个分类排序子集中所有个体的聚集距离，并按照以上定义建立偏序集。接下来从偏序集一次选取个体进入 P_{t+1}，直至 P_{t+1} 的规模为 N。

NSGA-Ⅱ的计算流程如图 7.2 所示。

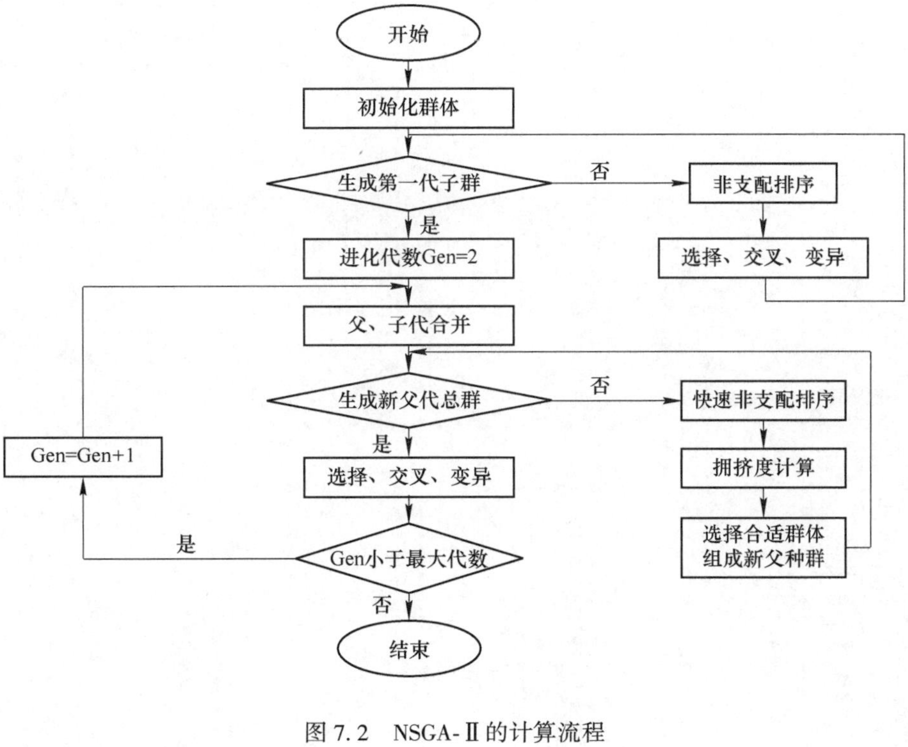

图 7.2　NSGA-Ⅱ的计算流程

7.2.3　多目标优化算法研究展望

多目标优化算法目前的一些有待解决的难题，主要体现在以下两个方面：

首先，如果多目标优化算法采用小规模种群，则对于一些复杂的多目标优化问题，将很难收敛到理想 Pareto 前沿面，而且很难获得均匀分布的 Pareto 最优解。因此，如何根据问题的复杂度自适应地调整种群的规模是需要进一步研究的问题。根据非支配解在当前种群中所占的比率来自适应地调整种群规模或许是解决该问题的一个可行方向。

此外，如何设计有效的算法停止准则也是多目标优化算法的一个基础理论难题之一。迄今为止，还很难明确地判断算法进化到某一代已经达到了最优或者说可以停止。在单目标优化过程中，当种群中个体的适应度值在一定代数内没有提高时，可以认定算法可以停止。这种停止策略是不能简单地应用于多目标优化问题的，因为多目标优化问题要得到的不是一个解，而是 Pareto 最优解的集合。即使是已经收敛到 Pareto 前沿面上的最优解集，接下来每一代得到的解也有许多不同。因此，学者们一般是预先设定进化代数或者函数评价次数的上限作为算法停止的条件。但是，如何有效地证明或者给出明确的算法停止准则仍有待研究。

8　主流程边缘区域的数据分析和信息物理系统化

边缘数字化核心平台架构已在 4.2 节中给出了详细描述。边缘数字化核心平台，即边缘云平台，承担高实时性过程控制和基础自动化功能。传统的边缘主要使用传统的基础理论数学模型和经验模型，来完成过程机设定计算和基础自动化控制，是钢铁工业特别关注的核心和重点。边缘云平台的任务是，利用大数据/机器学习的数据分析方法，解开贯穿钢铁全部主流程的“黑箱”，将“黑箱”变“透明”，给出高保真度的数字孪生过程控制模型，来代替传统的机理-经验模型，进行生产设备的设定和动态设定。边缘数字化核心平台如图 4.2 所示。

以下按照钢铁生产全流程的顺序，对边缘数字化核心平台的相关功能进行详细说明。

8.1　铁前与高炉炼铁

我国人工智能在钢铁领域的应用相较于发达国家仍有较大差距，尤其是炼铁工序存在基础自动化薄弱、数据采集与管理难度大、冶炼过程是典型“黑箱”等问题，使得炼铁系统数字孪生和信息物理系统的深度应用还有较大提升空间。因此，充分发挥炼铁产业海量数据和丰富应用场景优势，利用工业大数据、冶金理论、经验知识，进行核心工序炼铁过程的数字化冶炼技术攻关与应用，实现炼铁工艺优化和提升能效，同时赋能降碳，是实现钢铁产业双碳目标的重点方向之一，符合国家围绕产业链布局绿色低碳创新链、围绕绿色创新链部署数字化产业链、发展数字经济的重大战略规划，对全国炼铁产业低碳数字化创新发展具有重要意义。

8.1.1　原料区

原料场作为钢铁工业的首道工序，通过对散装物料的集中处理和管理，向烧结、焦化、球团、炼铁等提供性能稳定的原料，以保证钢铁企业连续正常稳定生产。但目前我国钢铁料场的机械化程度低，生产操作大量采用人工卸车和汽车倒运，导致料场生产操作人员多，自动化智能化程度较低。

开发基于 CPS 架构的原料厂动态调控的软件平台，用以实现原料操作的智能控制，智能料场的 CPS 系统化主要包括如下环节：智能流程决策控制、数字化料场及堆取料机自动作业，数字环保料 CPS 系统如图 8.1 所示。其中智能流程决策控制用以动态决策出最优流程；数字化料场系统通过激光 3D 扫描系统对料场进行数字化建模；堆取料机自动作业系统用以实现自动堆/取料作业控制。以国内现有产线为依托，建立各工序和各系统数据联通交汇的数据平台，使各模块之间相互协作，最终打造一个高效、智能的数字孪生环保料场。

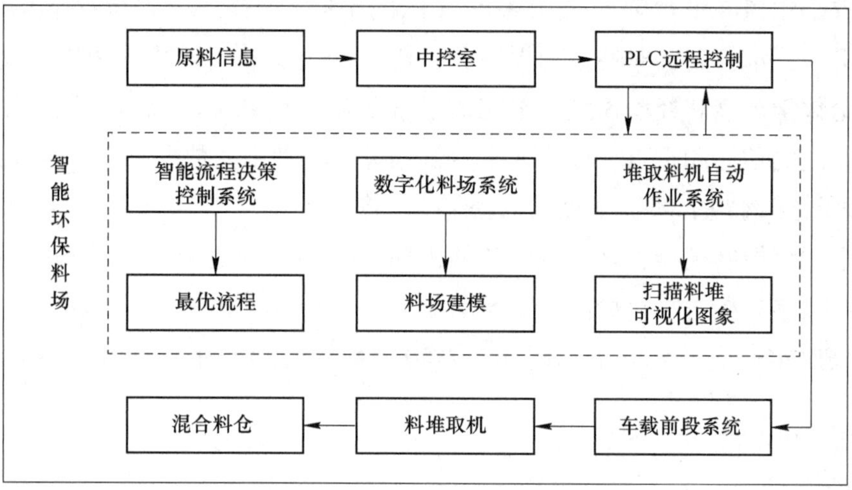

图 8.1 数字环保料场 CPS 系统

8.1.1.1 料流路线的动态决策

智能流程决策控制系统主要内容是建立流程决策选择规则，能根据原料运输计划信息、胶带机设备运转状态信息、终点设备运转状态信息等，自动检索系统中起点设备和终点设备之间的可用流程，并综合考虑各流程的属性，自动生成起点和终点间的输送线路，并根据成本、能耗、时间、线路长度、生产计划等策略动态决策出最优流程；然后建立路径导航规则，实现流程运转的自动导航和料流信息的自动跟踪；最后对控制对象特性进行抽象提炼，实现设备自动运转的标准化控制和料流信息的实时跟踪。

8.1.1.2 料场和料堆的数字化建模

数字化料场系统主要内容是对料场进行数字化建模，设置 3D 扫描系统，对料场和料堆进行实时扫描，获取料场和料堆的信息，通过网络将数据发送给机上云图处理专用嵌入式工控机。通过配备激光 3D 料堆云图采集系统对料堆的外形轮廓进行实时快速扫描，快速建立实时的料堆三维数字化数据。通过料条参数、料堆参数等多种基础参数数据，自动编制3D料场图，以图形和表格等多元化方式实时展示各料堆堆积情况，并以数字化形式展现料堆开始位置、结束位置、留空、堆高、体积、重量等重要信息，实现料场和料堆的数字化和精细化管控。

8.1.1.3 自动堆取料

堆取料机自动作业系统主要内容是实现料场的全部高架卸料车、刮板取料机的自动堆/取料作业。系统能够自动对位、自动新堆、自动补堆、自动取料及自动平料，取料流量自动控制以及取料作业时的料种的自动切换。控制系统在接受堆取料机自动作业系统发出的生产作业指令后，结合料场管理数据自动生成作业计划，控制相应的堆取料机到达合适的地点执行作业任务，同时需要对料堆进行实时扫描，形成可视化图像，通过智能化运算，将这些信息转化为PLC的控制指令和料堆形状数据，控制堆取料机实现自动取料。

数字孪生环保料场，主要由各工序智能化生产控制、数字化精细管理、智能化设备组成。中控室PLC控制系统整合原料场的所有资源，对物料的存储、运输、混匀、配料等不同作业进行合理化的安排和跟踪，然后将数据上传至数字孪生环保料系统，数字孪生环保料系统将行动指令下达到各子系统模块，各子模块相互协作，最终打造一个具备混匀料自动堆取、料堆3D可视化、自动输送物料等智能化功能的数字孪生环保料场。

8.1.2 烧结区

钢铁工业对原料的要求日益提高以及烧结设备的大型化发展，对烧结过程提出了更高的要求。烧结过程具有多变量、非线性、强耦合等特征，在生产实践中大多通过人工经验进行控制，但经验的不确定性、局限性及经验继承等因素使烧结生产过程尚未完全发掘自身潜力。烧结过程具有丰富的大数据基础，对烧结过程数据资源进行分析处理，建立高保真烧结数字孪生体，使烧结过程透明化，是实现炼铁智能制造的重要组成部分。基于大数据与人工智能技术，通过建设烧结数据平台、高保真烧结过程数字孪生以及烧结工艺协同智能优化通用性工业软件可助力烧结生产提质增效，图8.2为数字化烧结CPS系统图。

8.1.2.1 烧结数据平台建设

基于所有系统控制点及相关参数数据采集点从现场接入层到核心交换机建立三层网络架构，保证各独立系统之间数据稳定、快速传输需要，同时还要具备搭载高带宽

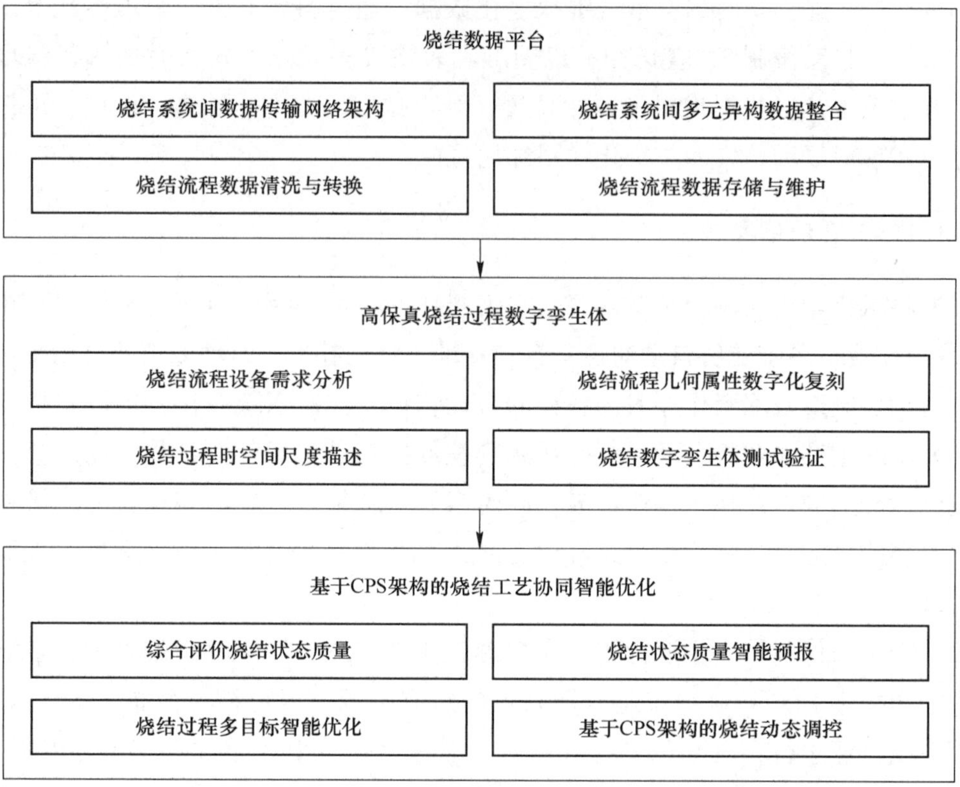

图 8.2 数字化烧结 CPS 系统

视频信号传输功能，为系统之间整合提供支持。对烧结系统数据进行整合，包括数据接入、异构数据交互、数据的集中展现、异构系统流程的整合和交互、快速开发等，使其在应用上能够达到一体化的效果，然后将所有整合后的数据通过数据抽取、清洗和转换，装载进入烧结数据平台中。

8.1.2.2 高保真烧结过程数字孪生体

基于现代数据学、AI 理论与冶金学的深度融合，开展烧结流程设备全生命周期数字孪生体需求分析与策略研究；通过 3D 重建工具建立烧结流程料仓、一混、二混、烧结机、环冷等设备空间几何模型并进行匹配连接，实现烧结流程设备几何属性数字化复刻；建立烧结过程多模型融合与多尺度多维度内核模型，在时间空间尺度全方位精确描述烧结过程混料机、烧结机等关键工序设备运行状态与烧结原料、烧结矿物理化学性质变化，全面刻画实际烧结过程；通过模型精度与可信度评测算法融合烧结过程，客观检验数据与烧结生产专家知识，对烧结过程数字孪生模型进行测试验证。通过烧结数字孪生与烧结生产过程的平行运行、实时交互及迭代优化，实现烧结过程精准控制、烧结生产自组织优化调度、烧结全生命周期管理、烧结矿质量追溯与管控等功能。

8.1.2.3 基于 CPS 架构的烧结工艺协同智能优化

融合人工智能与机理经验修正和集成国内外已应用的各种烧结工作状态检测方法，精准判断当前烧结工作状态，建立以烧结过程稳定、烧结矿质量高为目标的综合评价；以烧结过程数字孪生体为核心，关联烧结各工序数据与经验知识，基于深度学习建立具有自学习功能的烧结状态质量成分智能预报模型；围绕烧结过程质量综合评价，开发基于 CPS 架构的烧结生产过程动态调控平台，实现逐级分析、反馈、控制的烧结过程参数多目标多层次协同智能优化，并根据实际应用反馈进一步迭代修正系统架构与功能，最终达到烧结过程智能控制、提升烧结生产质量和效益的目标。

8.1.3 球团区

通过利用大数据、互联网、自动化技术、机械视觉、物联网、人工智能等技术，在球团生产过程中构建智能化运维、智能化控制、智能化装备整体解决方案。全面实现现场资源整合及信息共享，实时、准确反映现场生产与设备运行状况，并结合工艺对磨矿与干燥、辊磨与配料、混匀、造球、节能、环保等内容进行监测、分析、建模和智能化控制。降低专业管理人员劳动强度，提升管理效率，提高产品质量和产量，球团生产 CPS 系统如图 8.3 所示。

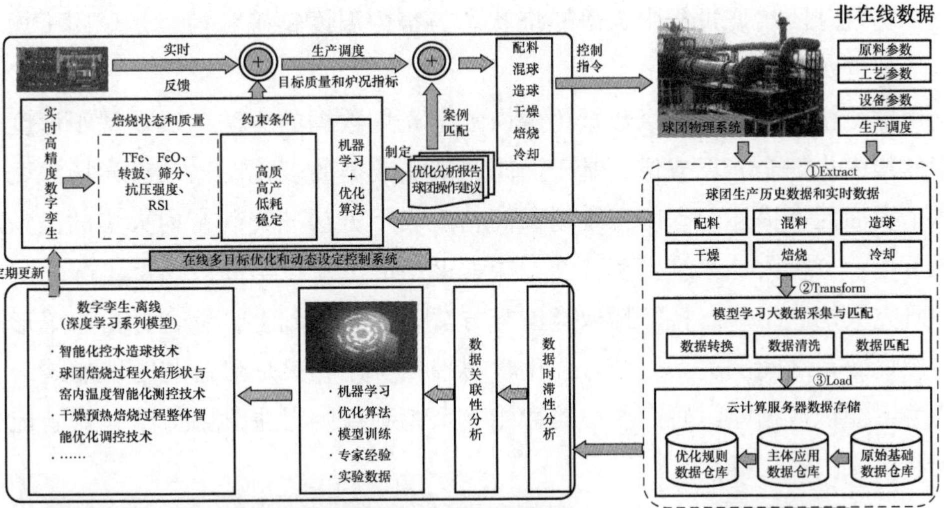

图 8.3 球团生产 CPS 系统

8.1.3.1 数字化控水造球技术

在造球环节如何通过人工智能手段对水分进行精准把控，严格控制成球区、长球区的水分供给，从而实现在保证生产球质量指标的前提下有效降低造球水分，是球团前端环节的关键问题。

通过人工智能手段开发数字化控水造球技术，研究造球盘的成球机理，分析不同原料条件下水分对成球、长球的作用机制，建立低水成球的优化准则。研究制粒母球大小及占比对造球的影响，分析造球过程母球的遗传与演变规律。研究造球机可控成球关键参数（水分、转速、倾角、加水方式等）对母球成长的影响规律，建立基于水分与成球工艺关键参数、生球强度、生球粒径的关系模型。基于机器视觉通过小球重叠图像分割算法与去雾算法，研发出粒径智能识别技术及粒径在线检测装置；基于全自动取样机器人与智能视觉分析定位研制生球强度（抗压强度和落下强度一体化）在线检测装置。在此基础上，开发智能化控水造球技术，实现加水造球过程的精细化与智能化，降低造球水分；进一步在此基础上，研究原料与表面改性、混匀、造球之间的时空匹配关系。对造球环节水分进行精准把控，严格控制成球区、长球区的水分供给，实现在保证生球产质量指标的前提下有效降低造球水分。

8.1.3.2 球团焙烧过程火焰形状与窑内温度数字化测控技术

采用光场成像技术重构火焰三维表面，对火焰场景深度（位置）、粗细度、长度等三维形态特征实施稳健识别，开发高温焙烧过程火焰形状与窑内三维温度智能化测控系统，实现球团焙烧过程中火焰燃烧状态与窑内温度精确可控，是球团干燥、预热与焙烧环节的关键技术。

利用球团窑现场稀疏光场数据构建恢复全光场数据的方法，实现基于深度压缩感知技术的窑内火焰全光场成像；基于面向宽基线数据的多视图输入流光场深度估计算法及基于表面元素描述的深度三维场景高精度表示方法，实现窑内火焰的高精度、实时三维重建；分析火焰三维模型特性，探索火焰形态变化与高效燃烧工况之间的机理关系，研究火焰三维形态特征提取类型与方法。在此基础上，综合分析火焰形态特征与燃料燃烧效率之间的关系，结合强化学习理论，建立火焰形态与智能燃烧装备控制参数的关系知识数据库，研究燃烧器智能专家控制规则自主学习方法，为智能化高效燃烧控制提供决策支撑。

8.1.3.3 干燥预热焙烧过程整体智能优化调控技术

结合球团工序收集生球成分质量数据、温度压力等监测数据、机理模型数据、工艺操作数据；分析数据特点科学匹配数据治理方法，进行多源数据格式规范化、多时间尺度时标对齐、多工序尺度数据整合、时间序列降噪修复，提高数据质量。多角度提取球团生产关键变量，基于机器学习融合专家知识，确定工艺操作、原料参数的权重分配与区间划分规则建立干燥-预热-焙烧评价机制；构建球团干燥-预热-焙烧高精度动态数字孪生系统，对球团干燥-预热-焙烧状态准确评价和精准预测；球团生产状态、质量、成本为优化目标，基于机器学习结合遗传算法对不同优化模式进行求解，并对优化效果进行预测和评估，基于当前生产条件推送最佳操作建议指导生产，提高球团生产过程优化自治能力。

8.1.4 炼焦区

智能炼焦的 CPS 系统化主要集中在如下环节：一是围绕煤，主要包括炼焦用煤的到达、质量监测、性质分析、内部运输、储存、配合和使用等；二是围绕焦，主要包括焦炭的制备、熄灭、筛分、质量监测、应用等；三是围绕煤焦设备，主要包括设备配合使用、状态监测、故障分析、维修保养等过程中的数字化，数字化如图 8.4 所示。

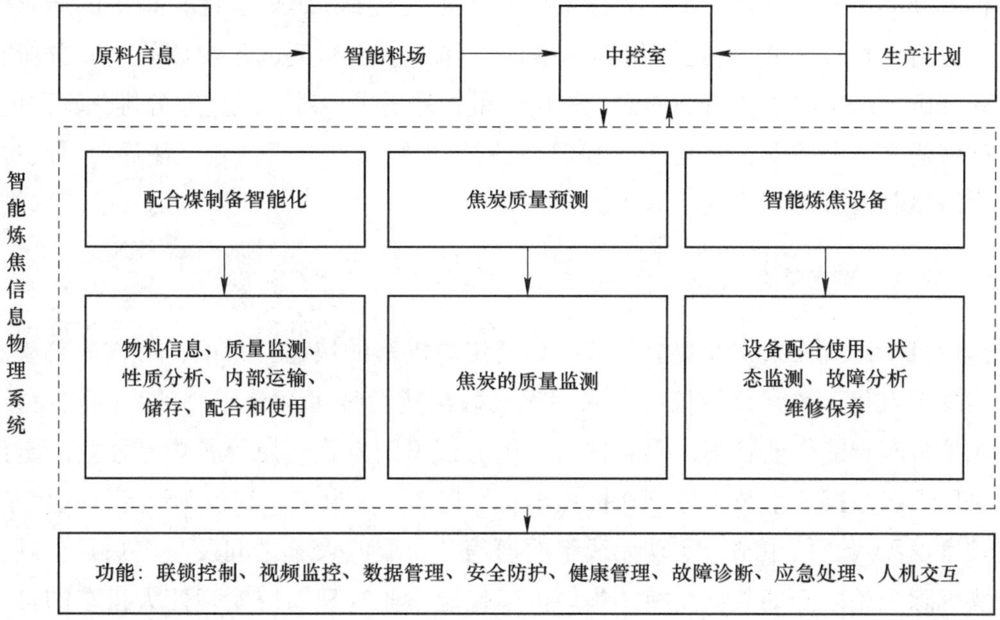

图 8.4 数字化焦化 CPS 系统

智能炼焦系统主要由炼焦各工序智能系统、数字精细化管理和炼焦智能化设备构成，具备承担了精准定位、联锁控制、视频监控、数据管理、安全防护、健康管理、故障诊断、应急处理、人机交互等功能。从接收焦炭订单开始，一直到焦炭进入高炉，各子系统模块由各类传感器采集多源异构数据，并对数据进行处理，并将处理后的数据上传至数字孪生智能炼焦系统，由数字孪生智能炼焦系统对生产数据进行分析，并将行动指令下达到各子系统模块，并且与外部系统进行交互，同时向用户进行炼焦生产流程的可视化。进而实现了装煤、推焦、拦焦、接焦、熄焦全部工序的数字化，最终达到最优生产、最少人为干预、效益最佳、动态平衡的效果。

8.1.4.1 配合煤制备数字化

传统配合煤制备过程中，容易造成因人为操作失误或者机械故障而发生卸错煤、上错煤及配错煤等问题。基于备煤数字化的开发与使用能够实现配合煤制备过程中物流信息、车皮调配、质检化验、翻车前车号识别、煤种确认全过程信息的实时共享，给翻车机自动翻车信号、贮煤筒仓卸煤小车自动行走定位、自动卸煤信号，在自动化和信息化基础上提升系统数字化水平。配合煤采用智能优化、神经网络模型等方法确定其中各煤种配比，从而实现降低配煤炼焦生产成本和提高焦炭质量的效果。

8.1.4.2 焦炭质量预测

针对炼焦生产过程综合生产指标（焦炭质量、产量和焦炉能耗）检测的严重滞后问题，提出一种改进 BP 神经网络预测方法。首先基于相关过程参数的主元分析和灰色关联分析，确定出预测模型的输入输出变量；然后采用基于改进差分进化算法的 BP 神经网络建立预测模型，并与基本 BP 神经网络预测模型进行比较；最后，对改进 BP 神经网络预测模型进行验证。

8.1.4.3 智能炼焦设备

焦炉机车进行无人化及智能改造应该把焦炉机车的快速、精准、可靠的自动定位作为实现无人化、数字化的核心。采用无线数据通信技术结合码牌的自动定位技术，实现焦炉机车智能作业管理。码牌技术采用射频识别方式，使得各炉有独立的定位标记；采用无线数据通信技术分别在推焦车、拦焦车、装煤车、熄焦车设无线通信子站，在主控室设无线通信主站，实现无线组网通信，完成四大车之间及与出焦除尘站、机侧炉头烟除尘站之间的数据交换。焦炉机车智能作业管理系统实现四大机车的自动化生产运行和计算机生产管理。煤、焦皮带通廊自然环境比较恶劣，光线暗、粉尘大，且通廊的人行过道比较窄，容易发生安全事故。将现代视觉安防技术、模式识别技术、人工智能技术应用到皮带通廊现场，进行人员安全检测，加强皮带通廊人行过道区域监控力度，提升信息化管理能力，促使现场安防向智慧监管方向发展。

8.1.5 高炉区

高炉炼铁是钢铁生产节能减排、降本增效的关键环节，根据目前的技术条件和水平，依靠传统常规技术手段实现高炉节能减排的潜力已经接近其物理极限；通过大数据技术实现数字化是钢铁产业提升能效、降低碳排放和转型升级的重要保证，是实现炼铁双碳目标的重大需求。将大数据、人工智能与冶炼机理、经验知识相结合，建立高效率、低成本、高保真的高炉冶炼先进模型，形成炉况智能预测评价与操作自主优化决策的良好互动，能够有效解决高炉数据难表征、状态难描述、操作难调控的传统难题，图 8.5 为高炉炼铁数字化 CPS 系统结构和功能示意图。

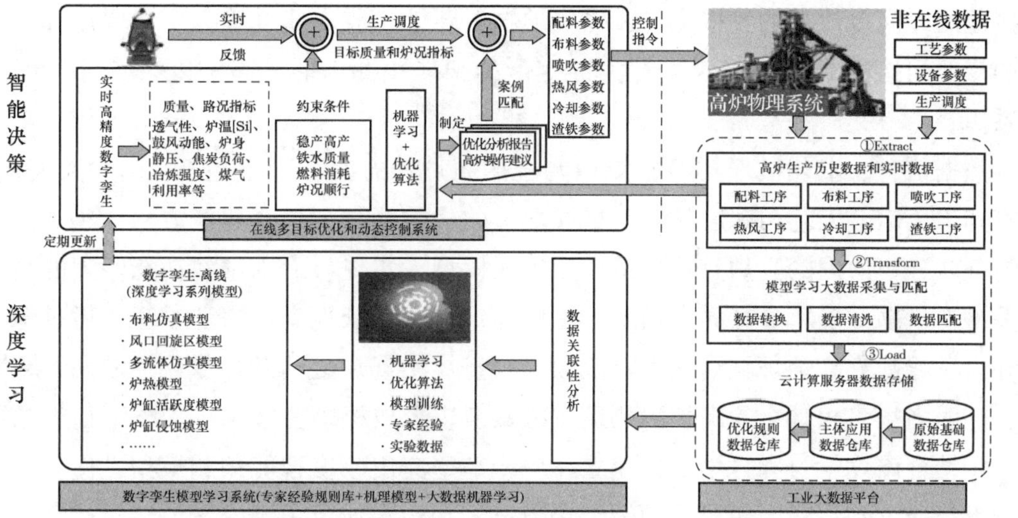

图 8.5　高炉炼铁数字化 CPS 系统

8.1.5.1　高炉炼铁系统全链条数据治理与关联规则挖掘

高炉数据来源和数据结构复杂多样，具有高维度、非线性、强耦合、大时滞、多时间尺度、数据不精确等特点，工序之间数据协调性差、数据利用率低。高炉炼铁系统全链条数据治理与关联规则挖掘从数据采集、数据治理、时滞性分析、关联性分析等多方面，建立高炉炼铁系统“原燃料—工艺操作—炉况—渣铁”全链条数据治理与关联规则挖掘方法，实现从“数据”到“信息”的智能解析。

高炉炼铁系统全链条数据治理与关联规则挖掘包括：建立高炉智能化炼铁主题数据管理体系，并根据不同数据形式和数据特点，构建科学化、模块化、程序化的高炉炼铁数据治理系统；融合专家知识和数据挖掘方法，建立不同时间序列阶段高炉原燃料条件和操作制度对高炉关键变量的时滞状态感知方法；开发专家知识和数据信息协同驱动的可解释性特征构造、特征提取方法，采用机器学习和知识图谱进行特征空间划分，建立量化的工序内和工序间参数逻辑关系可视化网络，形成科学、保真、适应动态炉况的高炉炼铁全链条关联规则库。

8.1.5.2 数据信息、工艺理论和经验知识融合的高炉动态数字孪生

合理选取高炉关键变量并预测变化趋势是稳定高顺行的重要手段。而高炉冶炼过程中存在原燃料多变、工艺操作差异等复杂工况，未知扰动导致关键变量预测模型不匹配，需要研究生产数据、工艺机理与经验知识融合的数字孪生模型构建方法。本技术提取透气性、热负荷、煤气利用率、焦比、铁水温度、铁水 Si 含量、铁水产量等可直接监测或简单计算的直接变量，提取炉缸活跃性、渣皮厚度等无明确评价标准或难以测量的间接变量，进行两大类关键变量的智能预测，形成高炉复杂工况深度感知体系。

数据信息、工艺机理与经验知识融合的高炉动态数字孪生包括：基于数据信息、专家知识、冶金工艺与深度学习、集成学习的多数据来源融合建模方法，建立因果分析与关联分析协同的高炉直接变量预测集成模型，实现与冶炼过程动态匹配的高炉直接关键变量高准确率、高频次预测；提出高炉炉缸活跃性定量表征方法，通过深度学习和自学习建立高炉炉缸活跃性智能预测模型，实现炉缸活跃性量化、动态、精准预测；阐明多场多相耦合的高炉强热负荷区域渣皮形成机理，应用机理模型衍生参数并进一步结合深度学习和自学习，建立高炉冷却壁渣皮厚度智能预测模型，优化操作高炉炉型智能管理；明晰差异化的融合建模方案，构建涉及关键变量、综合运行状态的生产数据、工艺机理与经验知识多重驱动的高炉动态数字孪生系统，实现高炉关键变量智能预测与复杂工况深度感知。

8.1.5.3 高炉健康运行状态科学评价-预测-溯因协同诊断

由于高炉自身差异及其运行状态不断变化，操作者通常凭经验判断炉况，难以实时掌握高炉状态。而以数据驱动的高炉综合炉况评价方法结果可解释性差，不易追溯炉况扰动的原因。因此，本技术融合大数据和专家知识，建立高炉综合运行状态科学评价机制，应用深度学习和集成学习实现综合炉况实时监控、准确预测和科学溯因。

高炉健康运行状态科学评价-预测-溯因协同诊断技术方案包括：建立高炉综合运行状态表征方法，明确合理的分级评价规则，将抽象高炉运行状态以数字化的形式具象化；阐明高炉综合运行状态从评级到评分模式升级的科学评价机制，建立适应高炉自身特点的动态炉况评价体系，实现当前动态炉况的实时监控与准确评价；基于知识图谱构建炉况状态与高炉参数的量化映射关系，按工序、层级形成根因主题分析可视化网络，深度解析、追溯、预测炉况扰动的相关-因果关系，逐级定位与表征不同参数层的失分项与失分程度，实现抽象高炉综合运行状态由知识到可视、可应用数据语言的转换，辅助高炉操作合理决策。

8.1.5.4 高炉炼铁多目标智能优化决策与自愈控制

高炉稳定顺行和铁水质量控制涉及原燃料条件、操作制度以及运行参数的多层次、多尺度协调优化。本项目以高炉生产过程重点关注的多个变量为目标，采用数据与机理双驱动，构建以数字孪生为基础、以多维协同为特征的高炉炼铁信息物理系统，形成适应动态炉况的高炉操作智能自主优化决策与自愈策略。

高炉炼铁多目标智能优化决策与自愈控制技术方案包括：以高炉运行状态关键变量为目标，有效结合精英非支配排序多目标遗传算法，求解高炉生产过程中的多目标优化问题；考虑单目标优化、多目标优化多级动态联动，结合生产条件以及炉况失分单元，按高炉生产需求和专家经验定制特色多目标组合优化模式，开发涵盖单目标、组合多目标、全目标的多层次反馈优化技术；建立高炉知识案例库，开发多目标最优解集高效、安全、经济的筛选模式；基于现场实际原燃料条件、操作难度和操作成本并结合高炉操作知识案例库与高炉运行状态评价模型，推送最小操作偏差、最高经济回报以及高炉最高评分的优化策略，提升优化解集的现场应用效果，实现高炉操作自主优化和自愈控制。

8.2 炼钢与精炼

8.2.1 铁水预处理

铁水预处理脱硫技术是洁净钢生产中的一个重要工艺，有助于降低焦比和高炉脱硫负荷。而铁水预处理过程是熔体在高温环境下发生物理化学变化的过程，反应过程难以监测和控制，终点难以准确判断，造成脱硫效果不稳定。目前国内外大部分钢铁厂铁水预处理工序仍处于人工控制阶段，由操作员根据人工经验进行加料操作，这导致冶炼后的铁水质量差、生产成本高、劳动效率低。一方面，为了保证脱硫后续工序的顺利进行，操作员在进行加料时一般都故意加大脱硫剂的用量以保证脱硫，但这样造成了脱硫剂耗量的增加，大大增加了成本，降低了钢铁企业的生产效益；另一方面，现场操作人员凭经验进行加料，出于操作者水平的差异，不同操作员对当时生产过程的判断各有差异，会对脱硫过程造成一定的偏差，难以保证脱硫操作的稳定性，严重时会造成脱硫结果不达标。因此，铁水预处理脱硫工艺目前存在的脱硫操作不稳定、脱硫剂消耗成本高等问题亟待解决。

针对铁水预处理脱硫过程建立精确的模型描述脱硫过程对脱硫终点的控制和脱硫工艺的优化具有重要的指导意义，然而，铁水预处理脱硫过程与终点硫含量的对应关系十分复杂，关于脱硫终点预测的研究目前都以经验模型为主，模型中存在较多需要根据实际生产情况进行修正的参数，建模较为复杂且预测精度不足严重制约了模型的推广应用。随着我国大数据战略的推进，铁水预处理过程已积累了大量的生产过程数据，丰富的数据资源为数字化生产提供了保障。基于工业大数据，将数字化、智能化技术应用至铁水预处理过程，构建铁水脱硫的原位分析系统，实现高保真度的数字孪生。结合人工智能技术开发铁水预处理脱硫过程终点预测及工艺优化的 CPS 系统，实现准确的终点预测与最优化脱硫剂投料方案设计，对降低生产成本、增强企业竞争力具有重大的意义。

针对铁水预处理过程脱硫剂投料方案依赖人工经验导致的成本增加的问题，围绕铁水脱硫过程终点预测和脱硫工艺优化设计两方面展开研究。从数据处理和数据分析入手，结合冶金学理论建立脱硫工艺—脱硫终点的数字孪生模型，实现脱硫终点成分的高精度预测，提高脱硫终点达标率；在此基础上，结合多目标优化理论，对脱硫工艺进行优化设计，提高脱硫操作的稳定性，并给出合理的脱硫剂投料方案及脱硫工艺参数，降低脱硫成本。铁水预处理脱硫终点预测及工艺优化的 CPS 系统结构如图 8.6 所示。铁水预处理脱硫终点预测及工艺优化技术总共包含两个部分：铁水预处理脱硫的数字孪生模型和铁水预处理脱硫工艺参数智能优化。

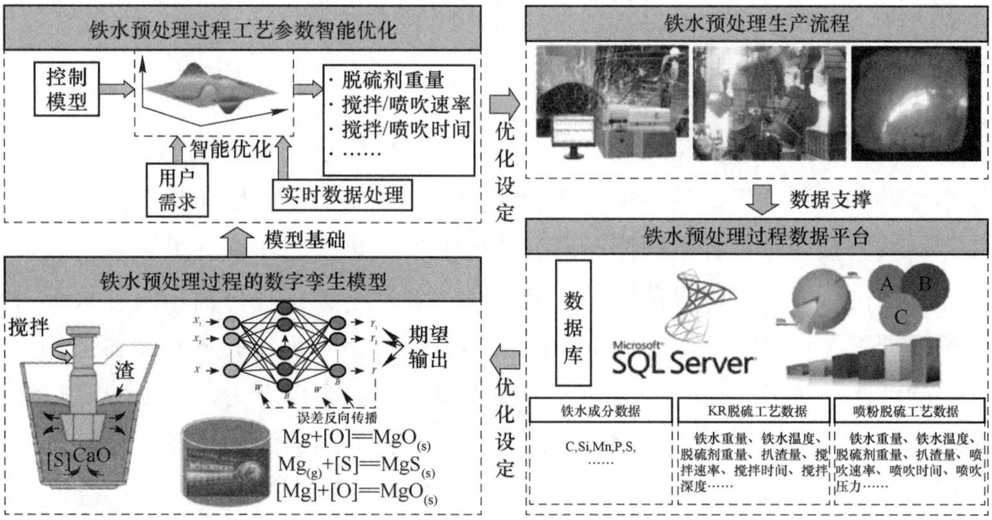

图 8.6 铁水预处理脱硫终点预测及工艺优化的 CPS 系统

8.2.1.1 铁水预处理脱硫的数字孪生模型

针对铁水预处理脱硫过程终点硫含量预测精度低的问题，以工业大数据为基础，结合数据挖掘技术，开发降维、聚类、降噪等数据处理方法；基于大数据分析建立脱硫工艺—终点硫含量对应关系，分析脱硫工艺对终点硫含量的影响；开发适用于脱硫过程工艺特点的高效机器学习算法，建立脱硫工艺—终点成分的对应关系的数字孪生模型，实现高精度的脱硫终点硫含量预测。

针对铁水预处理 KR 脱硫过程，目前已开发了适合求解铁水预处理脱硫过程的人工智能算法，建立了人工智能混合模型，实现了脱硫过程的数字孪生，完成了对脱硫终点硫含量的高精度预测，如图 8.7 所示。与神经网络模型和多元线性回归模型相比，数字孪生模型预测平均误差最小，且该模型预测误差在±0.0007%的命中率为 98%以上，提高了脱硫终点命中率，缩短了生产周期。

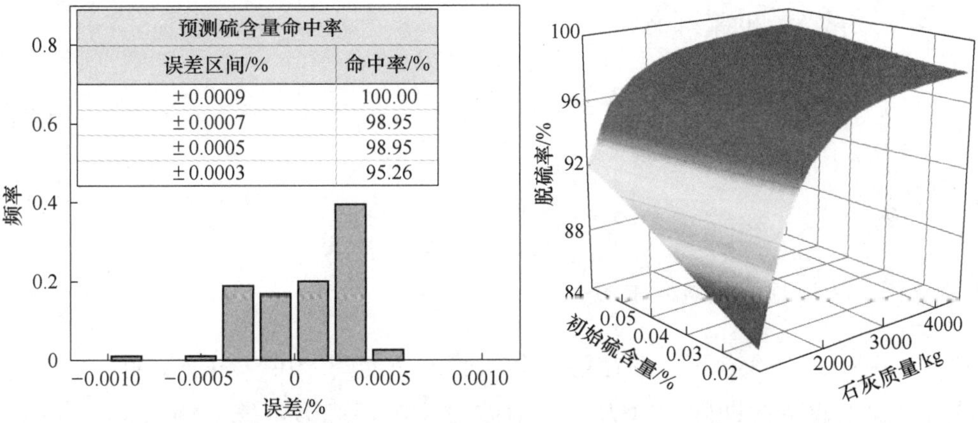

图 8.7 铁水预处理脱硫的数字孪生模型

8.2.1.2 铁水预处理脱硫工艺参数智能优化

在铁水预处理脱硫终点预测模型基础上，结合智能优化理论可以实现对脱硫工艺的优化设计。针对铁水预处理脱硫过程脱硫剂投料量不易精确计算造成脱硫剂浪费的问题，将脱硫剂投料量的优化设计问题考虑为以脱硫终点成分为目标函数，脱硫剂投料量为寻优变量的优化问题。通过对优化问题的求解，可以实现最优脱硫剂投料量的计算，从而实现高效、低成本的冶炼脱硫终点硫含量控制。

针对铁水预处理脱硫工艺优化，目前实现了利用人工智能混合模型分析脱硫率与工艺参数的关系，并辅助智能优化手段实现了脱硫剂投料量的优化设计，在实验炉次中，经过脱硫剂投料量优化设计，将石灰投料量由 3256kg 降低至 2332kg，石灰利用率提高约 5%。作为一种通用的工艺优化方法，基于智能优化理论的脱硫工艺逆向优化技术在脱硫工艺优化方面具有巨大的应用潜力，今后有望对 KR 脱硫过程中的搅拌工艺参数、喷粉脱硫过程中的喷吹工艺等进行进一步优化设计，从而实现对脱硫过程的快速精准控制，提高生产效率，降低生产成本，如图 8.8 所示。

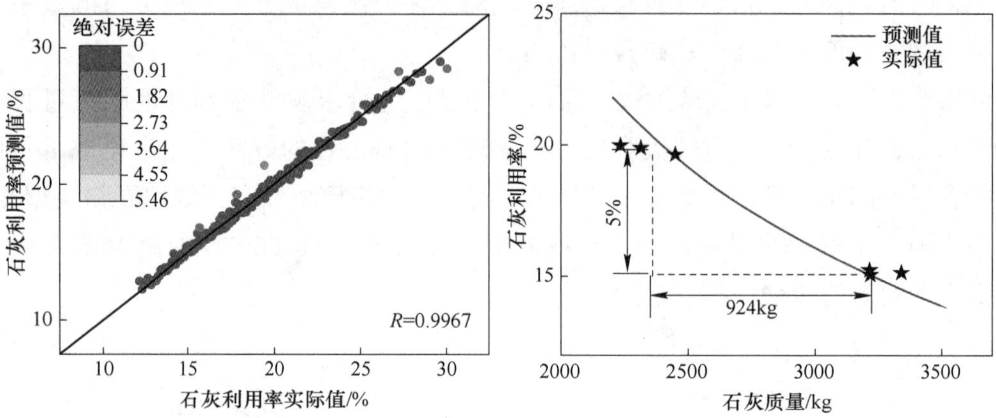

图 8.8 铁水预处理脱硫工艺参数智能优化

8.2.2 转炉

8.2.2.1 转炉炼钢发展及其数字化进程

如图 8.9 所示，1856 年，即在第一次工业革命期间，Bessemer 发明了转炉炼钢工艺；在第二次工业革命期间，电力的应用使纯氧制备成为可能，1952 年，LD 氧气转炉被发明；20 世纪 70 年代后，计算机技术快速发展并广泛应用，转炉冶炼进入到自动化控制阶段；进入 21 世纪，随着大数据、人工智能技术的飞速发展，转炉冶炼控制也逐渐进入了智能时代。

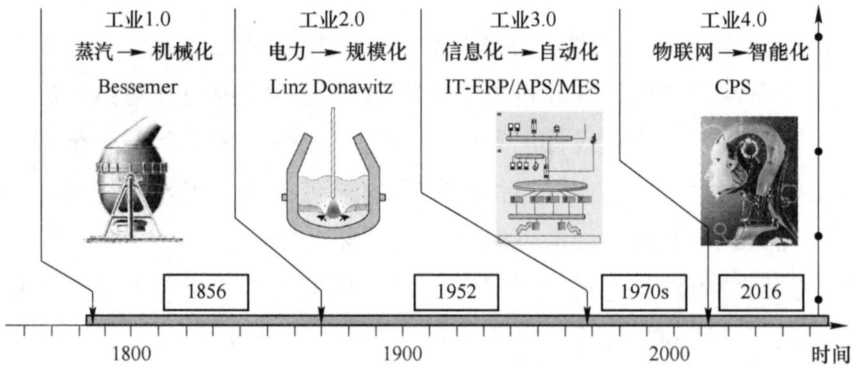

图 8.9 转炉炼钢数字化进程

转炉炼钢是目前效率最高、产能最大的钢水初炼工艺，高质、高效及质量均一一致是转炉冶炼控制的终极目标。转炉炼钢数字化伴随着冶炼技术的进步，从 Bessemer 转炉发展到 LD 转炉的近 100 年间，转炉数字化主要体现在依托实验/试验数据积累的经验控制；到了第三次工业革命时期，伴随着冶金热力学、动力学理论的逐渐成熟，转炉数字化主要体现在依托冶金机理挖掘的静态控制和动态控制，但受限于冶金机理认知深度及转炉冶炼条件的复杂多变，控制精度有限；进入第四次工业革命，以数据感知、传输及计算为基础的大数据技术推动转炉冶炼控制逐渐进入了智能时代。

8.2.2.2 转炉炼钢信息物理系统（CPS）

如图 8.10 所示，转炉炼钢信息物理系统主要包括四个部分，分别为转炉物理系统、大数据平台、模型学习系统及在线设定控制系统。大数据平台的主要功能是转炉冶炼历史数据的采集、处理、存储及传输，为模型训练学习、在线控制提供信息支撑；模型学习系统是利用冶炼历史大数据，采用深度学习、智能算法，融合冶金机理，构建智能模型及模型的自我学习与进化；在线动态控制系统为应用智能模型及实时数据对转炉冶炼过程的动态设定与控制。

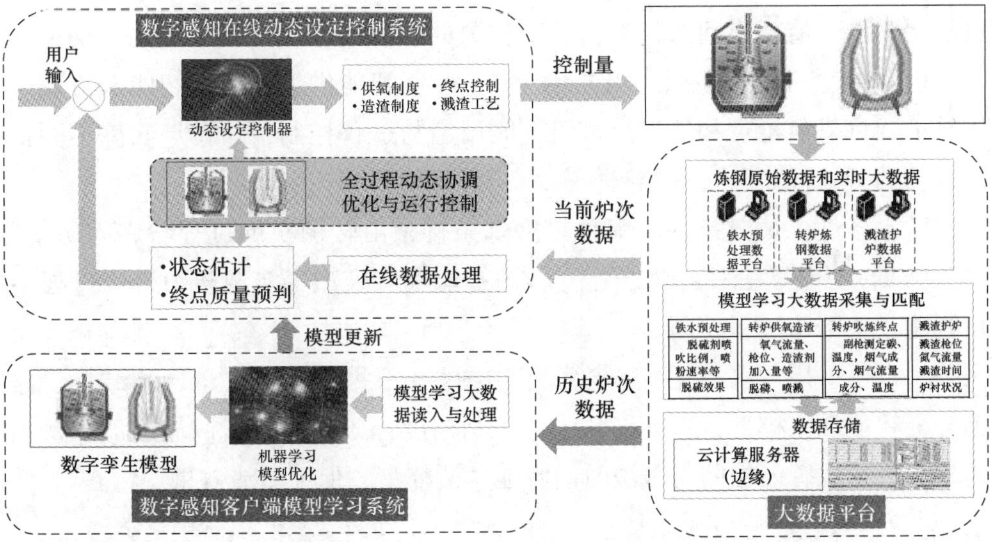

图 8.10 转炉炼钢信息物理系统（CPS）

转炉炼钢信息物理系统的核心是模型，结合转炉炼钢工艺过程，具体可分为物料消耗智能预测模型、冶炼工艺智能决策模型、冶炼过程智能监测模型等。对于转炉冶炼这一典型“黑箱”过程，充分利用冶炼大数据，采用机器学习等智能算法是模型精度的保证。

A 转炉冶炼物料消耗智能预测模型

转炉脱硅、脱碳、脱磷等冶金功能是通过化学反应实现的，物料是反应物，其加入量决定了反应程度，也即决定了冶金质量。根据铁水条件、造渣料条件、冶炼钢种成分等参数，结合入炉废钢重量等数据，由转炉吹炼过程中熔池元素的氧化还原反应，按照物料平衡与热平衡原理，可构建转炉冶炼氧耗、渣耗静态预测模型；模型中热损失等未知参数可利用冶炼历史大数据，通过深度学习和智能算法确定，进而开发得到转炉吹炼智能预测模型，实现传统静态机理模型的智能升级。另外，也可脱离冶金机理的束缚，完全依托转炉冶炼大数据，根据入炉铁水条件、造渣料条件、冶炼钢种等参数，结合入炉废钢重量等数据，采用“大数据+智能算法”的手段，开发数据驱动的转炉炼钢智能氧耗、渣耗预测模型。

依据上述方法，还可构建转炉脱氧合金消耗智能预测模型、转炉溅渣护炉调渣剂消耗智能预测模型。

B 转炉冶炼工艺智能决策模型

转炉冶金功能的实现不仅受到物料加入量的影响，还与物料加入模式（批次、时机、位置等）密切相关，对冶炼效率、冶金质量及冶金安全均具有重要影响。适应转炉冶炼工艺要求，结合生产实践经验，可构建转炉冶炼操作智能决策模型，具体包括：分别以氧耗模型、渣耗模型为基础，基于转炉的入炉铁水条件、废钢比、钢种等冶炼参数，应用“冶金机理+大数据+智能算法”，建立智能供氧模型与智能造渣模型，分别用于转炉吹炼供氧枪位和氧气流量的智能设定与过程控制，与转炉吹炼不同批次造渣料加入量的智能设定与过程控制。

基于铁水条件、炉况条件、钢种等冶炼条件，由转炉吹炼过程与底吹历史数据，采用“大数据+智能算法”方法，建立转炉智能底吹模型，实现转炉生产过程中的底吹流量智能化决策与过程控制。

另外，也可采用“大数据+智能算法”方法，根据合金加入量预测结果，建立转炉出钢合金智能加入模型，保证钢水成分控制精度；还可以根据调渣剂加入量预测结果，构建溅渣枪位智能控制与溅渣时间智能预测模型，保证溅渣效果。

C 转炉冶炼过程智能监测模型

透视黑箱，实时监测转炉冶炼过程是冶金工作者所追求的另一个目标。限于转炉高温反应，转炉冶炼过程监测难以通过实时检测实现，只能通过机理模型预测实现，具体实现方法如下：根据转炉内化学反应机理解析结果，综合考虑动量、热量以及质量传输过程，可建立关于钢水化学成分（C、Si、Mn、P、S、O）、熔渣成分（FeO、CaO、SiO_2、MgO 等）的宏观动力学方程组；基于热量守恒，可建立针对熔池温度的控制方程；综合考虑转炉熔炼区铁水的脱碳、渣中 FeO 的还原以及上部空间 CO 的二次燃烧，可建立关于 CO、CO_2 以及 O_2 的组分质量守恒控制方程；耦合上述三个部分控制方程并进行数值解析，可获得转炉冶炼过程钢水成分、炉渣成分、炉气成分及熔池温度的实时数据。传质系数等参数对模型精度有重要影响，可应用冶炼历史大数据、采用机器学习等智能方法进行挖掘优化。

D 转炉冶炼数字化与智能冶炼技术应用

东北大学应用大数据，采用人工智能算法融合冶金机理成功开发了转炉物料智能预测模型、转炉造渣智能决策模型与转炉供氧智能决策模型，应用于转炉冶炼实际，主吹碳温命中率超过 80%，终点碳温命中率超过 90%，脱磷命中率超过 90%，如图 8.11 所示。

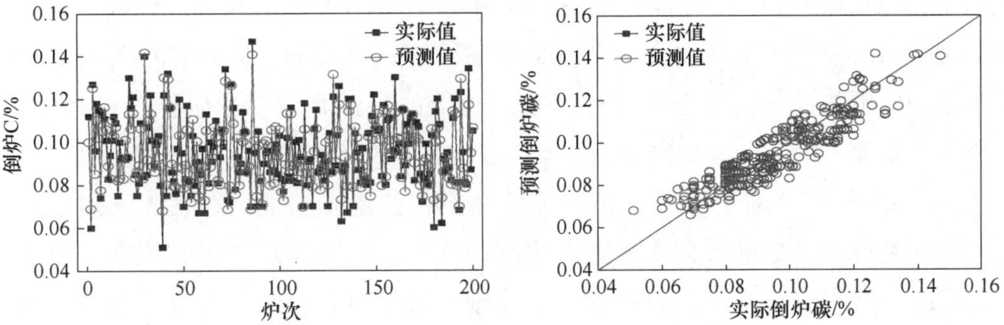

图 8.11 过程测试碳含量与预测结果对比

8.2.3 RH/LF 精炼

8.2.3.1 LF

LF（Ladle Furnace）炉是 20 世纪 70 年代初期日本大同钢铁公司率先开发使用的精炼设备，是电弧炉的一种特殊形式。因为 LF 炉具有设备简单，投资费用低，操作灵活和精炼效果好的优点，因此 LF 炉成为炼钢厂的主要精炼设备。LF 炉可以与电炉配合，取代电炉的还原期；也可以与氧气转炉配合，生产优质合金钢。此外，LF 炉还是连铸车间，特别是合金钢连铸生产线上不可缺少的控制钢液成分和温度的设备。因此，目前大多数优质钢的生产线采用 LD—LF—RH—CC（连铸）生产工艺。在此生产线上，钢的还原精炼（脱氧、脱硫和去除夹杂物）主要是靠 LF 炉来完成的。LF 精炼处理的钢种几乎涉及从特钢到普钢的全部钢种，在实际生产中可以根据产品质量控制的需要，匹配不同的工艺操作制度。在各种二次精炼设备中，LF 炉的综合性价比较高。

LF 精炼主要从脱硫、脱氧、电弧加热升温、提高金属收得率和成分微调、均匀钢液成分和温度、提高钢液纯净度和改变夹杂物形态等多个方面来考察。影响 LF 精炼效果的主要工艺参数包括钢包容量、精炼渣成分、泡沫渣高度、电流制度、电极位置、底吹位置和数量、底吹氩气流量、精炼时间等。在此过程中发生的一系列电弧等离子体的形成和保持、电磁场作用下气液两相流的流动和传热、泡沫渣的形成和保持、渣金反应、氩气泡的聚合长大和逸出、夹杂物的形核长大去除、合金的熔化和混合等复杂现象最终决定 LF 精炼效果。即“精炼工艺—化学反应进程和传输过程—精炼效果”。因此 LF 生产过程中通过精炼工艺参数精准控制化学反应进程并强化热量和质量的传输成为决定 LF 精炼效果的核心因素。LF 真空精炼过程是“黑箱”，复杂的相关关系和遗传效应以及不确定性，给数字化、智能化技术的应用提供了丰富的场景资源，同时 LF 精炼过程中详尽的过程参数提供了极为丰富的大数据基础。因此，利用冶金反应工程学、冶金热力学和动力学、冶金传输原理、运筹学、人工智能等对数据资源进行处理、分析和计算，建立具有逻辑推演功能的高保真数字孪生体，打破 LF 精炼过程中的“黑箱”，使 LF 内冶金现象演变过程透明化，是实现 LF 智能精炼的核心。目前，我国 LF 基础自动化系统只实现了单体设备的基本功能，存在无法对现场众多工艺、设备关键点参数进行自动采集、监控和联动，无法实现全过程无人干预自动精炼，冶炼过程数据收集不全，原有的过程控制系统不具备分析、预判、自学习能力等现实问题。以莱芜钢铁集团银山型钢有限公司为代表的多家钢铁企业开始针对 LF 设备具有的共性痛点，基于专家系统、冶金模型和工艺大数据，实现了 LF 冶炼生产全过程的一键式智能精炼；实现了工艺过程数据、操作过程的历史大数据存储与深度学习工艺库的优化、开发和利用，对生产过程中的设备、人员、质量、能源、成本、工艺、安全等生产要素进行实时跟踪与监控，并为工艺模型提供实时有效的数据支撑；实现了 LF 精炼智能化，能够准确、精细地实现过程控制目标，并与制造企业生产过程执行管理系统和前后工序实现信息交互；实现了高危区域智能测温取样机器人完全替代人工作业；实现了准确的钢液温度预报；实现了自动加料，钢水成分控制达到目标要求。

LF 冶炼生产全过程的一键式智能精炼需要依托大数据技术构建 LF 炉精炼信息物理系统，如图 8.12 所示。通过数据进行不同维度的对标分析和参考性分析，不断挖掘物理系统与信息系统之间的关系，不断优化系统，最终实现 LF 炉 CPS 的自我调节、重构和协同强韧性。从而解决 LF 炉高温高电压环境下无法观测和测量而造成的问题和不确定性。

首先，LF 炉 CPS 通过对电弧声音数据和钢水亮度的图片数据进行实时分析，结合电流实时参数、初始钢水成分和温度以及初始精炼渣成分，依托脱氧造渣模型、电极控制模型、合金配料模型、吹氩模型、钢液硫含量预报模型、钢液温度预报模型，获取当前钢液温度和成分、精炼渣氧化性等信息，确定 LF 精炼进程。然后，基于分析获得的钢水温度和成分、精炼渣成分等信息，LF 精炼炉 CPS 以经济指标为目标，制定

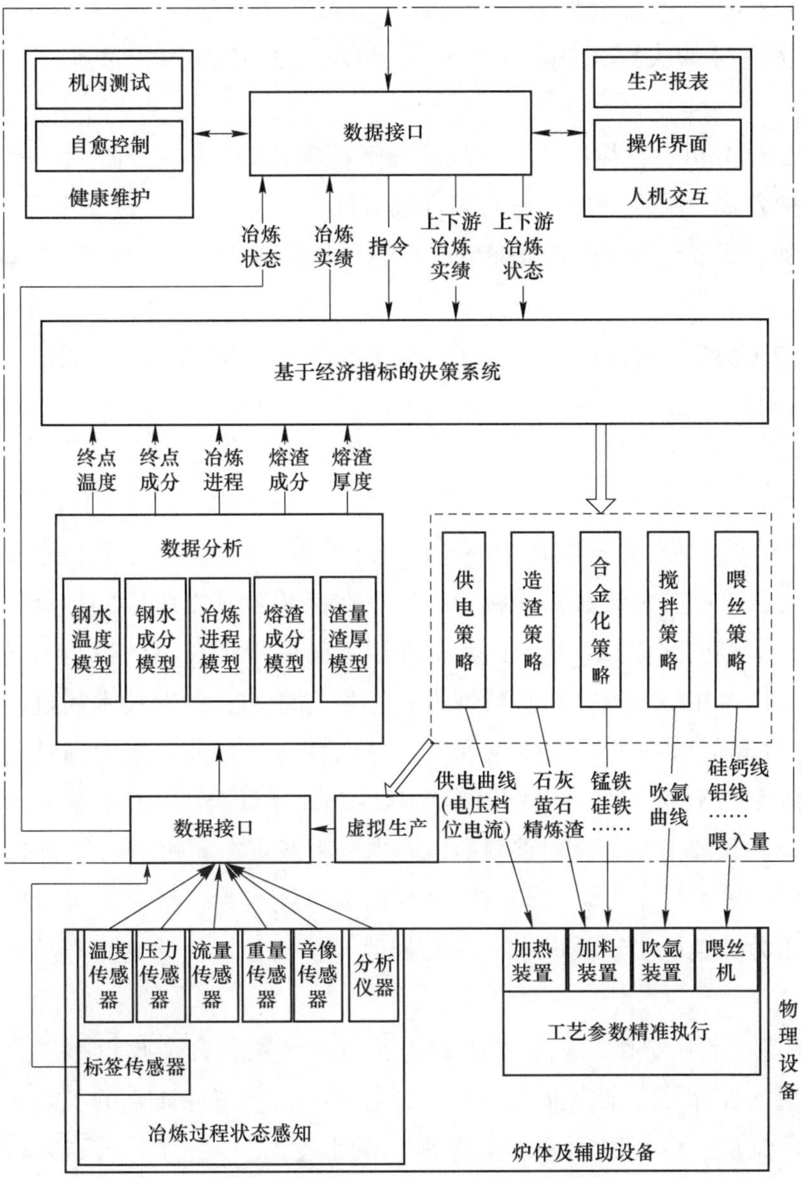

图 8.12 LF 炉精炼信息物理系统

供电策略、造渣策略、合金添加策略、喂丝策略和搅拌策略。最后，LF 精炼炉 CPS 的执行机构根据决策结果，实现各种控制策略的精准执行。

LF 精炼炉通过 CPS，能够实现精炼过程的智能化，可以减少合金和耐火材料的消耗，降低能源的消耗，减少人力成本，缩短精炼时间，延长 LF 炉寿命。这些优点主要体现在如下几方面：

(1) 通过 LF 精炼数据的分析，挖掘 LF 精炼过程的过程参数与钢水质量的关系，可以实时监控和调节过程参数，选择最合适的工艺参数组合，并在 LF 精炼过程中通过基于经济指标的决策系统，进行调节补偿，从而实现 LF 精炼过程的零次品生产。

（2）通过数据分析，挖掘物理设备故障与运行参数和操作之间的相关性，优化设备的使用和维护方式，实现物理设备的零宕机运行。

（3）通过数据分析，预测 LF 精炼生产对能源和物料的需求，实现 LF 精炼过程的零浪费运行。

（4）通过数据分析，挖掘供电、造渣、搅拌和能耗之间的关系，通过参数优化实现能源的节省。

8.2.3.2　RH

RH 真空钢液循环脱气法是德国 Rheinstahl 公司和 Heraeus 公司于 1957 年共同开发成功的，命名为 RH 真空脱气法，简称 RH 法。在该装置开发应用的初期，仅用于循环脱气处理。半个多世纪以来，RH 真空精炼技术已取得了长足的进步与发展，真空顶吹氧、喷粉等技术相继在 RH 真空精炼设备上取得应用；随着技术的进步和精炼功能的扩展，RH 在超低碳钢生产方面表现出卓越的性能。目前，宝山钢铁公司有 300t 不同类型 RH 精炼炉 5 座，鞍山钢铁公司有 100~260t 不同类型 RH 精炼炉 5 座，武汉钢铁公司有 4 座，其他钢铁公司和重型机械厂也已有或正在新建不同类型 RH 精炼炉。因此，在现代化的炼钢厂中，多功能 RH 真空精炼已经成为一种必不可少的炉外精炼手段，它的应用为炼钢厂实现低成本、高附加值、多品种、优质钢生产奠定了坚实的基础。

RH 真空精炼主要从脱碳、脱氧、脱硫、脱氢、脱氮、合金收得率、处理时间以及处理过程中钢水温降等多个方面来考察。影响 RH 真空精炼效果的主要工艺参数包括钢包容量、环流量、真空时间、真空度等。在此过程中发生的一系列气液两相流，碳氧反应，CO 气泡的形核、聚合长大和逸出，氩气泡的聚合长大和逸出，夹杂物的形核、Ostwald 熟化、碰撞聚合和去除，渣金反应，合金的熔化和混合等复杂现象最终决定 RH 精炼效果，即“精炼工艺—化学反应进程和传输过程—精炼效果”。因此 RH 生产过程中通过精炼工艺参数来精准控制化学反应进程并强化热量和质量的传输成为决定 RH 精炼效果的核心因素。RH 真空精炼过程是“黑箱”，复杂的相关关系和遗传效应以及不确定性，给数字化、智能化技术的应用提供了丰富的场景资源，同时 RH 精炼过程中详尽的过程参数提供了极为丰富的大数据基础。因此，利用冶金反应工程学、冶金热力学和动力学、冶金传输原理、运筹学、人工智能等对数据资源进行处理、分析和计算，建立具有逻辑推演功能的高保真数字孪生体，打破

RH真空精炼过程的“黑箱”，使RH内冶金现象演变过程透明化，是实现RH智能精炼的核心。目前，我国以宝山钢铁股份有限公司为代表的多家钢铁企业开始构建从真空排气开始到排气结束的RH吹氧、合金化、真空、吹氩、测温取样等所有工艺操作按时间进程有序自动控制，达到一键精炼功能效果。目前，宝山钢铁股份有限公司的一键RH精炼率接近90%。这些RH工艺智能优化软件平台对提升钢产品的质量，为我国钢铁工业实现从大到强的转变具有十分重要的现实意义，如图8.13所示。

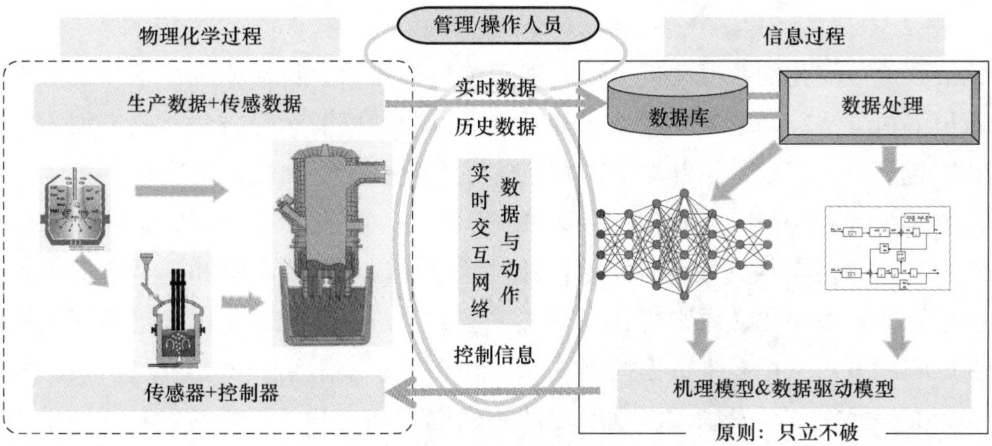

图8.13 RH真空精炼智能控制系统

A RH真空精炼终点判定以及钢液成分和温度的控制

基于RH精炼过程数据分布的拓扑结构，打通吹氩、抽真空、加合金等各操作之间的数据壁垒，关联各工序和多控制层次知识，实现工业数据的采集、整理和挖掘；基于工业大数据分析影响RH脱碳、终点钢液温度和合金收得率的关键工艺参数，明确RH终点钢液目标成分和目标温度以及操作参数的控制余量，为工艺调整提供指导。此外，在国家标准体系内，针对不同钢种构建柔性推荐模型，结合RH工艺动态快速优化技术，建立多因素影响下钢种成分归并的技术指导方法，对相近成分的钢种进行成分集约化，在满足连铸生产要求的前提下，减少钢种数量，实现连铸坯异钢种混浇，减少头坯和尾坯的数量，提高连铸坯成材率，图8.14为RH精炼模型中基础智能模块示意图。

B 建立RH过程高保真“工艺—反应进程和传输过程—效果”数字孪生体

基于RH真空精炼三维动态仿真结果与生产过程大数据，采用机器学习方法确定脱碳、降温和合金化等现象之间的相互耦合关系；基于化学反应热力学和动力学数据，

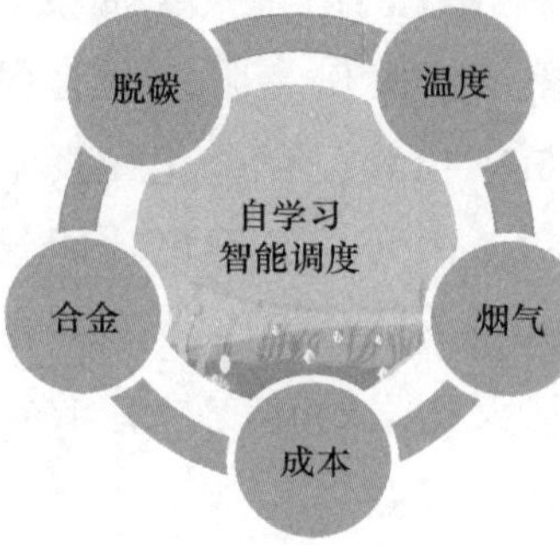

图 8.14 RH 精炼模型中基础智能模块

开发钢液碳成分变化的数值解析方法；基于传热学和冶金传输原理，开发钢液温度变化的数值解析方法；基于数学规划、多元线性回归和机器学习方法，确定加入合金的种类和数量。在此基础上，针对 RH 真空精炼大数据的特殊性，以冶金工艺学为指导进行归类、统计和清洗，采取 PCA、KPLS 等方法，解决“工艺—反应进程和传输过程—效果”数据复杂相关性分析问题；针对钢液脱碳、钢液温降和合金化的不均衡问题，以精炼成本最小化为原则优化操作工艺参数，进一步挖掘 RH 真空精炼过程的关键潜在影响因素；采用多维数据挖掘技术，对 RH 真空精炼过程大数据进行数据清洗、归并、聚类等操作，开发基于深度学习的神经网络和机器学习算法，建立智能 RH 真空精炼终点在线预报模型，实现 RH 真空精炼终点钢液成分和温度的高精度预报，缩短真空精炼时间，减少生产成本，提高生产效率。

C 建立以连铸为核心的精炼工艺协同智能优化系统

通过现代数据学，人工智能理论和冶金学的深度整合，建立以“成分合格+温度合格+最小成本”的指标评价函数，明确约束条件的优先级和加权系数，采用多目标优化方法结合人工智能理论，通过聚类方法筛分初始工艺条件，针对连铸的要求和精炼设备的实际工况，开发最优工艺的逆向优化算法，实现工艺窗口的低时延优化；统筹炼钢全流程的关键工艺参数、关键炼钢工序和多控制层次知识，基于数据、机理和专家经验知识建立精炼全过程优化模型，以满足连铸要求为核心，以钢液成分和温度演变数字孪生体为基础，围绕指标评价函数，实现基于逐级“反馈—计算—决策—控制”策略的各精炼工序过程参数的智能优化。以国内炼钢产线为依托，打破炼钢、精炼、连铸工序界面和系统层级壁垒，建立各工序和各系统数据连通交汇的数据平台，开发基于 CPS 架构的炼钢-精炼-连铸的过程动态调控软件平台，对工艺参数进行多层次多目标协同优化设计，实现炼钢、精炼、连铸过程的智能控制，并根据实际应用效果进一步迭代并完善软件架构以及信息处理与智能优化功能。

8.3 连铸

8.3.1 基于大数据与人工智能的电磁冶金数字化系统

随着电磁冶金技术的发展，电磁冶金与连铸技术工艺变量的优化成为提高连铸坯质量的关键。电磁冶金数字化系统，基于数值仿真、计算机视觉以及大数据挖掘等多种技术的融合可实现连铸过程多物理场的可视化、连铸坯质量自动识别与智能检测以及电磁冶金技术与连铸工艺变量的耦合优化。电磁冶金数字化系统具备协助钢铁企业调整连铸生产策略，提高连铸坯质量，做出正确工艺决策的应用前景，是钢铁企业智能化和数字化发展的关键环节。

电磁冶金技术自20世纪70年代起由日本引进，经过多年的发展，电磁冶金技术因其非接触、无污染、可调控、改善铸坯质量明显和提高铸坯成品率等优势被广泛应用于钢铁制造企业。电磁冶金技术是借助电磁场，对金属加工过程施加影响，以便对金属的熔炼、净化或者凝固组织进行有效控制，是优化金属材料质量的冶金方法。在钢铁生产中，电磁冶金技术包括电磁旋流水口技术、结晶器电磁搅拌技术、二冷区电磁搅拌技术等，电磁冶金设备安装位置如图8.15所示。

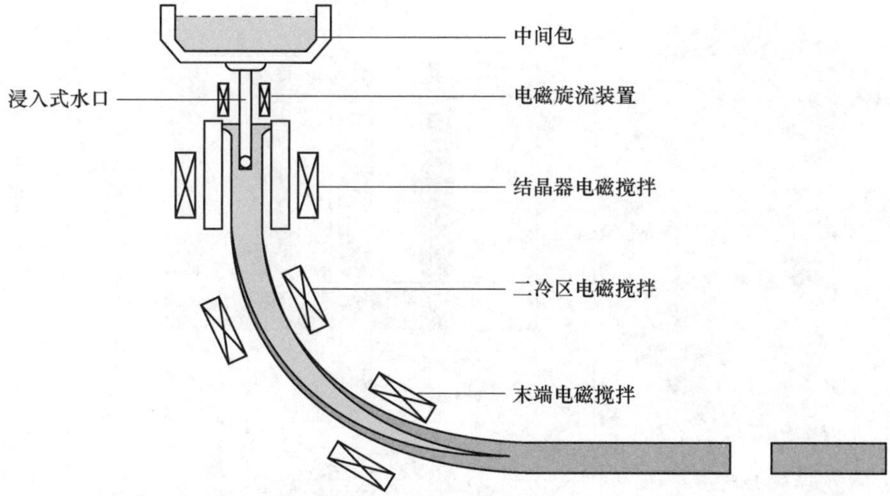

图8.15　电磁冶金装置图

多种电磁冶金技术共同作用于液态钢水凝固成固态铸坯的连铸过程中，所有电磁参数与连铸参数的最优配合是形成高质量铸坯的关键。钢铁企业通常采用固定其他变量只改变单一变量的工业试验确定合适的电磁参数。然而，通过有限的工业试验无法实现多种电磁冶金技术与现场连铸工艺十余种变量的耦合优化与智能配合。而基于大数据与人工智能的电磁冶金数字化系统可解决上述问题。电磁冶金数字化系统可实现连铸过程多物理场实时可视化、铸坯质量的自动识别与智能检测、多种电磁冶金技术与现场连铸工艺十余种变量的耦合优化与智能配合。电磁冶金数字化系统是构建钢铁企业智能制造的关键环节。在电磁冶金技术提升铸坯质量机制、连铸过程多物理场实时可视化、铸坯质量智能检测以及人工智能对多种工艺变量的耦合优化四方面的基础上，建立电磁冶金数字化系统的体系架构，为钢铁企业绿色化、智能化和数字化发展提供新方向。电磁冶金数字化系统可以从大量模拟与试验数据中揭示出隐含的并具有潜在价值的信息，可高度自智地分析相关数据并通过归纳推理从中挖掘潜在规律，依托算法优化电磁冶金与连铸技术的工艺变量，协助企业调整生产策略，提高铸坯质量，做出正确的工艺决策。电磁冶金数字化系统是多物理场实时可视化、铸坯质量的自动识别与智能检测、电磁冶金与连铸变量智能优化的集成系统，具体集成方式如图 8. 16 所示。

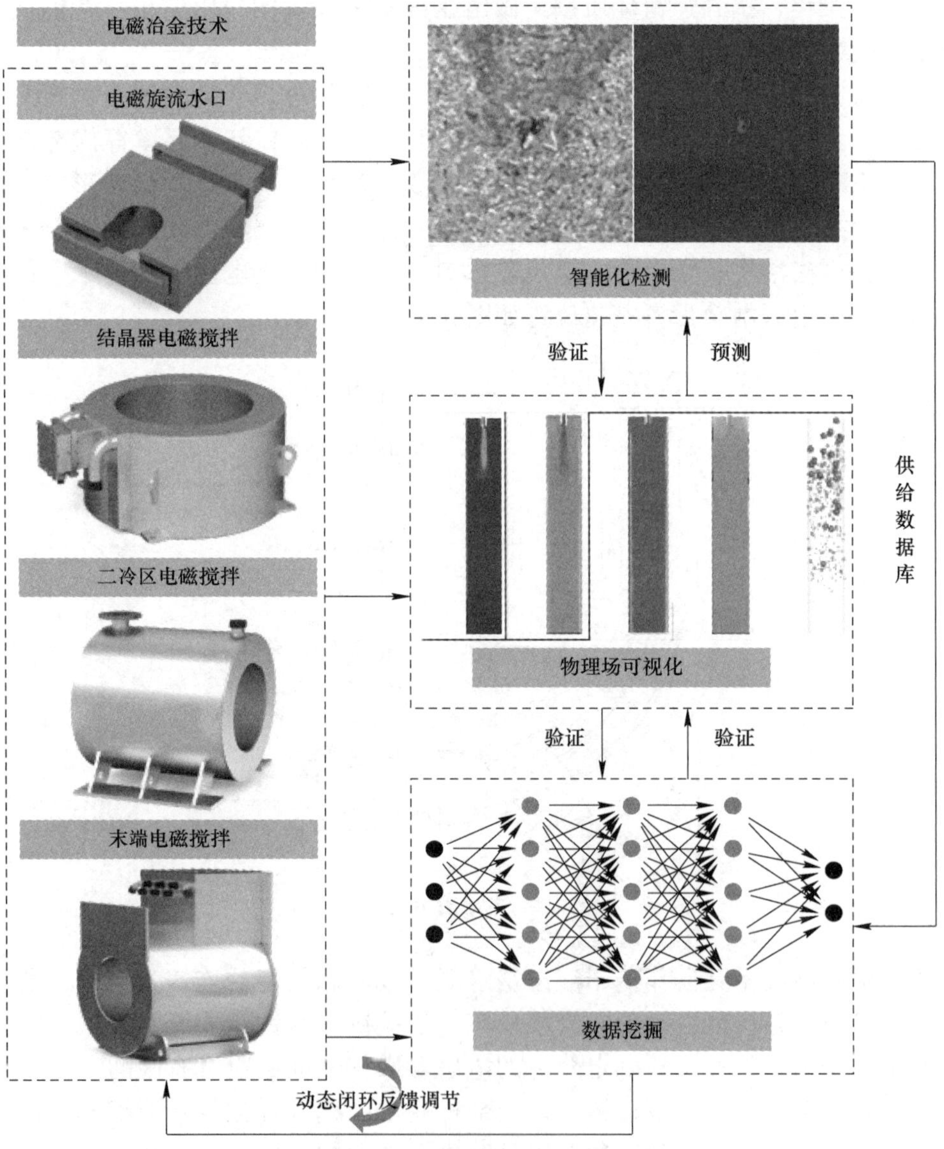

图 8. 16 电磁冶金数字化系统

集成系统主要包含：(1) 电磁冶金技术应用于钢铁连铸生产中，依据某组特定的工艺变量进行钢铁连铸生产，并同时为智能优化技术储备优质数据库；(2) 结合现场工艺、数值仿真与人工智能实现连铸过程中多物理场实时可视化，并动态监测多物理场以指导连铸生产过程。与此同时，通过多物理场耦合机理分析来模拟预测连铸坯质量；(3) 利用人工智能技术对铸坯质量进行自动识别与智能化检测并将检测结果供给智能优化技术数据库；(4) 利用数据挖掘技术智能优化电磁冶金与连铸过程多种变量的协同配合以满足钢铁生产质量要求，若质量等级超出要求，需重新进行闭环动态反馈调节。

电磁冶金数字化系统是多种技术的集成体，融合多物理场数字化、统计学、机器视觉及人工智能等新兴技术，助力钢铁制造技术的转型升级，引领电磁冶金与连铸技术实现跨越式发展，实现钢铁电磁冶金的数字化进程。

8.3.2 连铸坯质量缺陷在线预测

连铸是高温钢液连续冷却凝固成型过程，其凝固过程受内部热应力和相变应力，以及外部矫直应力、压下应力等的共同作用，极易造成连铸坯裂纹缺陷，特别是包晶钢、微合金钢等钢种连铸，直接影响连铸坯热送热装等高效化生产技术的实施。为此，东北大学冶金学院先进冶炼连铸工艺装备研究所开发了基于冶金工艺大数据多元融合的连铸坯质量跟踪系统，如图 8.17 所示，能够实现连铸坯裂纹缺陷实时预测、在线定位和裂纹缺陷溯源等功能，为连铸工艺工程师提供指导。

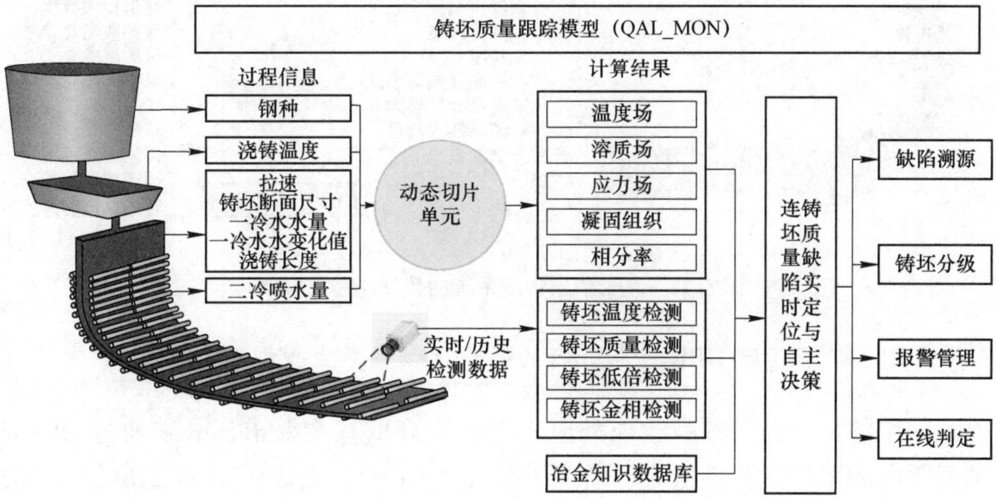

图 8.17 连铸坯质量跟踪系统（QAL_MON）

8.3.2.1 数字化连铸机平台框架

为实现连铸坯质量在线跟踪和判定，必须实现首先解决连铸数据缺失和信息孤岛的问题，实现整个连铸工序信息的互联互通，构建基于信息物理系统的数字连铸机，其主要由工业大数据平台、在线控制系统、离线复现系统、知识数据平台四部分构成，如图 8.18 所示，其目的在于建立与物理连铸机完全对应的数字连铸机，在物理连铸机与数字连铸机之间形成闭环数据流通体系，同时具备状态感知、实时分析、科学决策、精准执行的功能。空心箭头走向为数字连铸机在线控制模块，工业大数据直接通过大数据平台上传到在线控制系统，经在线控制系统实时分析和决策后，下达指令到连铸机，实施精准控制。实心箭头走向，主要是离线复现系统根据工业大数据平台提供的历史数据，通过模型自学习功能，优化模型参数，更新知识和冶金案例，以及用于新工艺开发。

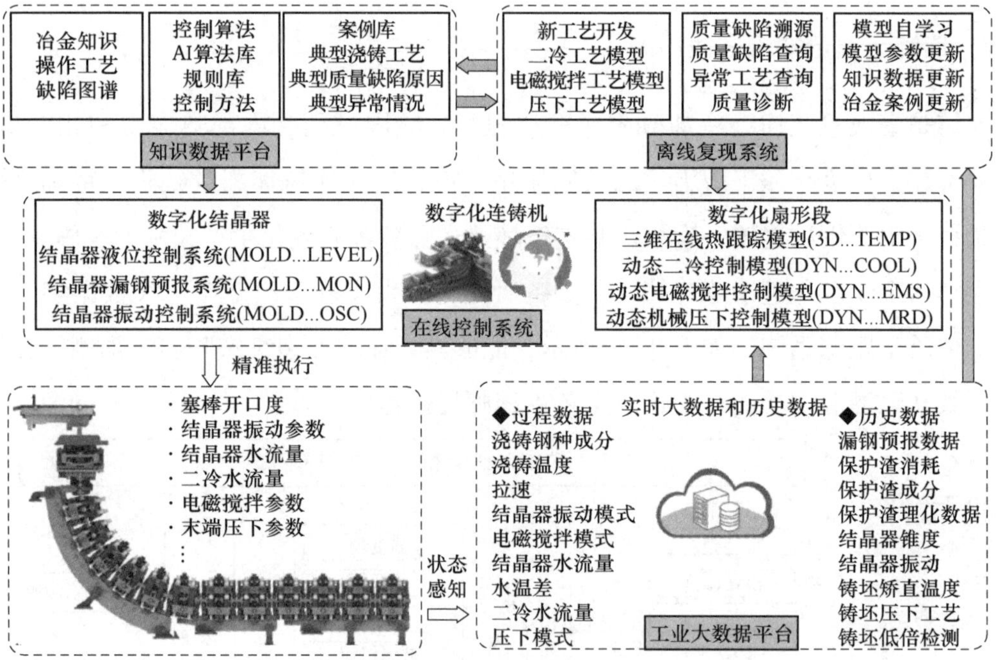

图 8.18 基于信息物理系统的数字连铸机构架

8.3.2.2 基于 CPU+GPU 异构并行的高精度数字孪生模型

连铸问题的复杂性导致数学模型应用具有极高的算力要求，必须通过 AI 芯片解决。模型所需的矩阵运算量极大，通用 CPU 博而不专，无法满足算力需求。一方面，CPU 架构中负责计算的区域（ALU）占用面积较小，缓存和控制单元占据大量空间；另一方面，ALU 与内存交互过于频繁，限制了总体吞吐量，并需要大量能耗。使用

CPU 进行深度网络运算将导致较大的耗时与功耗，提高计算成本，限制了在连铸领域的应用。与 CPU 相比，GPU 硬件的设计初衷在于处理庞大且纯净的数据，因此其架构将更多的空间分配给算术逻辑单元而非控制单元和缓存。以两种硬件设备为例：CPU 硬件设备为 Intel Xeon Gold 5120，其主频为 2.2GHz，动态加速频率为 3.2GHz，核心数为 14；GPU 硬件设备为 NVIDIA Tesla V100，其核心频率为 1.5GHz，CUDA 核心数高达 5120 个。尽管 GPU 设备的单核频率低于 CPU 设备，但其核心数是 CPU 设备的数百倍，最终 GPU 设备的浮点运算能力可达到 CPU 设备的数十倍。因此通过将计算任务放置在 GPU 设备中进行，可以有效提高运算效率，降低运行时间。

在连铸模型的搭建中，采用 C++/CUDA 作为 CPU+GPU 异构并行程序的编程平台。为了充分发挥 CPU 和 GPU 各自的优势，需要给它们分配适当的任务。在 CUDA 程序中，CPU 和 GPU 分别称为主机（Host）和设备（Device）。在程序中，需要在 GPU 上进行运算的部分称为核函数（Kernel），核函数需由主机端即 CPU 调用。在核函数中，通过并行的线程索引可以将相对独立的计算过程分配在 CUDA 核心上分别进行。CPU 在这个过程中只起控制逻辑、分配内存、调用核函数的作用。计算任务的分配如图 8.19 所示。

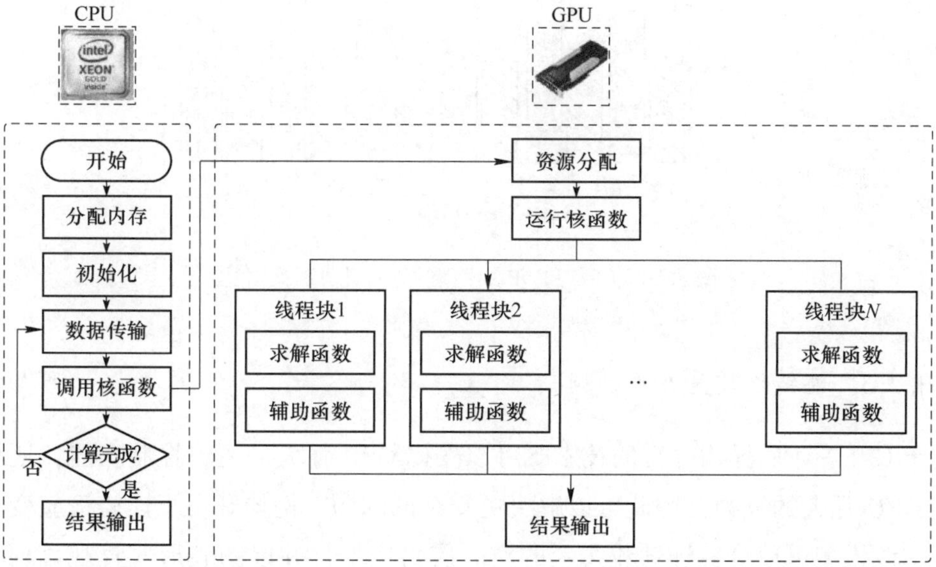

图 8.19　CUDA 平台下的程序任务分配图

基于上述思路，在 CUDA 平台上开发的铸坯三维在线凝固传热程序中，CPU（主机端）主要执行以下任务：

（1）分配所需内存；（2）读取各项信息；（3）设置求解条件；（4）控制主机端和设备端数据传输；（5）建立求解的迭代循环；（6）设置并调用核函数进行求解。

GPU（设备端）主要执行以下任务：

（1）根据主机端的设置配置计算资源；（2）执行核函数内功能。

基于 CPU 和 GPU 的传热模型，模拟连铸坯在 1.4m/min 拉速下运动通过单位长度的绝对计算时间如图 8.20 所示。图 8.20 以对数比例绘制，其显示出 GPU 并行计算技术极大地加速了模型的计算。对于具有 100 万个节点的最粗网格，基于 CPU 的模型需要 9.80 秒才能完成模拟；然而，基于 GPU 的模型在不到 0.1 秒的时间内就完成了模拟。当网格中的元素数量增加时，可以得出非常相似的结论。对于具有 200 万个元素的最细密计算网格，使用基于 GPU 模型进行加速可将计算时间从超过 22 秒减少到仅 0.14 秒。

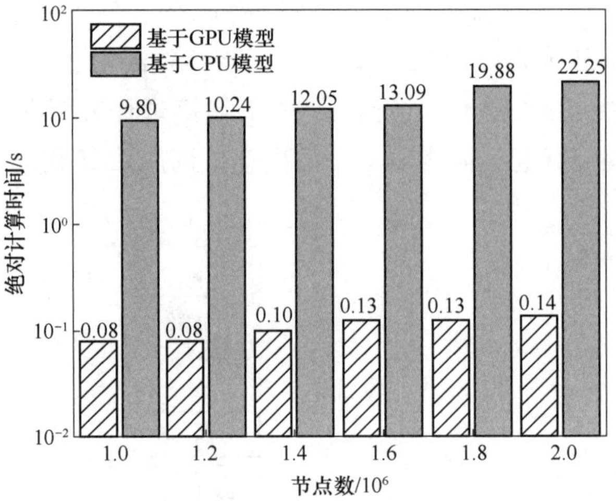

图 8.20 CPU 和 GPU 模型的绝对计算时间对比

8.3.2.3 连铸坯质量在线预测

由于 CPU+GPU 异构并行的技术既可以发挥 CPU 强大的逻辑控制功能，还可以充分利用 GPU 强大的算力，因此可以解决更复杂的问题。例如开发了连铸板应变在线预测模型，该模型可以计算连铸流线上的实时应力应变，并以图表形式直观显现，便于观察应力应变的大小及变化趋势等，对于分析内裂纹的成因及防止其产生有重要意义。由于程序本身良好的可移植性，可以方便地将模型移植到现场的在线应用平台上，从而实现模型的在线预测应用。图 8.21 为以 Q235 钢种为例，断面为 1500mm×250mm，中包温度为 1530℃，连铸过程整个铸流区域内铸坯的实时应力应变显示页面，并将连铸坯不同位置应力应变行为与铸坯高温力学性能比较，实时预测铸坯不同位置裂纹发送情况，实现铸坯裂纹在线预测和铸坯质量缺陷溯源。

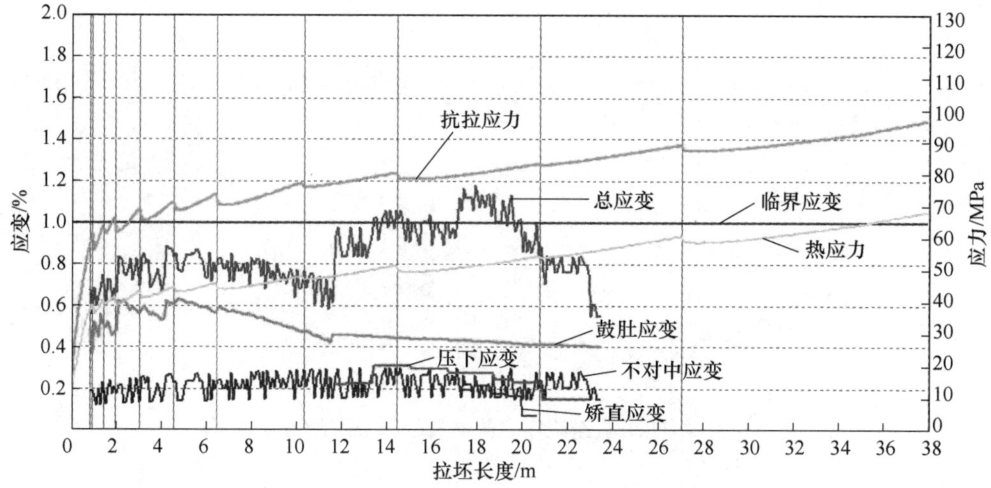

图 8.21　铸坯应力应变实时预测

8.3.3　连铸坯表面质量在线检测

近年来，国内外越来越多的钢铁企业聚焦于热轧热送的发展，连铸坯热轧热送能否顺利进行很大程度取决于连铸坯表面质量。因此表面质量满足生产要求的无缺陷连铸坯便成了改进现有连铸技术的热点话题。高温连铸坯常常会存在各种表面缺陷从而影响其质量，目前主要的表面质量检测方法是人工检测，但是这种方法费时费力，无法满足高效生产的需求，因此亟须找到一种实时在线、高效准确的高温连铸坯表面缺陷检测方法。随着计算机技术、高算力 GPU、人工智能、机器视觉等技术的飞速发展，同时考虑到连铸坯表面的复杂场景，可以看出将数字化智能化检测技术应用到高温连铸坯表面缺陷检测具有广阔前景。依靠智能算法作用在高温连铸坯表面缺陷数据中，通过对要素进行分类、回归等本质作用，同时以机器视觉技术为媒介，将其应用在高温连铸坯表面缺陷检测中，形成智能化应用。一方面，智能高温连铸坯表面质量检测技术仍然以人工智能算法为核心，不仅需要满足人工智能算法作用的本质需求，缺陷检测问题数字化和抽象化的方法论也是算法作用的关键。此外，算法的突破使人工智能解决问题的能力不断深化，同时与缺陷检测问题转化相互匹配，构成了智能高温连铸坯表面质量检测技术发展的本质推动因素；另一方面，通用技术往往无法满足连铸生产现场复杂性与特殊性要求，需要通过技术创新与工业化适配解决，建立最终的 CPS 架构，如图 8.22 所示。

高温连铸坯表面质量检测智能算法是检测技术的核心，智能的本质是降低数据价值挖掘过程中人脑力劳动的占比。现场所采集的缺陷数据并不可直接使用，而是要经过缺陷数据—缺陷信息—缺陷知识—智慧的过程：缺陷数据是对高温连铸坯表面缺陷

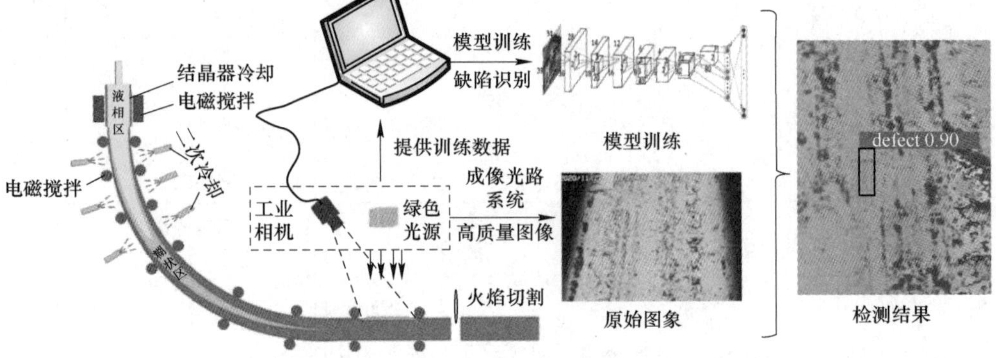

图 8.22 智能高温连铸坯表面质量检测技术的 CPS 架构

的数量、属性、位置及其相互关系进行的抽象表示，是表面缺陷检测算法的“原料”；缺陷信息是对缺陷数据的处理，进而得到有具体意义的、有逻辑的、对缺陷判断有价值的数据流；缺陷知识是从缺陷信息中经过筛选和加工而得到的具有指导作用的资料；智慧则是基于得到的缺陷知识，针对表面缺陷检测问题进行分析和对比，从而找出最佳的缺陷识别方案。在基于传统手工特征确定缺陷的时代，人需要完成由缺陷数据到缺陷知识的全部处理过程，机器仅基于确定的规则实现知识的应用。在深度学习为代表的现代，人完成缺陷数据的预处理工作后由机器执行端到端的数字孪生建模与分析，直接得到结果，实现智能化应用，这可以规避一些原理与机制的限制，突破一些以前难以解决的瓶颈。

8.3.3.1 建立基于机器视觉的成像光路系统

由于高温连铸坯表面具有强烈的红光干扰，并且噪声干扰严重，为实现高质量缺陷数据的采集、整理与标注，并以此为基础确定连铸坯表面质量评定指标，需要根据铸坯的实际条件来选取合适的相机和光源，以达到最佳的数据采集效果，搭建成像光路系统。以机器视觉为核心的成像光路系统的建立是关键环节，即利用机器视觉对高温连铸坯进行数据采集，通过连铸坯表面缺陷来处理数据信息，以获得高质量缺陷数据集用于模型训练。作为智能高温连铸坯表面质量检测技术的起点，连铸坯表面缺陷数据采集是十分重要的。在缺陷检测问题中，需要基于冶金知识建立缺陷的特征，例如缺陷的长宽比、周长、面积、形状、颜色等，然后建立完善的数据集，并通过相应的算法进行训练和判别，图 8.23 为成像光路配置现场图。

8.3.3.2 建立基于深度学习的缺陷识别模型

根据成像光路系统所采集的现场数据，对其进行分类标注后制作高温连铸坯表面

(a)　　　　(b)

图 8.23　成像光路配置现场图

（a）现场安装位置；（b）成像光路配置细节

缺陷数据集，采用深度学习的方法对不同类型的缺陷进行识别；充分发挥 GPU 高算力的优势，在保证检测精度的同时提升检测速度，以满足实时检测的生产需求；结合连铸坯现场生产实际，采用智能优化的方法验证模型检测精度，并进一步改进模型网络结构；针对数据集中存在的缺陷数据数量与正常数据数量严重不均衡的问题，以最优化算法为原则优化模型，并结合生成对抗网络（GAN）对数据集进行完善；开发基于 CPS 架构的过程动态调控的软件平台，实现高温连铸坯表面缺陷的高精度实时检测，并根据检测结果进一步优化模型架构，从而减轻工人劳动强度，保证热轧热送，提高生产效率。

目前，该技术已经在唐钢中厚板连铸机进行了实验性验证应用，铸坯表面缺陷检测效果良好，能够适应现场应用要求，正在进一步推广应用中，图 8.24 为模型检测结果。

8.3.4　连铸坯低倍质量判定

连铸是钢铁生产的主要技术手段，是钢铁生产中重要的环节。随着社会对钢铁要求越来越严格，连铸坯的质量越发重要。因此，对连铸坯质量信息的追踪检测是钢铁生产过程中必不可少的一部分。对铸坯质量控制与监督的主要手段之一为低倍检验。其通过检验不同工艺条件下连铸坯低倍质量可提供大量数据，能起到改进连铸工艺参数、指导新钢种的研发、改善铸坯质量以及监督设备状况的作用。特别在当今数字经济时代，数据正逐渐成为驱动经济社会发展的新的生产要素，钢铁行业的发展离不开大数据，而低倍评级数据为其不可或缺的一部分。但是，传统的基于人工检验方法存

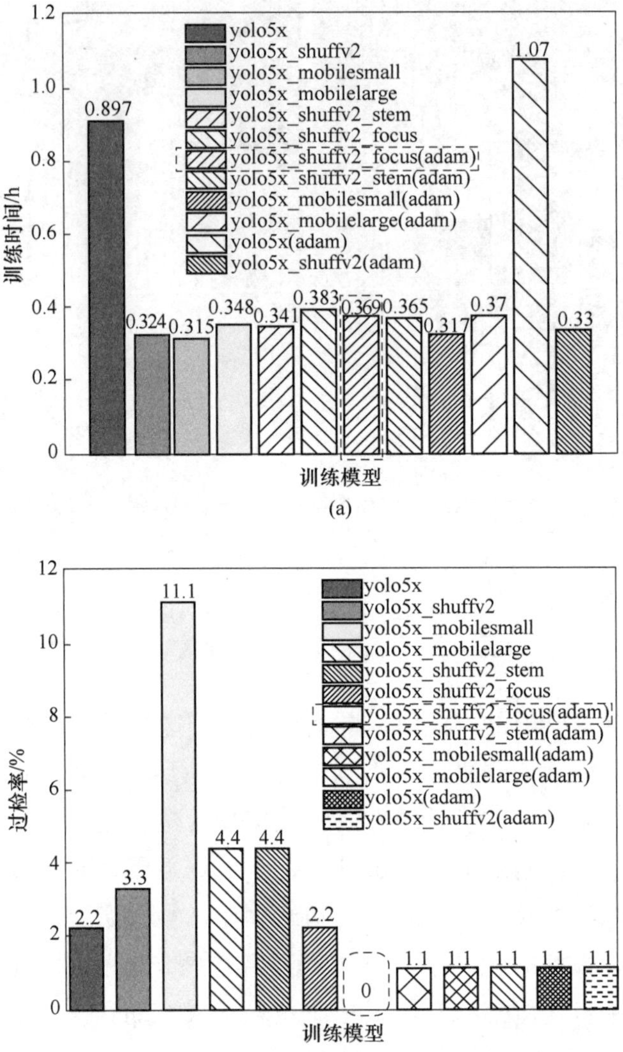

图 8.24　模型检测结果

（a）训练时间；（b）过检率

在准确性不高、主观性强、劳动强度大等弊端，不能提供大量且准确的数据，目前亟须一种基于 CPS 系统的高效连铸坯低倍质量判定解决方案。为此，东北大学冶金学院先进冶炼连铸工艺装备研究所基于人工智能技术开发了连铸坯低倍质量智能判定系统，为连铸坯低倍质量判定提供标准化和智能化的解决方案，大大提高连铸坯质量检测水平和劳动效率。

8.3.4.1　连铸坯低倍质量智能判定系统框架

连铸坯低倍质量智能判定系统如图 8.25 所示，整体由四部分组成：推荐方案模块、样张处理模块、行业标准模块、数据库模块。推荐方案模块的目的是实现腐蚀效果的标准化。不同钢种在不同的腐蚀条件下会呈现不同的腐蚀效果，对评级结果会造成影响。采用系统推荐的腐蚀方案，可实现定量、高质量的腐蚀效果。样张处理模块为本系统的核心模块，其主要实现以下功能：

（1）对用户输入的铸坯生产信息及钢水成分进行记录；

（2）采用人工智能算法对连铸坯进行智能化评级；

（3）将铸坯生产信息、钢水成分及评级结果录入数据库；

（4）生成连铸坯低倍质量报告。

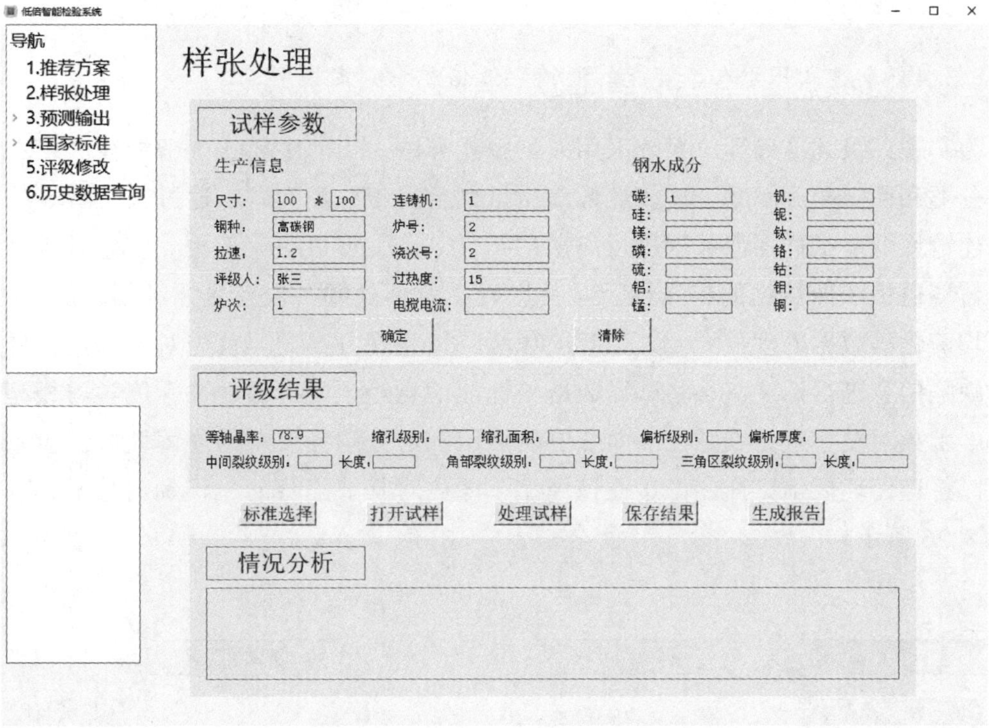

图 8.25　连铸坯低倍质量智能判定系统界面

行业标准模块的目的是将以图片形式展示等级的冶金行业标准定量化，实现评级的标准化。数据库模块则对连铸坯工艺信息及评级信息保存，并在系统界面中设计了历史数据查询页面，以供用户设置条件查询，便于用户操作。系统主要优点如下：

（1）大幅缩短检验时间；

（2）避免人为误差；

（3）检验数据应用简便；

（4）检验精度高；

（5）系统界面简单明了。

8.3.4.2　评级、采样方案定量化

连铸坯低倍质量智能判定系统首先需保证评级的标准化及客观性。区别于传统人工对比待评价连铸坯低倍试样图与冶金行业标准中缺陷等级图进行评级，系统对冶金低倍评级标准进行数字化处理，对标准中各缺陷图片进行二值化处理，提取各等级缺陷的特征，建立定量化的低倍评级方案数学模型，保证评级的客观性及标准化。此外，通过选用工业相机，配置好拍摄角度，调整合适光路，为后续连铸坯质量判定提供高质量的低倍试样数据。同时对不同钢种的腐蚀条件进行实验，获取各钢种合适的腐蚀方案，实现腐蚀效果的标准化。

8.3.4.3　建立基于人工智能的连铸坯低倍质量判定模型

为实现评级的准确性，系统采用人工智能算法。当前主要人工智能算法根本在于解决分类和回归两大问题，连铸坯低倍质量判定属于分类问题，通过人工智能技术可以对连铸坯低倍试样图像数据进行离散的定性划分，形成决策依据。在此基础上，针对连铸坯低倍图像数据的特殊性，对其进行图像预处理，包括光照补偿，滤波去噪，数据均衡化等数据处理技术。人工智能算法具体实现方案为：首先对所采集试样数据中的缺陷信息进行标注，再将试样数据与标注信息经预处理后送往深度学习模型，选用 loss 函数对模型进行训练，从而获取能够识别与分割各缺陷的连铸坯低倍质量判定模型。将连铸坯低倍试样图像送往该模型，即可对其缺陷智能化识别与分割，其流程如图 8.26 所示。

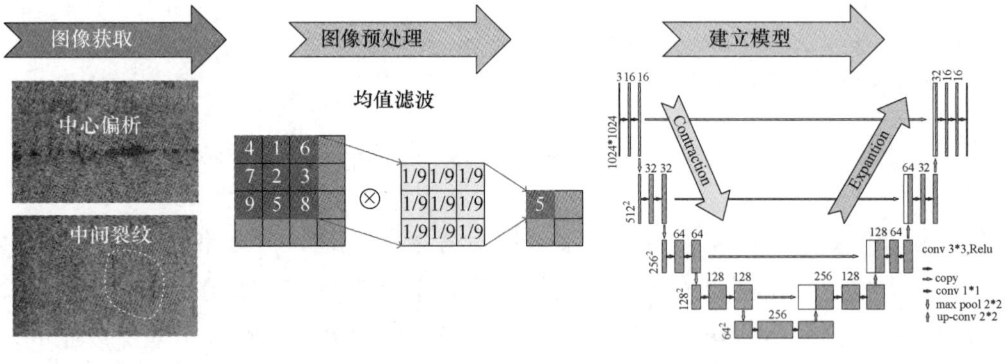

图 8.26　模型训练流程

人工智能技术是连铸坯低倍质量智能判定系统的核心，也是本系统与传统工业视觉系统的区别所在。采用深度学习技术，在完成低倍试样数据的预处理工作后由机器执行端到端的数字孪生建模与分析，直接得到结果，实现智能化应用，可以规避一些

原理与机制的限制，解决传统视觉方法难以解决的困难问题，并取得较高的判别准确率。连铸坯低倍组织图片的语义较为简单，背景的复杂度低，组织的边缘细节信息很难捕捉，所以图像的高级语义和低级特征都很重要。为此选用了 U-Net 为基准模型对其进行分割。U-Net 网络在医学与材料图像分割领域表现卓越，适用于训练边缘不规范的小目标数据集，它由编码网络和译码网络组成，形成了 U 型结构，跳跃连接保证网络融合浅层特征和深层特征。模型对等轴晶区的分割效果如图 8.27 所示。同时可通过训练模型不停地进行学习，持续地从检验团队获取专业知识反馈，纠正信息以及来自钢厂的图像，随后包含到模型的下次训练周期中，从而改善判定铸坯低倍质量的能力。

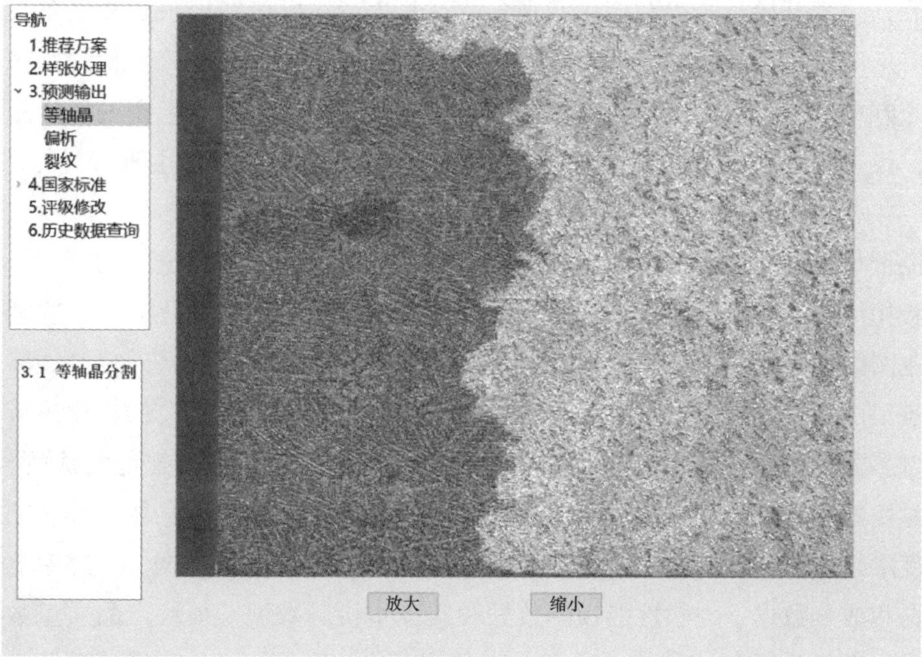

图 8.27　等轴晶区分割展示图

8.3.4.4　建立连铸坯低倍质量数据库

数据是一笔宝贵的财富，能为社会带来巨大的经济效益。而在连铸坯低倍质量智能判定系统运转过程中，会持续产生大量数据。为此构建了连铸坯低倍质量数据库。其中包括铸坯生产工艺信息，钢水成分及评级结果。通过对数据库中信息分析、挖掘，可建立“工艺、成分、质量”数字孪生体，实现连铸坯低倍质量在线预测，同时基于 CPS 架构进行过程动态调控，进而优化连铸工艺，实现连铸过程的智能化控制。

8.4 板带材与长型材热轧

8.4.1 热连轧三维尺寸控制

随着现代科学技术的进步和发展，板带材热轧过程的装备水平越来越高，自动化程度也越来越高。这些提升对于降低生产成本、提高生产率大有裨益，但其生产过程对轧制规程、轧辊和温度等工艺制度依赖性极强，产品尺寸精度、板形、力学性能等质量稳定性也有极为严格的控制要求。目前，国内最新引进的轧制生产线和国内自主集成建设的生产线，大都具备三级控制系统，加之新型传感器（如振动传感器、视觉传感器等）技术开始逐步得到应用，很多热连轧生产线已经或能够建立设备、工艺运行状态信息采集和存储系统。针对出现的尺寸、板形、力学性能等质量问题多采用事后处理的方式，需要从海量的历史数据中寻找原因；如何实现非稳态过程产品质量的高精度、稳态化控制，已经成为迫切需要解决的问题，也是板带材热轧生产中的难点问题。

以板带材热连轧过程控制为研究背景，借助于理论分析、数据驱动算法、数值模拟和试验相结合的方法，以弹塑性数字孪生和多机架动态协调优化方法为主线；利用现有工业网络等强化网络互联互通，将各工序和各系统形成矩阵式网格联通，实现各系统、各工序以及各类人员随时随地的数据交互，以支撑无处不在的优化决策和智能服务。以多方异构环节集成的综合体为基础，构建热轧生产过程智能集成管控平台，形成实时快速、高效可靠的数据自动流动闭环赋能体系，实现信息技术与轧制工艺技术的深度融合。将现有控制系统中的生产实际数据、模型设定数据、工艺数据、来料尺寸数据和成分数据、力学性能预测数据和实验室检测数据、最终产品质量数据等信息，通过大数据分析和处理技术，存入大数据系统中。通过 3D 建模，机器学习、机理建模等方法，建立高精度的力能参数模型、轧件弹性变形模型、轧件塑性变形模型、表面质量预测模型、内部力学性能预测模型以及三维尺寸预测模型，形成热轧过程 CPS 系统，热轧过程 CPS 系统架构如图 8.28 所示。

8.4.1.1 基于数据驱动的热轧过程轧制负荷与三维尺寸

建立辊系弹性变形与轧件塑性的三维有限元模型，根据求解结果建立本构关系方程和解耦交叠矩阵，结合板带屈曲变形机理模型，建立辊系弹性变形与轧件塑性变形的虚实映射关系方程，构建热轧非稳态过程弹塑性变形耦合关系。考虑板带宽度方向的温度不均及由此带来的力能参数和性能差异，建立基于实体单元的辊系-轧件一体化

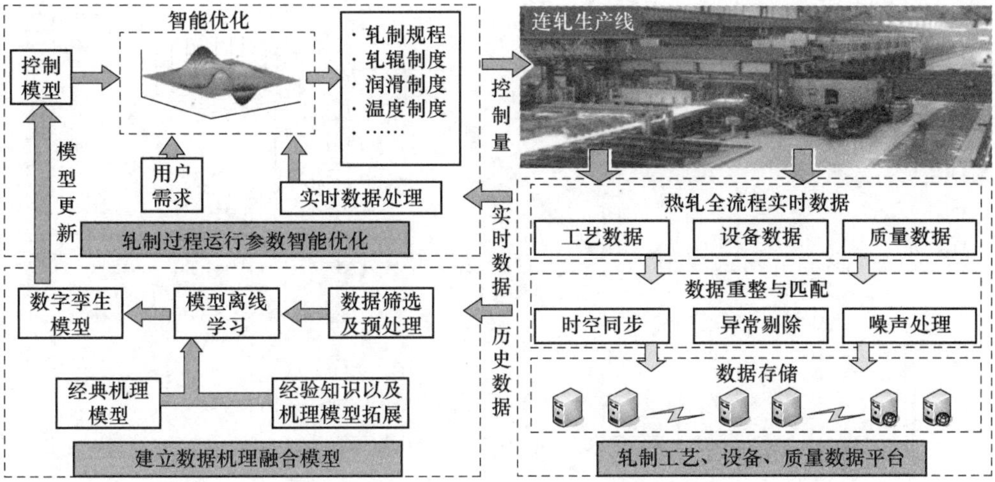

图 8.28 热轧过程 CPS 系统架构

耦合三维几何模型，通过该模型，可以得到非稳态过程轧后板带的横截面形状、应力及应变云图等。考虑板带长度方向的温度不均及由此带来的性能差异、初始化应力分布来建立板带屈曲数字孪生模型，得到板带屈曲失稳的应力分布，进行轧制-屈曲变形行为的耦合计算。

以热连轧生产全流程的高效稳定生产为牵引，构建热连轧生产过程实时设备运行状态、板带三维尺寸、板形变化、温度变化以及产品力学性能的映射关系。然后采用知识图谱和机器学习等数据驱动算法进行数据挖掘，从海量数据中准确透视工艺、设备、质量等关键参数之间的复杂关系，协同机理模型构建适用于热轧过程的高精度轧制负荷和三维尺寸模型，提高产品三维尺寸的控制精度。上述技术在河钢集团邯宝2250mm 热连轧实现了在线应用，轧制力设定偏差对比和宽度控制精度对比如图 8.29 和图 8.30 所示。

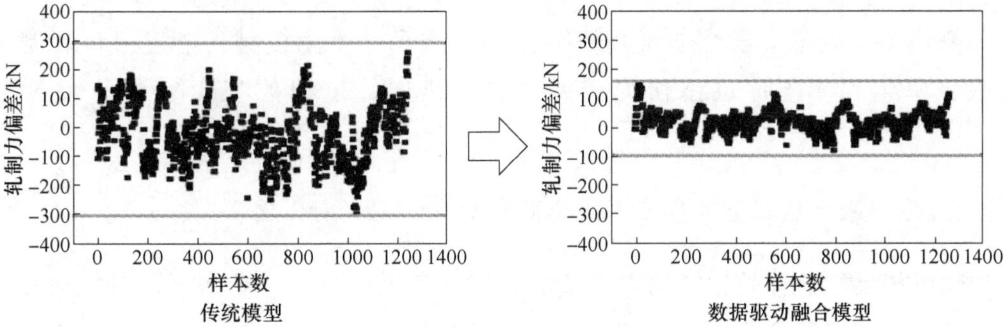

图 8.29 精轧机组轧制力误差对比

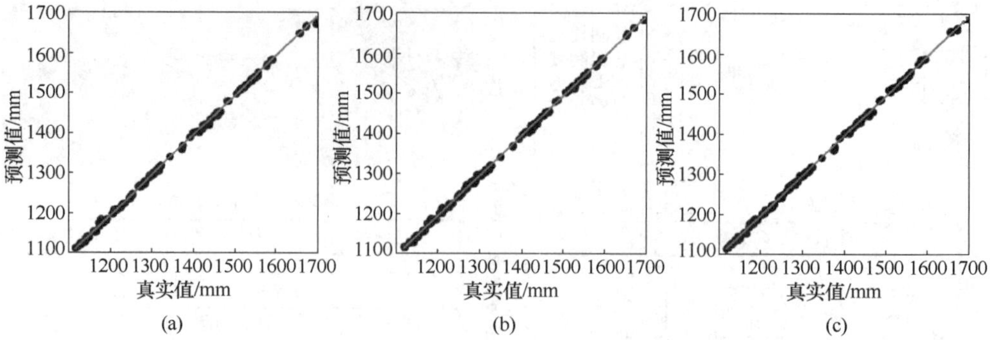

图 8.30 各道次宽度 PCA-RF 模型预测值与真实值比较

（a）第一道次；（b）第三道次；（c）第五道次

从对比图可以看出，数据驱动模型预测偏差明显优于传统数学模型。换规格首卷的宽度命中率为 93.16%，综合命中率为 95.22%，换规格首卷末机架轧制力预测偏差小于 5%，厚度命中率由 95%提升至 97.3%。

8.4.1.2 热连轧过程数字孪生平台开发

以板带材轧制过程控制为研究背景，借助于理论分析、数据驱动算法、数值模拟和试验相结合的方法，以数字孪生和多机架动态协同控制方法为主线；利用现有工业网络等强化网络互联互通，将各工序和各系统形成矩阵式网格联通，实现各系统、各工序以及各类人员随时随地的数据交互，以支撑无处不在的优化决策和智能服务。以多方异构环节集成的综合体为基础，构建热轧生产过程智能集成管控平台，形成实时快速、高效可靠的数据自动流动闭环赋能体系，实现信息技术与轧制工艺技术的深度融合。将现有控制系统中的生产实绩数据、模型设定数据、工艺数据、来料尺寸数据和成分数据、力学性能预测数据和实验室检测数据、最终产品质量数据等信息，通过大数据分析和处理技术，存入大数据系统中。通过 3D 建模，机器学习、机理建模等方法，建立高精度的力能参数模型、轧件弹性变形模型、轧件塑性变形模型、表面质量预测模型、内部力学性能预测模型以及三维尺寸预测模型，搭建板带轧制过程动态数字孪生和多工序动态协同控制平台。热连轧过程数字孪生平台如图 8.31 所示。

8.4.1.3 基于热轧全流程多工序协同控制与工艺逆向优化

构建可拓展的热连轧工艺约束模型库，综合考虑轧制力、功率等设备能力和压下率、轧制力、功率等负荷平衡工艺规则，并将板形控制、轧机振动、打滑、力学性能等工艺状态以约束形式进行模型化描述。给出各工艺质量参数的满意度柔性区间系

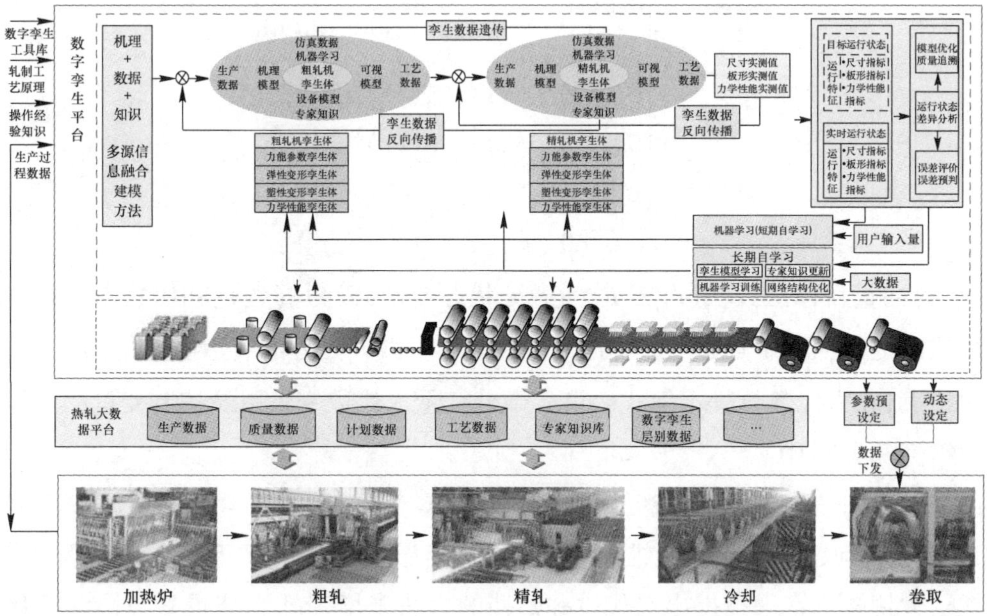

图 8.31 热连轧过程数字孪生平台

数，从轧制稳定性和产品质量的角度明确各工艺约束条件的优先级和加权系数，以最优运行指标评价函数实时监控非稳态过程运行状态。研究了热连轧非稳态过程多目标动态工艺逆向优化设定方法，以实际运行轧制工艺规程为初始条件进行在线优化，动态实时逆向调整各机架压下分配、张力制度、润滑状态、温度制度等工艺参数，并在各因素运行指标允许范围内提高热连轧非稳态过程产品质量和性能。上游工序状态参数波动大所引起的质量问题，对其处理需涉及工艺、控制、生产管理等多个部门。

所以上游工序状态参数波动大条件下的轧钢过程协同控制问题是一个多层次、多尺度的工艺参数协调优化问题，实际轧钢生产过程中会受到各种参数变化和动态干扰的影响，为了保证整个生产线处于健康安全的运行状态，需要对诸如轧制速度、张力、压下量等全链条工艺参数进行协调优化，实现轧制生产过程的协同控制。轧钢过程的复杂性导致全流程工艺参数协调优化模型的规模巨大，拟采用广义 Bender 分解或外逼近法对模型的优化问题进行降维分解。在对轧钢过程优化问题进行降维的基础上，为了获得多目标优化解，需要将梯度驱动与多目标进化计算相结合，综合自适应校正模型参数与约束边界参数，建立轧钢过程工艺参数的多目标自适应算法。

在生产流程工艺参数优化的前提下，需要进一步对轧制过程中各机架的工艺参数，例如负荷分配、弯辊力等进行最优动态协调，其参数协调模型为如下形式：

$$\min \quad \varphi(z(t_f))$$

$$
\text{s.t.}\begin{cases}\dfrac{\mathrm{d}z(t)}{\mathrm{d}t}=F(z(t),\ y(t),\ u(t))\\ C(z(t),\ y(t),\ u(t))=0\\ G(z(t),\ y(t),\ u(t))\leqslant 0\\ z(0)=z^0\\ t\in[0,\ t_{\mathrm{f}}]\end{cases}\tag{8-1}
$$

式中，φ 为向量目标函数；$z(t)\in R^n$ 为微分状态变量；z^0 为 $z(t)$ 的初始状态；$y(t)\in R^m$ 为代数状态变量；$u(t)\in R^l$ 为控制变量；F 为 n 个微分方程的右边项；C 为 m 个代数方程等式约束；G 为代数方程不等式约束，微分变量、代数变量以及控制变量的边界约束都可归结到约束 G 中。

由于上述问题模型中存在微分方程等工艺模型，对其进行数值离散将导致复杂大规模 NLP 优化问题，优化变量维数和等式方程维数高达几十万乃至上百万维，直接求解存在巨大挑战。本书拟提出迭代过程归档的方法来增强轧制装置参数协调优化的实时性。其基本思想是：基于优化求解的重复性和优化问题的相似性，将变化的操作条件和各种扰动看作优化问题的参数。这样，就可以将先前优化计算的解作为经验保留，并用这些经验来估计待求最优解。随后将估计值传给优化算法以精确快速地定位最优解。

热连轧工艺逆向优化是基于合理的化学成分—工艺参数—负荷分配—力学性能对应关系模型，结合多目标优化算法，对热轧带钢的轧制工艺参数进行逆向优化计算，得到在工艺窄窗口约束条件下的最优生产工艺。热连轧工艺逆向优化流程图如图 8.32 所示。热轧带钢力学性能、三维尺寸、温度制度和板形优化是一个具有挑战的多目标优化问题。强度和伸长率是一对相互矛盾的指标，屈服强度的升高通常伴随着伸长率

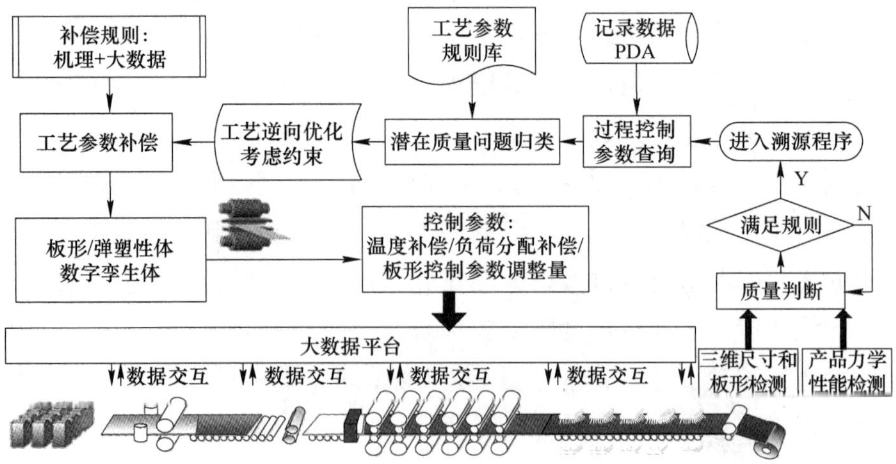

图 8.32 热连轧工艺逆向优化流程图

的降低，强度的升高又会给板形和残余应力的控制带来难度。这就需要采用多目标优化的手段来解决此类问题，高效的多目标优化算法是实现智能化热轧工艺逆向优化的一个重要环节。

8.4.2　中厚板轧制

中厚板轧制是中厚板生产中最重要的工序，目前传统控制模型和控制方法对主要尺寸形状等工艺参数的控制精度已经达到瓶颈，并且针对中厚板轧制特殊的转钢控制，以及异常轧制工况，如镰刀弯和翘扣头，缺乏有效的检测和控制手段。基于数字化边缘云架构，有望解决上述问题。

8.4.2.1　中厚板形状尺寸的数字化控制

钢板形状尺寸精度是中厚板产品最重要的质量指标。随着客户对中厚板产品质量要求的不断提升，在形状尺寸精度指标方面也提出了更苛刻的要求。传统建模方法经过长期发展已经比较完善，其计算和控制精度趋于饱和，潜力有限。采用数据驱动的CPS构建数字化模型设定系统，可以进一步提升尺寸形状控制精度。

具体工作包括：

（1）完善尺寸形状检测手段，搭建轧制过程数字模型平台，构建轧制过程尺寸形状变化高保真数字孪生体，实现厚度、宽度、平面形状等尺寸形状的数字化控制。

（2）融合机理模型和大数据机器学习模型，构建动态数字孪生模型系统，使二级模型系统具备自主学习能力，提升中厚板轧制设定模型精度。基本结构如图8.33所示。

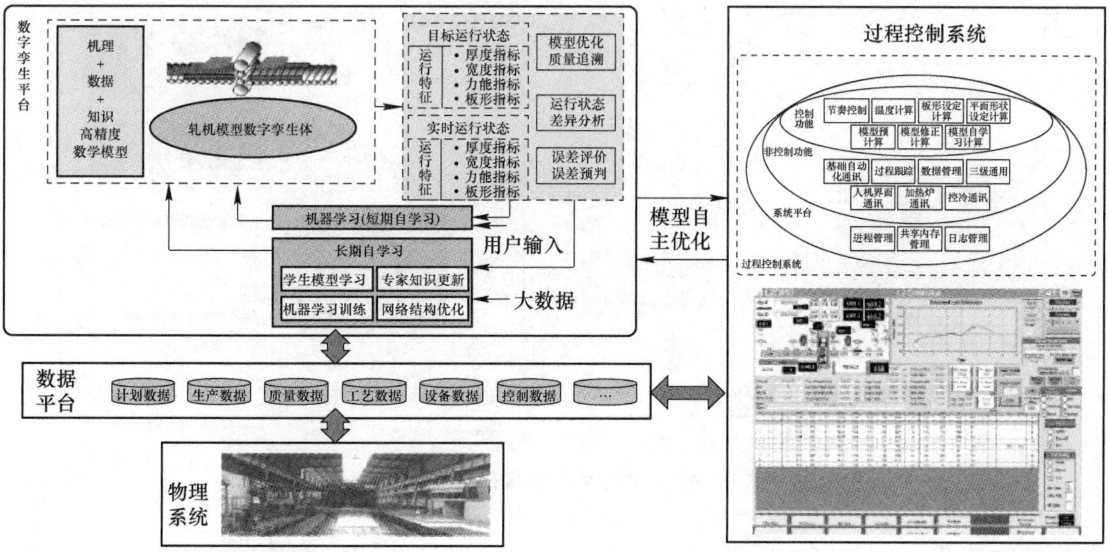

图8.33　中厚板动态数字孪生模型系统

(3) 采用可逆道次实际数据检测反馈控制技术，构建每道次厚度的数字化描述，通过高精度厚度计算模型和精确微跟踪模型，获得轧件长度方向的厚度变化数据记录集，对非稳定段进行自适应智能补偿，改善头尾和水印等特殊位置的厚度精度，提高厚度控制精度。基本原理如图 8. 34 所示。

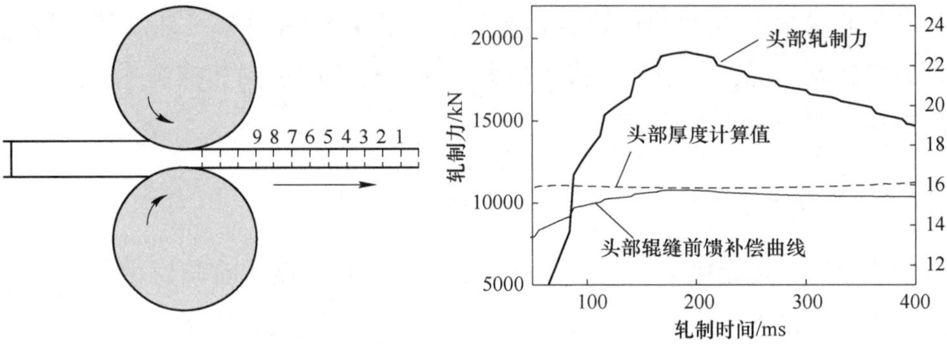

图 8. 34 非稳定段厚度自适应补偿方法示意图

(4) 构建基于实时检测反馈的平面形状智能优化控制系统，建立数据驱动的平面形状控制智能模型，实现对平面形状控制参数的自主学习优化。基于图像识别的平面形状智能优化控制方法示意图如图 8. 35 所示。

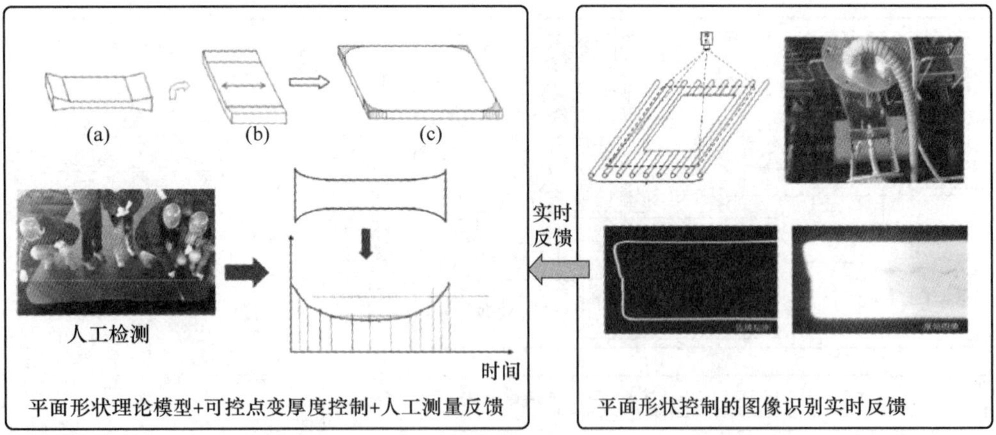

图 8. 35 基于图像识别的平面形状智能优化控制方法示意图

上述工作已经在多个现场成功应用，钢板厚度控制精度指标如图 8. 36 所示，平面形状控制的实际效果如图 8. 37 所示。

板差	产品厚度范围/mm	国外公司自动化系统厚度公差/mm	RAL 自动化系统厚度公差/mm
同板差	6≤h<8	±0.10	±0.08
	8≤h<15	±0.12	±0.10
	15≤h<25	±0.16	±0.12
	25≤h<40	±0.20	±0.15
	40≤h<60	±0.30	±0.18
异板差	6≤h<8	±0.11	±0.10
	8≤h<15	±0.14	±0.12
	15≤h<25	±0.16	±0.15
	25≤h<40	±0.21	±0.17
	40≤h<60	±0.35	±0.20

图 8.36　钢板厚度控制精度

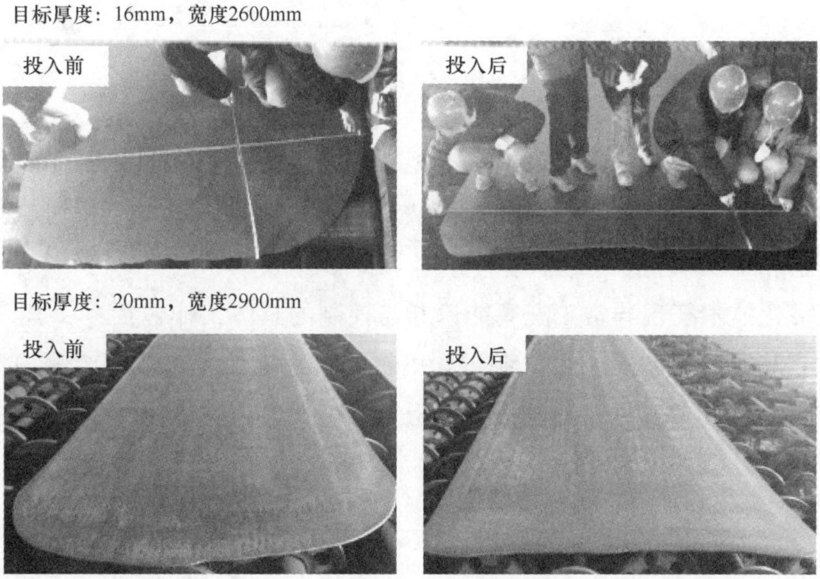

图 8.37　平面形状控制效果

8.4.2.2　中厚板轧制自动转钢控制

中厚板轧制过程一般包含成形、展宽和延伸三个轧制阶段，板坯在各个轧制阶段转换时都需要进行转钢操作。转钢操作是中厚板轧制生产中一个重要环节，转钢时间也是影响产量的因素之一。目前中厚板生产线的自动化程度已经很高，特别在轧区，除了转钢操作均已实现自动控制。转钢操作成为中厚板轧区全自动控制系统中唯一需要人工操作的环节，成为自动控制的瓶颈，自动转钢可使中厚板生产过程实现真正意义上的自动轧钢，无需人为干预，提高了生产效率，使生产工艺过程具备足够高的重现性和精确性。

为实现自动转钢，首先采用机器视觉技术实时检测板坯位置、角度、速度等信息；然后人工智能系统采用深度学习智能模型学习操作工转钢的控制过程，完成模型训练；最终人工智能系统根据深度学习模型给出转钢控制动作，并在转钢控制中自动优化模型，实现转钢自动控制。自动转钢智能控制系统结构如图 8. 38 所示。

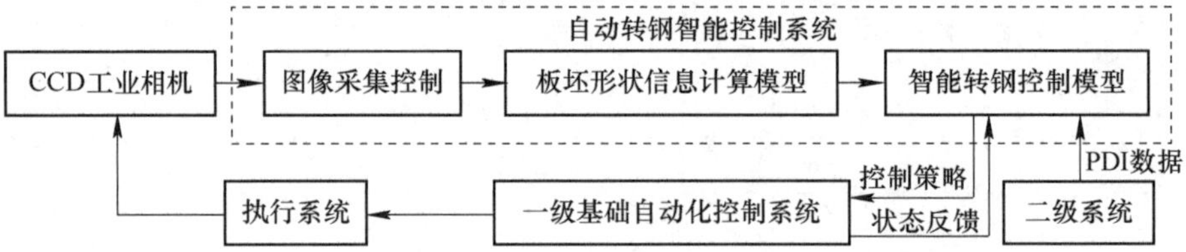

图 8. 38　自动转钢智能控制系统结构示意图

8. 4. 2. 3　中厚板轧制异常工况智能诊断与控制

目前中厚板轧机自动化系统可以对常规轧制工艺过程进行准确控制，但针对中厚板轧制异常轧制工况如镰刀弯和翘扣头，缺乏有效检测和自动控制手段，只能由操作人员人工观察和手动调整。

采用数字化技术实现异常工况智能诊断与控制的具体工作包括：

（1）通过机器视觉技术检测轧制过程钢板的镰刀弯曲率，反馈给镰刀弯控制模型进行优化控制，可以实现对轧制过程中钢板镰刀弯的在线监控与智能化控制。镰刀弯测量与反馈控制方案如图 8. 39 所示。

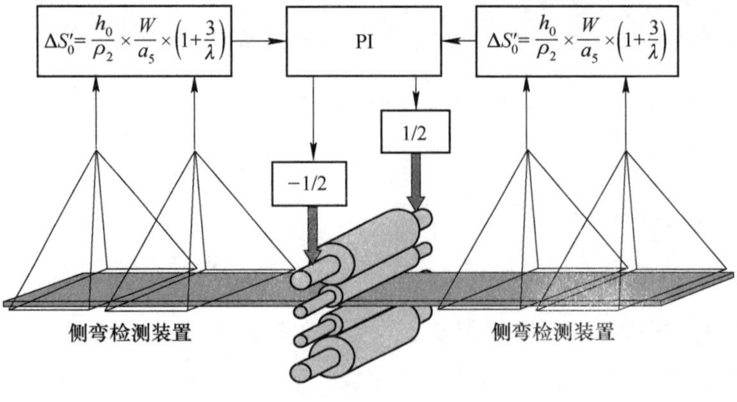

图 8. 39　镰刀弯测量与反馈控制方案

（2）通过机器视觉技术，对采集的钢板翘扣头图像进行处理，在线测量轧制过程中在不同轧制条件下钢板头部的弯曲情况，建立轧件头部弯曲与各影响因素之间的大数据库，开发轧件翘扣头模型。通过机器学习，实现对轧制过程中轧件翘扣头的在线监控与智能化诊断，按照生产的微翘要求给出参考设定值，减少异常翘扣头情况的发生。翘扣头智能化控制方案如图 8.40 所示。

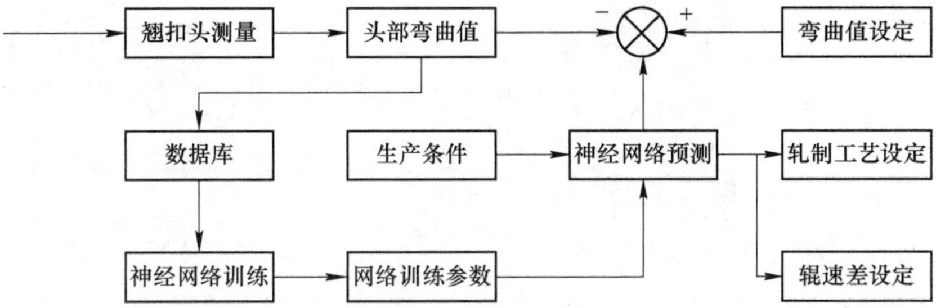

图 8.40 翘扣头智能化控制方案

8.4.3 热轧过程组织性能预测与工艺智能优化

我国年产钢量超世界总产量二分之一，是经济民生与重大工程建设的基础原材料保障。钢铁材料独特之处在于，其内在显微组织结构对生产工艺极为敏感。由于这种敏感性，同一钢种的显微组织会因工艺参数变化而改变，从而导致性能发生大幅度变化。热轧作为钢材生产的核心流程，钢材中 95%以上需经热轧，因此热轧材质量是衡量钢铁工业整体技术水平的最重要指标。热轧过程主要包括加热、轧制、冷却等工序。在此过程中所发生的一系列如合金元素溶解、再结晶、沉淀相析出及相变等复杂现象最终决定性能，即“热轧工艺—显微组织—产品性能”。因此，在热轧生产过程中精准控制显微组织演变成为决定钢材性能的核心因素。热轧过程各工序均为“黑箱”，其复杂相关关系和遗传效应及不确定性，可为数字化、智能化技术的应用提供丰富的场景资源，同时热轧过程具有极为丰富的大数据基础。因此，通过对数据资源进行处理、分析、计算，建立具有“原位分析能力”的高保真数字孪生体，打破钢铁生产过程中的“黑箱”环节，使行为演变过程透明化，是实现钢铁智能制造的核心。目前，我国现有超过 1200 条热轧生产线，构建起钢材热轧过程组织性能预测与工艺智能优化软件平台并进行工业化示范应用，对提升钢铁产品质量、实现钢铁工业由大转强具有重要现实意义。

钢材热轧过程组织性能预测与工艺智能优化建设重点内容为工业大数据分析与挖掘、高真保热轧组织性能演变的数字孪生等，并最后形成热轧领域通用性工业软件，如图 8.41 所示。

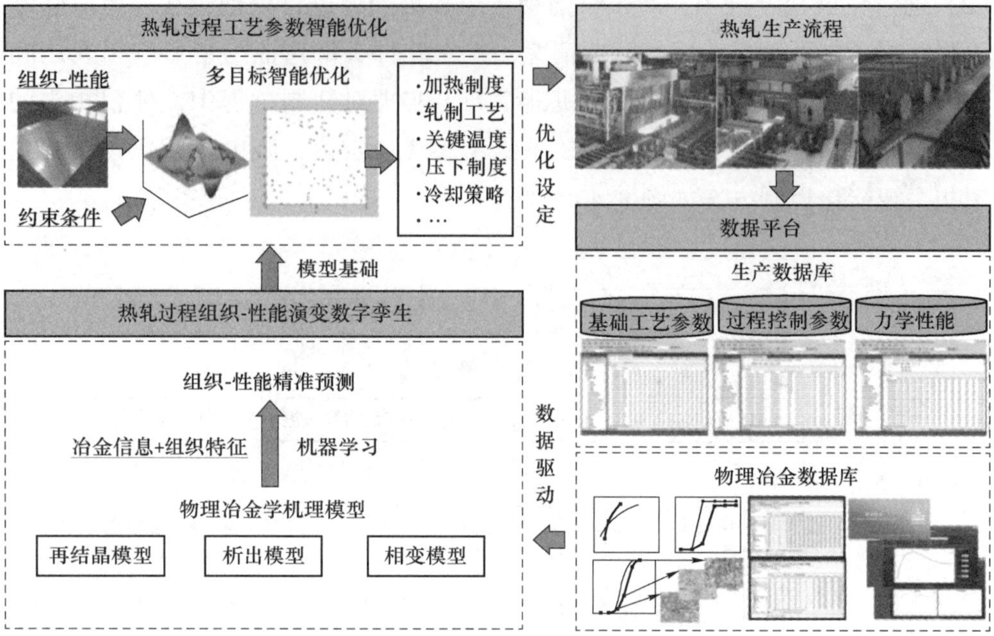

图 8.41　热轧钢材组织性能控制的 CPS 系统

8.4.3.1　热轧产品质量分析及判定

基于钢铁热轧生产线数据分布拓扑结构，打通工序间数据壁垒，关联各工序和多控制层次知识，实现工业数据的采集、整理与挖掘；采用过程质量评价指标，基于工业大数据分析影响产品性能的关键工艺参数，明确性能和工艺参数的控制余量，为工艺调整提供指导。此外，在国家标准体系内，构建钢种柔性推荐模型。钢种归并流程如图 8.42 所示，结合热轧板带材全流程工艺动态快速优化技术，建立多因素影响下钢种成分归并的技术指导方法，对相近性能的钢种进行成分集约化，在满足产品性能要求的条件下，减少炼钢牌号数量，实现余材板坯的充分利用，降低因混浇坯降级处理或判废造成的损失。在梅钢 1422 和 1780 热连轧生产线，通过组织性能预测与工艺优化，钢种牌号已减少 60%以上，实现了热轧的集约化、绿色化生产，大幅促进了企业的节能减排。

8.4.3.2　建立热轧过程高保真“成分—工艺—组织”数字孪生体

结合热轧钢材基础实验与生产过程数据库，采用机器学习方法确定析出、再结晶等现象间的相互耦合关系；基于相变行为基础数据集，开发出钢材 CCT 曲线的数字解析方法，以解决轧后冷却复杂变温路径中相变动力学的精准映射问题；结合中试和生产数据，采用智能优化方法验证并深度优化各子模型系统。在此基础上，针对热轧工

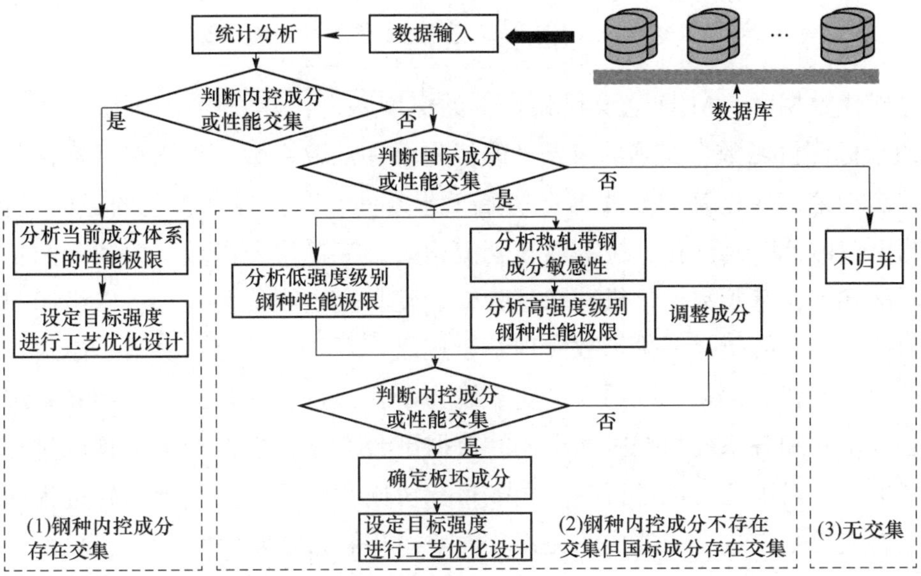

图 8.42 钢种归并流程

业大数据的特殊性，以轧制工艺学为指导进行归类、统计和清洗，采用 PCA、KPLS 等方法，解决“成分—工艺—组织—性能”数据复杂相关性分析问题；针对热轧品种数量不均衡问题，以数据均衡化为原则开发数据空间补偿算法，进一步挖掘出热轧钢材制造过程的关键潜在影响因子；采用多维数据挖掘技术，对热轧工业大数据进行数据清洗和归并、相似工艺分层聚类等处理，开发基于 AI 的神经网络和机器学习算法，并建立智能化力学性能在线预测模块，实现力学性能的高精度预测，减少热轧产品力学性能检测数量，缩短产品交货周期，提高生产效率。钢材热轧过程组织性能演变高精度预测结果如图 8.43 所示。

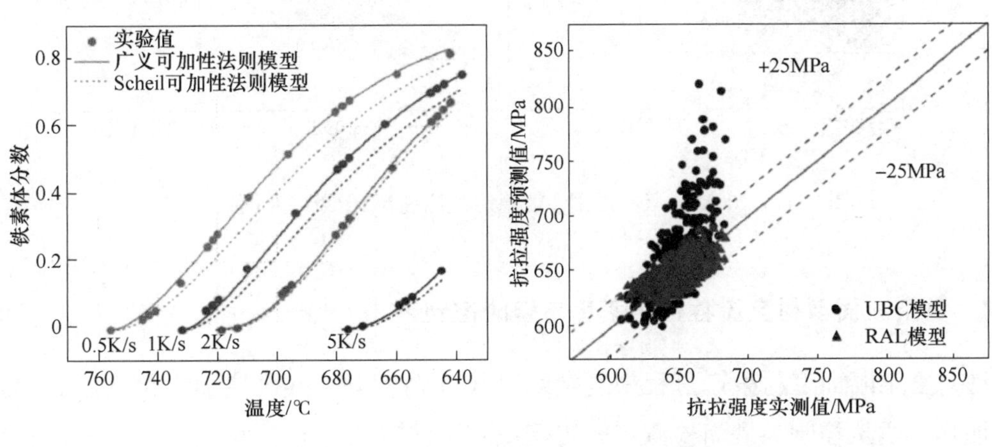

图 8.43 钢材热轧过程组织性能演变高精度预测结果

8.4.3.3 建立基于组织演变的热轧工艺协同智能优化系统

通过现代数据学、AI 理论及材料科学的深度融合，建立组织结构“均匀+稳定+精准”的指标评价函数，明确约束条件的优先级和加权系数；采用多目标优化方法结合人工智能理论，通过聚类方法筛选初始工艺条件，开发最优工艺的逆向优化算法，实现工艺窗口的低时延优化；统筹热轧全流程关键工艺质量参数，关联各制备工序和多控制层次知识，基于数据、机理和经验知识建立全过程优化模型，以组织演变数字孪生体为核心，围绕指标评价函数实现基于逐级“反馈—计算—决策—控制”策略的各工序过程参数智能优化。以国内热轧产线为依托，打破热轧工序界面和系统层级壁垒，建立各工序和各系统数据联通交汇的数据平台；开发基于 CPS 架构的过程动态调控的软件平台，对工艺参数进行多层次多目标协同优化设计，实现热轧过程的智能控制，并根据应用结果进一步迭代并完善软件架构及信息处理与智能优化功能。

在鞍钢 2150 热连轧生产线开发出焊瓶用钢屈强比波动控制技术，解决焊瓶钢屈强比窄幅（0.735~0.785）控制这一轧钢领域的世界性难题，使此类产品的屈强比波动降低至原来的 1/4，大幅提高了产品的合格率；在涟钢 2250 热连轧生产线通过工艺优化使高强钢产品的强度波动降低了 60%，伸长率波动降低了 35%，大幅提高了此类产品的性能稳定性。700MPa 级高强钢性能稳定性控制与 HP295 窄屈强比控制效果如图 8.44 所示。

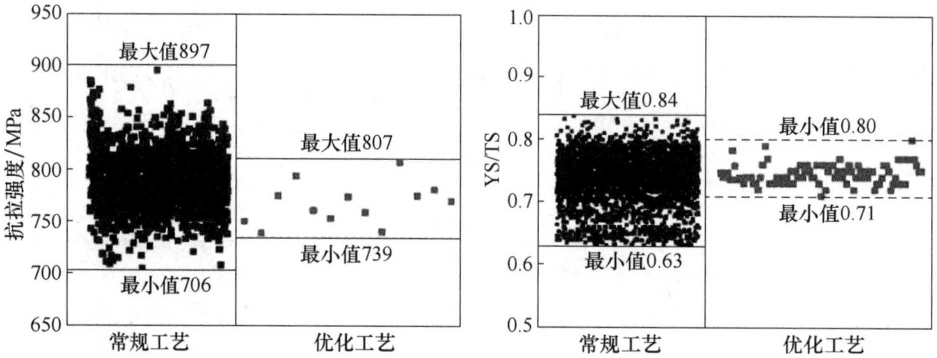

图 8.44 700MPa 级高强钢性能稳定性控制与 HP295 窄屈强比控制

8.4.4 复杂断面型材全流程数字孪生与智能控制

针对复杂断面型材生产过程中复杂断面尺寸精度差、残余应力大等问题，构建连铸—加热—质量控制—表面检测—轧辊管理等全流程大数据分析技术及生产过程数字孪生系统，最终实现全流程高尺寸精度与性能均匀的复杂断面型钢智能化控制。

8.4.4.1 无缺陷复杂断面铸坯数字孪生技术与智能控制

通过数字孪生技术分析非平衡布流对超薄大规格复杂断面流场与温度场耦合均匀性的影响，解决因布流不合理导致的易漏钢、拉不动等生产事故及铸坯表面裂纹质量技术难题，实现超薄大规格复杂断面异型坯全保护浇铸技术突破。针对翼缘单点浇注钢水流量大，塞棒断棒、掉头等失控状态下使用堵锥等简易工具无法堵流，存在较大的生产隐患等问题，通过数字化仿真技术建立物理模型研究实际直通型水口单点浇铸结晶器内钢液流场和温度场等情况（图 8.45），优化复杂断面超薄异型坯单点浇铸结晶器工艺，实现超薄大规格复杂断面异型坯铝脱氧工艺和多元微合金化工艺。

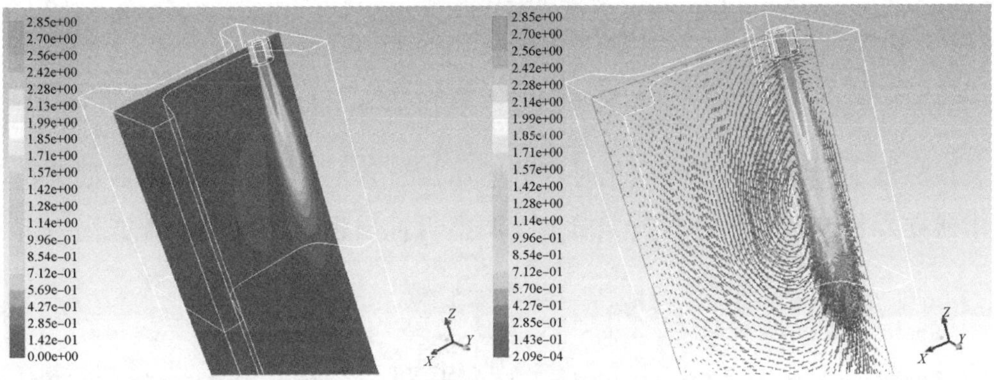

图 8.45 结晶器水口中心截面的流场分布

8.4.4.2 连铸坯加热过程温度均匀化智能控制

对连铸坯加热过程进行加热炉燃控一级模型优化，分小区控制炉温，在 L1 级实现让均热段下部各区的不同烧嘴均独立智能控制，沿铸坯长度方向调整火焰分布，以实现高精度温度控制，如图 8.46 所示。同时根据生产过程大数据分析加热均匀化影响因素，完善燃控二级参数设定，实现自动和智能化烧钢功能。对加热炉二级控制系统进行数字化改造，主要包括对钢种、钢种类别、加热类型、目标出钢温度等数据库的细化完善，以实现系统根据钢种、工艺要求温度、钢坯目标出炉温度自动选择最优加热曲线。

应用区域法模型及数字孪生技术对加热炉进行离线建模，采用蒙特卡洛法求解区域法求解中的关键参量-辐射全交换面积，分析均热段长度、空气过剩系数、炉膛

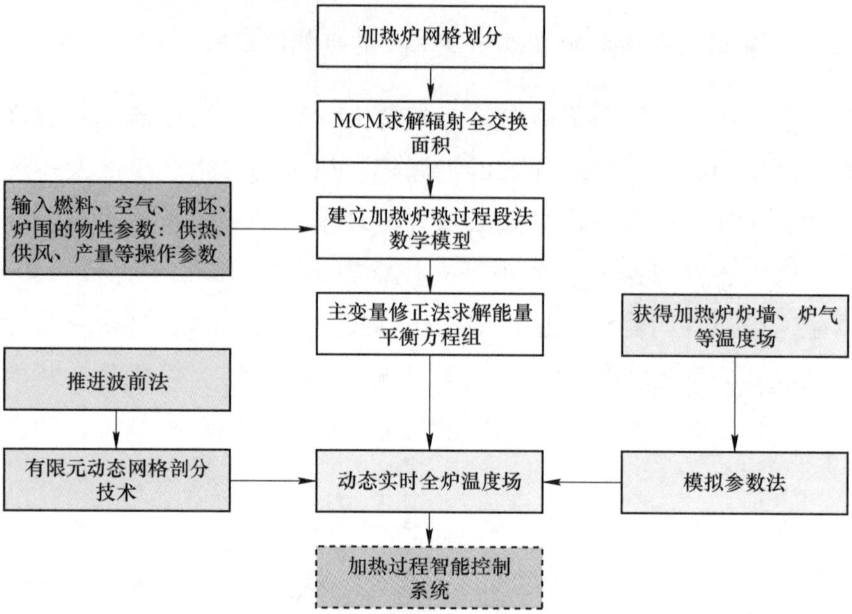

图 8.46　加热炉分小区控制

高度、预热温度、炉膛黑度等变化时对铸坯加热过程的影响，通过大数据分析与优化技术建立异形铸坯加热过程数学模型，调整目标出钢温度，实现智能化烧钢（图 8.47）。

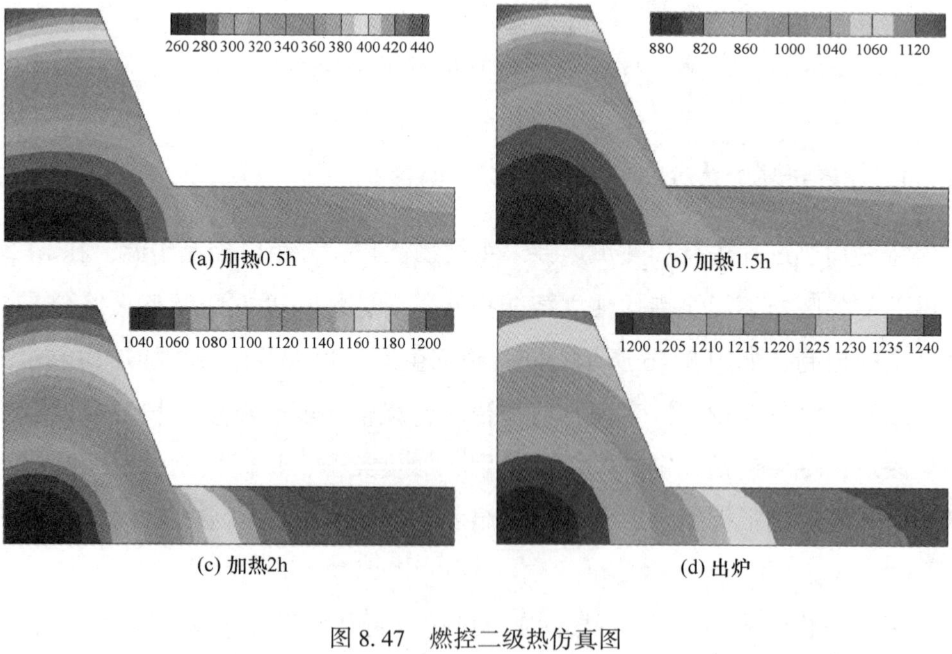

图 8.47　燃控二级热仿真图

8.4.4.3 基于新一代 TMCP 的复杂断面型材热轧过程智能化控制

开展复杂断面型钢轧后超快速冷却过程数字化技术分析，应用数字化孪生技术精确设置边界条件，对快速冷却过程温度场和应变场进行分析，确定材料相关属性参数，建立合理的边界条件和工艺条件，建立工艺—组织—性能的大数据分析预报模型和数字化控制模型，实现复杂断面型钢断面温度的均匀、高效、准确调控，如图 8.48 所示。

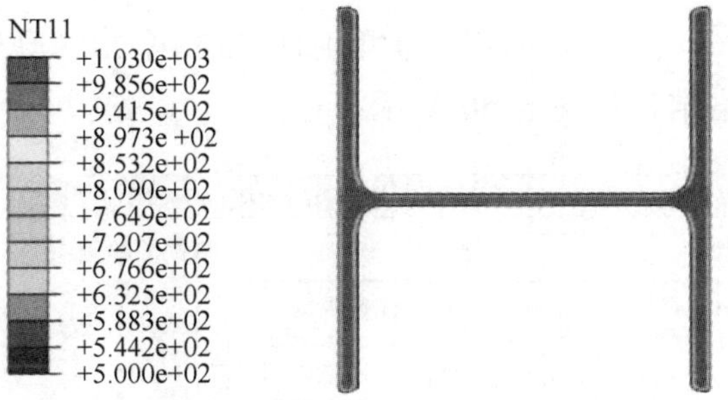

图 8.48 超快冷后的温度分布

对复杂断面型材不同位置和角度的喷嘴进行控制，包括阀门开关状态和流量/开度。将 Smith 预估器并联到 PID 控制部分，用来补偿反馈控制中阀门控制的滞后环节，包括测温仪与实际冷却预期差别造成的滞后、水流由开关到型钢表面所需时间（反之亦然）等，建立多模态基于大数据分析的快速响应模型，大幅提升控制精度，满足实际生产要求，如图 8.49 所示。

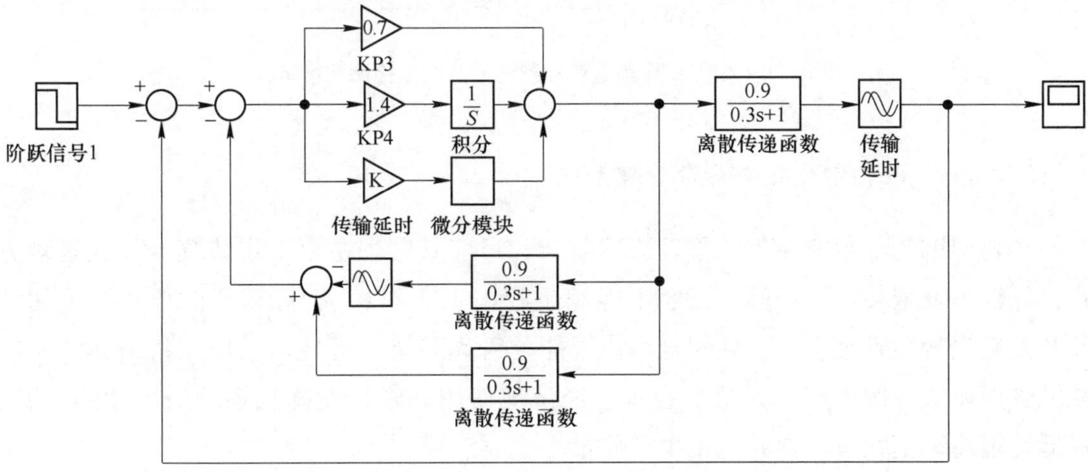

图 8.49 带 Smith 预估的控制系统

8.4.4.4 表面质量深度学习与在线智能检测关键技术

采用基于机器视觉的检测方式对生产线冷态复杂断面型钢表面缺陷进行智能化检测，以彩色双目线阵相机作为采集传感器获取深度信息和 RGB 信息，深度信息用于缺陷快速检测；RGB 信息及深度信息用于缺陷分割。基于一维卷积网络的深度学习方法用于缺陷快速检测和基于双目线阵扫描系统下的型材表面缺陷快速检测技术，主要包括基于一维卷积网络的特征提取，由全连接层和 Dropout 层组成的分类器以及加入尺寸核验的滤波器，搭建数据采集平台并实现对型钢样件进行数据采集，完成表面质量大数据分析与深度学习，在已获取数据上缺陷级检测率为 100%。生产线冷态重轨检测框架及快速检测网络结构如图 8.50 所示。

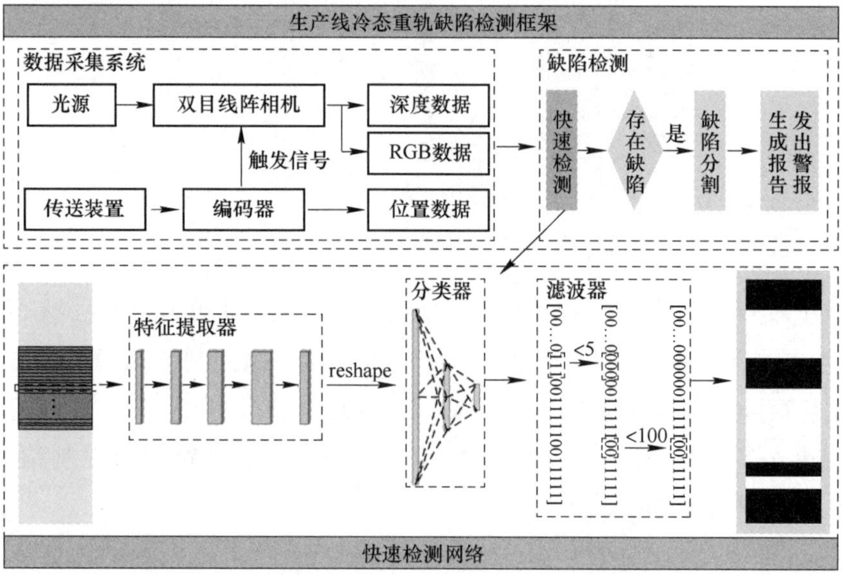

图 8.50 生产线冷态重轨检测框架及快速检测网络结构

8.4.4.5 轧辊智能化全寿命管理系统

热轧型钢轧辊数量庞大、管理流程复杂，目前其管理主要采用传统卡片式管理方式，轧辊车削依靠工人经验，已经不能满足我国工业 4.0、智能工厂的要求，迫切需要开发轧辊智能管理系统。轧辊全寿命智能化管理系统关键技术及应用将搭建统一的轧辊管理模式，使生产单元更加合理、经济地使用轧辊，发挥轧辊的最大使用效益，降低轧辊吨钢消耗量，提升轧钢生产质量。

轧辊智能化管理系统的开发，主要包含型材生产线轧辊全寿命信息平台及管理系统建立，实现轧辊智能化管理；轧辊辊型测量系统建立，构建面向轧辊的全生命周期数据分析应用平台，实现轧辊孔型自动测量，测量精度达0.05mm；轧辊全寿命周期预测及优化模型建立，建立孔形磨损检测体系和轧辊寿命预测定义体系；基于以上系统，集成开发轧辊磨损指标预测模型和磨损程度-型材质量关联模型。各部分内容互为独立的研究体系，同时又可以配合其他体系实现更完整、更全面的轧辊管理和优化。

8.4.5 棒材热连轧过程智能化管控与数字化平台

8.4.5.1 棒材流程质量管控数字化平台与生产信息智能感知

针对棒线材生产过程强非线性、多个产品的特征，设计多产品环境下的集成学习建模方法，主要包括多产品过程自适应局部优化、选择性集成等，完成多产品环境下的集成学习建模，其技术路线如图8.51所示。

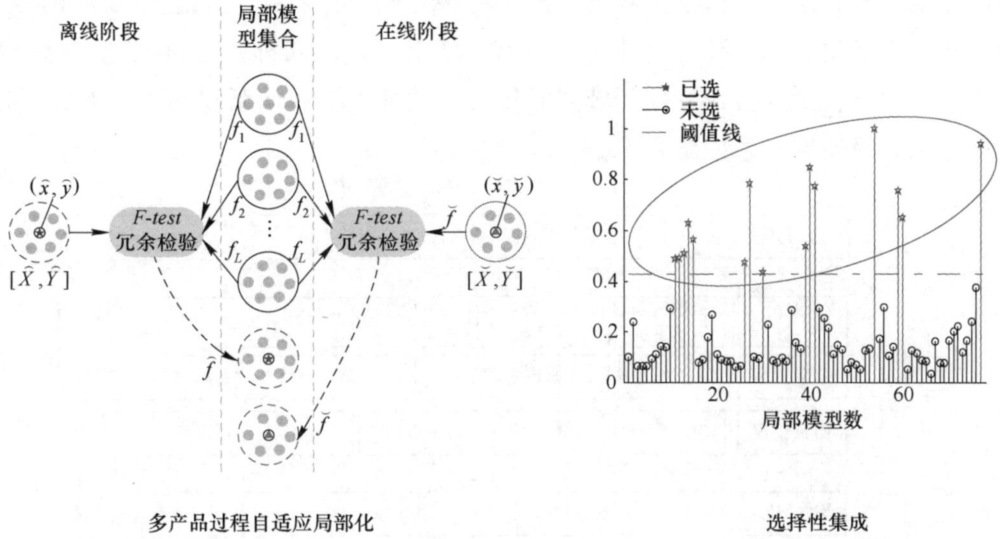

图8.51 基于多产品过程的集成学习建模方法示意图

棒材生产具有多规格特点，一个全局监测模型往往难以准确监测其生产过程的运行状态，因此建立基于分布式贝叶斯网络的棒线材过程建模与诊断系统，实现多模型策略以完成生产过程监测任务。该方法基于数据特性和工艺知识构建具有多层结构的分布式贝叶斯网络，并构建局部监测统计量、全局监测统计量、局部贡献度与全局贡献度，最终通过信息融合实现高速线材质量缺陷诊断与溯源。

建立复杂工业环境下棒材过程模型库、算法库与应用库，基于历史数据搭建棒材生产过程CPS系统，进而实时采集工业现场的在线运行数据，采用基于参数服务器的并行半监督狄利克雷过程混合模型、加权变分半监督贝叶斯高斯混合模型和动态变分贝叶斯分布混合模型等多种方法通过大数据分析、筛选等数字化技术完成生产过程监测、诊断、预测等预定功能，最终建立棒线材流程质量管控的数字化平台。

8.4.5.2 棒材生产过程智慧优化决策

棒材生产过程合同计划排程是钢铁企业实现智能优化制造的重要决策难题，需要综合生产工艺流程、合同信息、库存信息和物流状态等因素为每条生产线编制优化的生产计划。根据棒材生产工艺特点，分别针对无时间窗约束孔型优化和有时间窗约束孔型优化两类问题建立混合整数规划模型，并设计对应的模型优化策略。设计 Benders 分解算法求解两种孔型优化问题，提出启发式 Rollout 及其改进算法，有效地解决大规模有时间窗约束的孔型优化问题。

结合订单需求和生产实际状况实现全厂产能平衡优化及机组产能最大化；保证生产物流的顺畅，降低在制品库存和库存资金的占用；研究合金钢棒线材生产流程客户询单优化模型及算法，分析钢铁制造物流中的库存物料运作优化问题以及炼钢—轧钢流程合同排程优化问题，针对钢铁企业炼钢—轧钢流程合同排程优化问题，建立多目标优化数学模型，设计多目标变邻域搜索算法，构建多品种小批量智能化定制系统平台。信息化五级架构体系如图 8.52 所示。

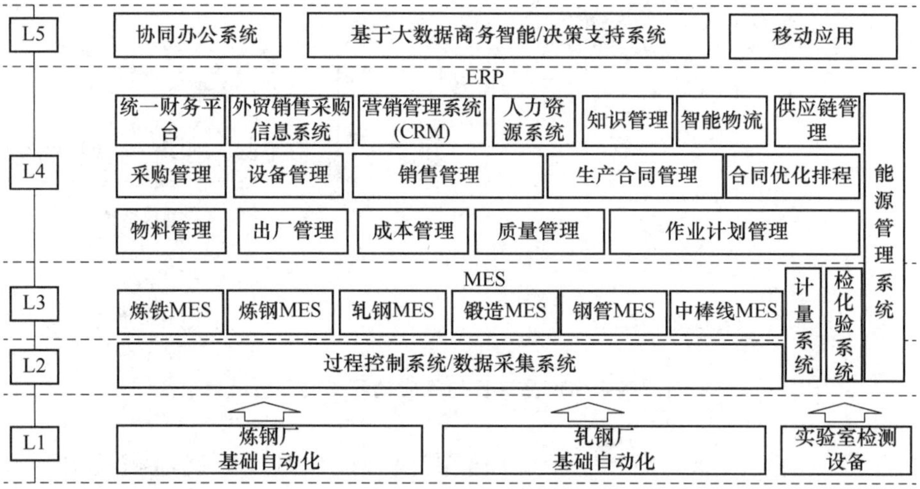

图 8.52 信息化五级架构体系

8.4.6 线材热连轧一体化控制

8.4.6.1 线材炼钢—连铸过程质量一体化智能控制技术

高速线材生产冶炼工艺对产品质量具有重要影响，中间包残余液位高度改变对混匀时间、混浇坯成分和性能均有重要影响。应用 JMP 等数据分析软件进行工艺参数与钢种质量关系的多元回归分析，建立冶炼过程数字孪生系统，构建基于生产大数据的多品种小批量连铸坯质量智能判定模型，分析炼钢连铸工艺参数数据与连铸坯钢材质量数据影响关系，并将深度学习的质量模型融入连铸过程二级控制系统，依据钢种成分、连铸工艺数据，尤其是异常、不符合工艺要求的参数作为事件集中模型，综合判定铸坯质量，为线材铸坯质量根据用途分级管控提供支撑。

8.4.6.2 线材冷却过程高精度智能化控制

线材生产过程中因各种随机因素的干扰，其化学成分、氧化层厚度、接触条件等都在不断波动。换热系数对温度计算模型精度的影响最为直接，通过在现场生产投入冷却过程的品种进行数据采集，积累生产过程温度变化数据，采用生产大数据技术对换热系数进行在线训练与深度学习，经过聚类算法的数据预处理后，作为后续 BP 神经网络训练的样本，建立换热系数与其影响条件的映射关系，自适应生产条件变化对于换热系数的影响，满足温度精准预测的要求。

根据线材实际生产特点，在精轧机组前针对预穿水设备的前馈控制需要采用队列对轧件温度进行跟踪，通过速度计算轧件经过测温仪的长度，按照测量的温度对压力或流量进行补偿。基于以上的前馈控制方法，保证轧件通过预穿水冷却器之后温度均匀，并将轧制过程中的轧制热导致轧件的温升下降，以保证线材全长温度尽可能相同，进而实现组织性能均一性的精准智能调控，如图 8.53 所示。

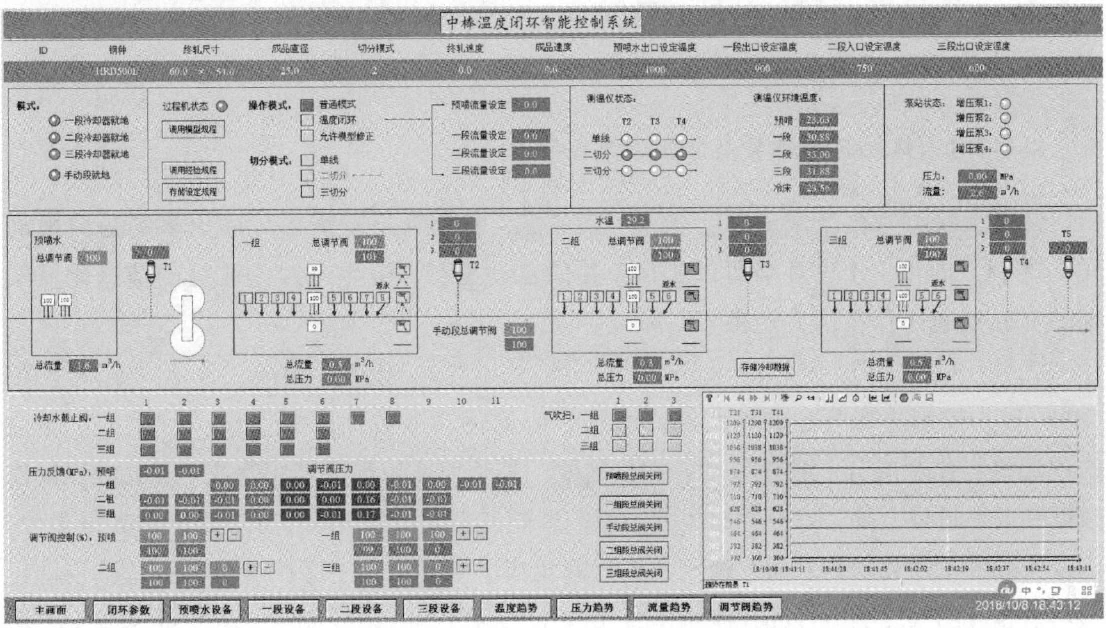

图 8.53 温度闭环控制画面

8.4.6.3　基于人工智能的线材组织性能软测量平台

利用神经网络模型将这些数据与线材力学性能建立映射关系，通过自学习能力确定不同参数与力学性能的关系，进而不断优化生产工艺制度。研究温度场模型、再结晶动力学模型、组织演变模型以及 BP 网络预测模型相互关联关系，构建基于大数据与深度学习的工艺—组织—性能模型，通过采用 C++语言，在 Visual Studio 编译系统下实现不同模型代码的封装、组合以完成基于人工智能线材生产过程组织性能软测量平台，大幅提升线材产品质量的稳定性和均匀性。如图 8.54 所示。

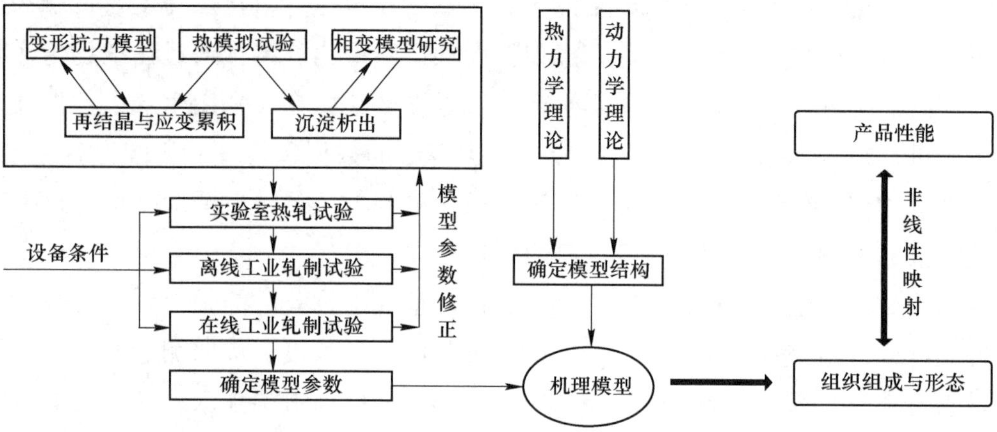

图 8.54　高线组织性能预测平台结构

8.4.7　热轧无缝钢管数字化制造

8.4.7.1　热轧无缝钢管全流程数字化平台

热轧无缝钢管生产成形工艺复杂、工序多，目前管材产线各工序更多的是“孤岛式”控制，即每个工序环节可以实现单独的自动控制，但生产线全流程的信息化及数据的互联互通还存在很大差距。

无缝钢管成形过程如图 8.55 所示，建立冶炼、连铸、加热、穿孔、轧管、定（减）径、控制冷却等各单元完备、可靠的信息感知和数据采集系统，将精准、齐全的现场材料化学成分、管坯尺寸、加热制度、变形工具和孔型尺寸参数、实时过程操作数据和成形过程温度，以及管材尺寸、组织性能、表面质量等数据完整输入到数据中台，实现产线各工序数据的互联互通和数据有效集成。同时，各工序执行机构和基础自动化须具备相应的实时响应性和控制精度，实现工艺参数的自动控制任务。在此基础上，形成热轧无缝钢管全流程数字化平台系统，为构建热轧无缝钢管数字孪生提供支撑。

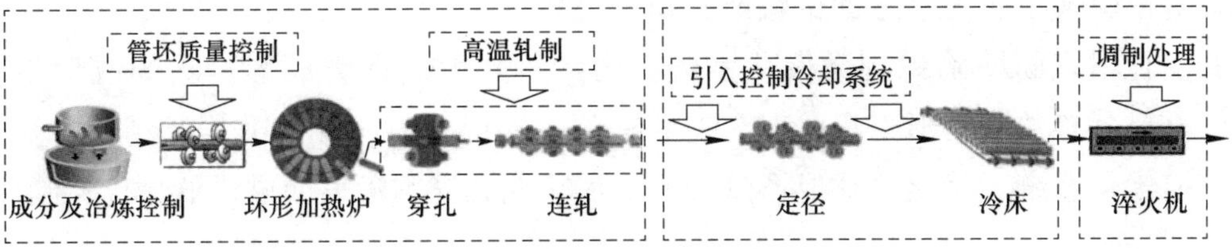

8.55 热轧无缝钢管生产过程

8.4.7.2 基于数据驱动的无缝管成形过程尺寸控制

无缝钢管成形过程历经穿孔、轧管及定（减）径环节，尤其是穿孔环节，难以用机理模型精确设定，通常采用经验或试错法来实现参数设定。穿孔过程的壁厚均匀性、轧管及定（减）径工序的管材头尾尺寸精度及真圆度控制等仍有进一步提升空间。

以热轧无缝钢管生产过程的高效高质为目标，构建热轧无缝管材生产过程的设备参数、实时操作工艺参数、变形工艺参数与管材三维尺寸的映射关系，采用大数据机器学习等数据驱动算法进行数据挖掘，准确透视工艺参数、变形工具参数等关键数据与管材尺寸形状之间的复杂关系，构建无缝管热轧过程的工艺控制参数与三维尺寸模型，提高管材成形控制精度。

8.4.7.3 热轧无缝管组织性能预测与高效调控

热轧无缝钢管同比热轧板带钢，通常需要在更高的温度下完成轧制过程；同时受环形断面影响，管材控制冷却技术近年来才得到有效突破，实现在线热处理技术的工业化应用。长期以来，热轧无缝钢管更多地依赖添加合金元素和离线热处理来调控产品组织性能，组织调控手段较少。结合在线控制冷却新技术，实现无缝钢管热轧工序的组织性能灵活柔性调控，对有效减少管坯冶炼过程的成分体系数量，提高管坯冶金连铸效率意义重大。

以温度为表征的热轧过程，是调控钢铁材料组织性能的核心环节。结合控制冷却为特征的在线热处理工艺，在合金成分设计基础上，建立管材化学成分、各变形工序工艺参数、冷却控制参数、组织性能的数据库，通过对数据资源的处理和计算分析，建立管材热轧过程数字孪生体，实现热轧管材轧制成形过程工艺参数与组织性能的映射对应关系，挖掘材料及工艺潜力，实现演变过程的组织性能高效调控。

8.4.7.4 热轧无缝管的表面质量优化控制

热轧无缝钢管的表面缺陷包括内折、外折、凹坑、螺旋线、划伤以及管材内外表面不合理的氧化铁皮等，影响用户使用。表面缺陷的形成与成形过程的变形工具、工艺参数、管材变形过程参数密切相关，甚至与管材合金成分有关。目前缺陷识别一方面较多地依赖人工；另一方面依赖经验识别判断。

开发管材表面缺陷识别数字化系统，构建热轧无缝钢管成形过程的成形工艺参数、管材尺寸参数、变形工具状态与表面缺陷的映射关系，开发数据驱动的管材表面质量管控优化系统，优化管材成形过程，实现热轧无缝钢管表面质量的最优控制。

8.5 冷轧带材与热处理、涂镀

8.5.1 冷连轧数字化建模与优化

冷轧是板带钢生产的核心环节，直接面向汽车、电机、精密仪器等高端产品需求。冷轧过程的尺寸精度达微米级、动态响应达毫秒级、轧制速度每分钟达千米以上、工艺及质量参数达上千个，是最复杂的工业控制过程之一。我国高端冷连轧工艺与控制技术曾长期依赖进口，但引进的三维尺寸、表面与轧制稳定性等核心控制软件均为“黑箱”，严重制约了高端产品开发和前沿技术创新，成为“卡脖子”问题。同时，工艺机理模型受制于简化性假设条件，难以支撑更高精度的控制需求；传统控制方式对于众多工艺参数的交叉耦合考虑不足，造成机架内与机架间控制过程的相互干扰，也限制了产品质量和生产线运行水平的进一步提升。

在丰富三维尺寸和轧制稳定性等理论的基础上，融合生产数据构建精准数字孪生模型，提升了复杂工况下的模型精度与适应能力，设计了工艺及质量参数协调控制方法，实现了轧制规程、轧辊制度、润滑制度等智能协调优化控制，突破冷轧控制当中的厚度-张力协调、板形高精度控制、高速稳定轧制等核心技术难题，满足了极薄厚度、更高精度、更优表面和更高速度的生产需求。

8.5.1.1 冷连轧过程厚度-张力综合建模与多机架分布式协调优化

板带钢对厚度精度和生产稳定性要求严苛，某高端冷连轧产线厚度异常和张力不稳造成的质量损失超过30%。影响厚度-张力控制的本质原因，一是多机架厚度和张力交叉耦合，单指标或单机架独立控制相互干扰；二是加减速等非稳态过程摩擦状态连续变化，导致轧制规程与实际工艺状态不匹配，造成较大厚度波动。本书阐明了多机架交叉耦合运行机制，提高了加减速过程的模型匹配程度，实现了连轧多机架厚度-张力协调优化。

综合考虑各轧制工艺参数的交叉影响，融合生产数据修正连轧过程的轧制力、前滑等关键数学模型，完成各工艺参数的偏微分系数求解，形成单个机架状态空间模型。基于机架间厚度、张力的传递作用，构建了连轧多机架综合数字孪生模型，获得了轧制工艺参数对各机架厚度和张力的影响规律，精准再现了多机架厚度-张力的动态演变过程，建立了辊缝、速度调节等对各机架厚度和张力的控制功效二维模型。

带钢与轧辊之间摩擦系数的变化是影响产品厚度的主要因素，随着轧制速度升高，轧制过程从边界润滑到混合润滑，并最终成为流体润滑。结合轧制机理模型建立了参数自适应的目标函数，基于加减速过程生产数据挖掘出辊缝、速度和厚度等工艺参数的耦合关系，提取出辊缝预测模型并验证了有效性。利用复杂多变工艺状态下的辊缝和张力自适应补偿策略，提升非稳态过程控制模型匹配程度，抑制了摩擦状态变化对轧制过程的影响，连续降速过程中带钢厚度精度未受影响，取得了类比稳速的控制效果。

利用基于预测控制的单个机架厚度-张力综合控制策略，有效协调了两者的动态响应和抗干扰性能。基于机架之间的交叉耦合关系，以控制功效二维模型为基础，建立了每个子系统的预测控制器。将分布式协调优化方法引入到连轧控制当中，如图 8.56 所示，提出了基于邻域优化的连轧全过程厚度-张力整体控制策略，在工艺设备约束条件下自主分配各机架控制输出，机架速度扰动下的厚度波动从 0.013mm 下降到 0.0075mm。综合上述技术，大幅提升了厚度-张力控制性能，针对 0.18mm 带钢实现了厚度精度小于±2.5μm 的高水平控制。

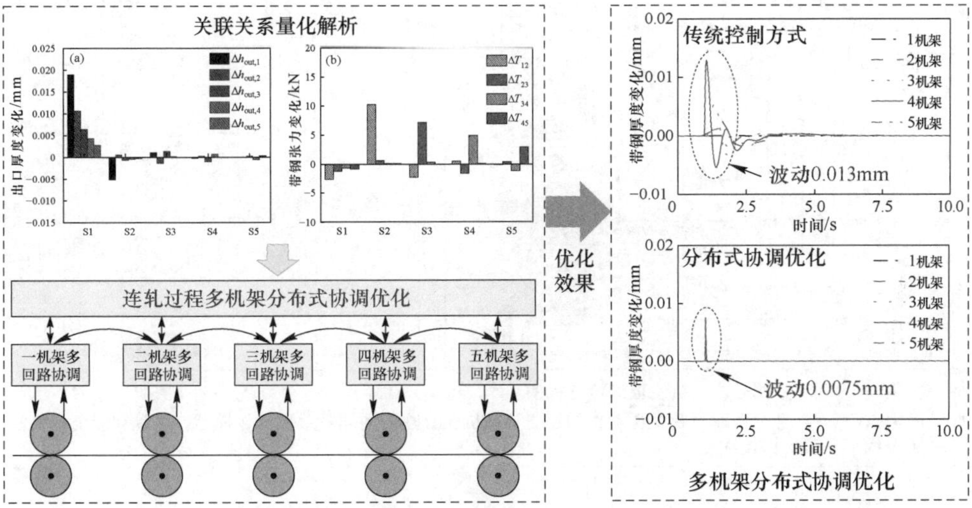

图 8.56 多机架厚度-张力分布式协调优化

8.5.1.2 板带钢高精度板形预测模型与多机构协调板形控制

板形是表征板带钢平直程度的指标，板形不好、其他质量指标再好也无法使用。板形控制主要存在两方面的问题：一是受制于假设条件，经典等比例凸度理论存在局限性；二是工况复杂、实时变化，限制了板形预测与控制精度提升。本书完善了经典板形理论，明确了多工艺参数与板形的关系，引入生产数据提升板形预测精度，实现了轧制过程板形协调优化。

构建了板带钢轧制过程的全维度弹塑性有限元模型，研究不同板形执行机构的调控特性，获得了各工况下轧制压力和辊间接触压力的分布状态，明确了板形调节对带钢凸度和边部减薄的影响规律，给出了一种新的板形调控功效系数获取方法，阐明了执行机构影响出口带钢板形的工作机理。提出了正交信号校正改进的偏最小二乘算法，基于板形变化量与调控机构调节量的对应关系，结合生产数据实时优化了板形调控功效系数并应用于工业现场。

设计了一种融合集成经验模态分解和小波变换的轧制生产数据降噪方法，实现了高噪声条件下有效信息的准确提取。以板形解析机理模型和经验知识为先导，建立了基于核偏最小二乘算法、深度神经网络算法的高精度板形数字孪生模型，提出了启发式算法和梯度下降算法相结合的智能优化方法。构建了以数字孪生模型为核心、以多目标协调优化为特征的板形控制信息物理系统，实现了冷连轧多机架工艺参数动态优化设定，0.18mm 典型薄规格带钢的板形标准差从 8.10IU 降低至 6.22IU，控制精度提升 23.2%。板形控制信息物理系统如图 8.57 所示。

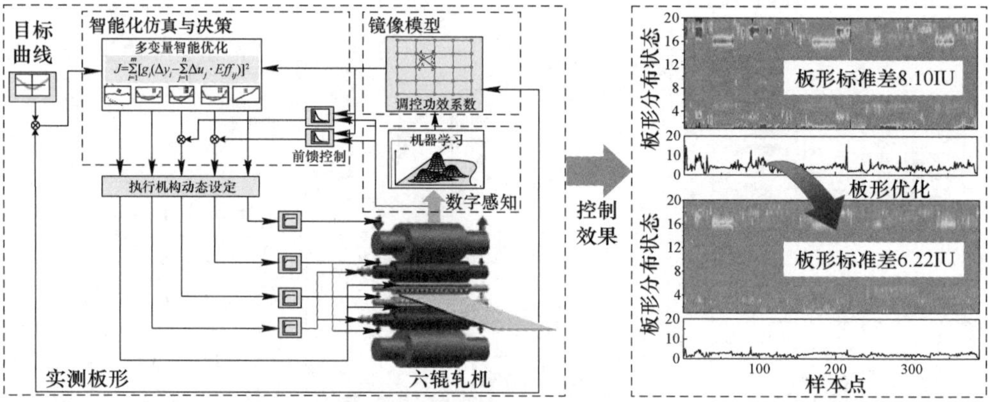

- 实体（Physical）部分：轧机及板形执行机构
- 虚拟（Cyber）部分：通过数字深度感知建立与轧机相互映射的功效系数镜像模型，通过智能优化算法实现板形多机构协调优化

图 8.57 板形控制信息物理系统

8.5.1.3 关键设备健康状态与轧机运行状态评估成套技术

开发了嵌入生成对抗网络模块的多通道卷积神经网络故障诊断模型，实现非均衡训练集条件下的轧机轴承故障分类识别和诊断，准确率达 92%以上；开发了融合长短时记忆神经网络的多通道卷积神经网络故障诊断模型，实现了轧机齿轮箱故障分类识别和诊断，准确率达 95%以上。利用支持向量数据描述算法进行协变量分析，进而建立了威布尔分布可靠度健康状态评估模型，获得与关键部件实际退化过程高度一致的健康状态变化曲线。

如图8.58所示，对不同规格带钢的轧制振动状态进行检测，结合振动机理和数据特征分析，给出了从振动信号中分离三倍频成分的处理方法，明确了工艺参数对轧机振动幅值的贡献率。融合轧制工艺参数与振动数据，给出了轧机振动状态在线监测方法，并采用集成学习对轧机振动幅值进行预测，设计了一种轧机异常振动预警的新方法。提出了通过张力、润滑、轧辊粗糙度等工艺调整而不降低轧制速度的振动抑制策略，实现了0.18mm薄硬带钢的高速稳定轧制。

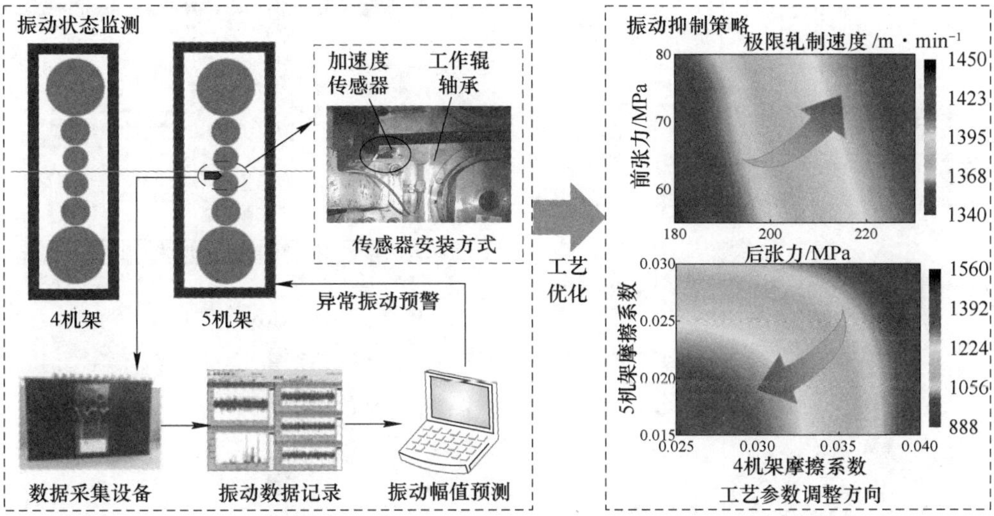

图8.58 振动数据采集与振动抑制

8.5.2 钢材冷轧-连退过程组织性能预测与工艺智能优化

冷轧产品是钢铁企业的主导产品，附加值很高，特别是汽车用钢、家电用钢这种高品质钢材，产量随着市场对产品的需求迅速扩大。由于产品质量是企业的核心生命力，如何更好地控制产品质量，优化产品工艺，控制生产成本对钢铁企业来说都是首要任务。然而，冷轧产品在研制过程中存在实验条件不足、生产实验耗费资源大、研发周期长、研发出来的新产品质量控制不稳定，产品性能经常出现波动等问题，很难满足市场对冷轧产品大规模需求。因此，钢铁企业亟须建设一套新产品的研发模拟环境，减少生产实验的次数，检验、指导和优化设计，缩短产品的研发周期，降低研发成本，提高产品质量。近年来，钢铁企业积累了大量的工业数据，随着数据挖掘技术的飞速发展，人们得以利用生产过程中产生的数据进行分析，发现数据背后隐藏的规律。将物理冶金学原理和人工智能理论进行有机融合，基于实验数据和工业大数据，建立了冷轧带钢组织性能演变的数字孪生模型，融合控制策略，实现冷轧带钢连续退火工艺参数的协同优化，并将其用于生产过程精准控制，是解决产品质量稳定性等问题的有效途径。此外，通过建立冷轧产品成分、工艺、组织、性能对应关系模型，可实现冷轧退火工艺优化设计，辅助新钢种开发，对企业降本增效具有重大的意义，如图 8.59 所示。

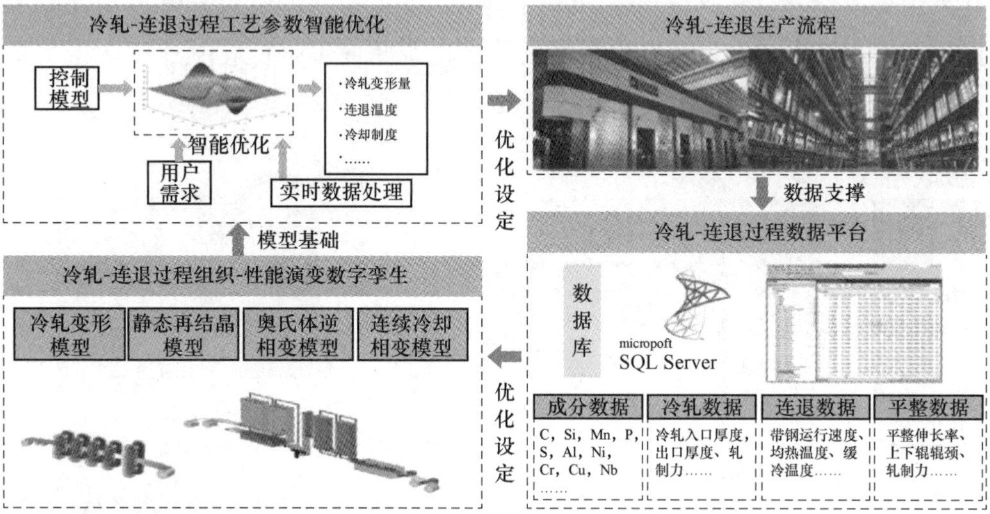

图 8.59 冷轧连退组织性能控制的 CPS 系统

8.5.2.1 系统主要功能介绍

针对冷轧连退生产过程的大量数据，完成数据采集、匹配、整理，构建钢铁工艺质量大数据平台；充分利用工业大数据，融合物理冶金学原理和智能优化策略实现冷轧连退流程组织—性能演变的数字解析，从而统筹冷轧生产全流程关键工艺质量参数，实现高效的组织性能演变数字孪生；针对冷轧过程产品性能波动、稳定性差的问题，融合智能控制理论开发高效的多目标优化算法，建立冷轧连退生产工艺快速设计方法，通过多工序协调匹配来提高产品质量的稳定性和生产效率。

A 钢材冷轧连退组织性能演变数字化解析

针对冷轧连退过程组织演变难以描述的问题，结合相关实验，以数据驱动的机器学习理论和成分—工艺—组织—性能对应关系的物理冶金学理论为指导，对冷轧连退生产过程中的组织—性能演变过程进行建模，建立包括描述铁素体回复及再结晶、奥氏体逆相变、连续冷却过程中的相变及平整过程组织演变等规律的基础数学模型；在此基础上，以人工智能理论和成分—工艺—组织性能对应关系的物理冶金学理论为指导，开发可实现机器学习的成分—工艺—组织—性能的对应物理冶金学模型，实现在机理模型基础上的进一步精度提升，最终构建起冷轧连退流程的成分—工艺—组织—性能演变的高精度数字孪生体，实现对冷轧连退生产过程中的铁素体回复及再结晶规律、奥氏体逆相变规律、连续冷却过程中的相变规律及平整过程组织演变规律进行动态预测，如图 8.60 所示。

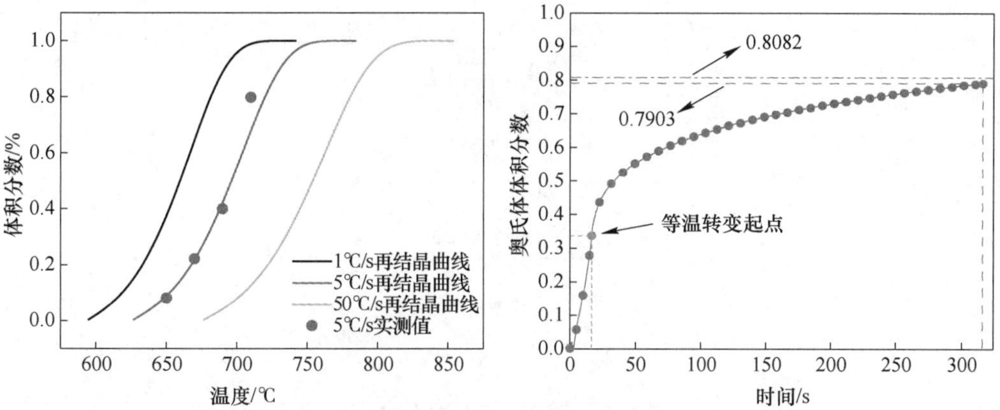

图 8.60 双相钢再结晶动力学曲线及奥氏体体积分数与时间的关系

基于大数据平台，以工业数据为基础，采用多维数据挖掘技术，对冷轧及连退工业大数据进行数据清洗和归并、相似工艺分层聚类等处理，开发基于 AI 的神经网络和机器学习算法，建立智能化力学性能在线预测模块，实现全断面（宽度和厚度方向）关键位置（如取样要求位置、厚度方向 1/4 位置）的组织、性能的精准预测，实现冷轧产品力学性能的高精度通卷预测。同时，对预测的组织，性能超标钢板进行报警提示。通过对冷轧产品力学性能的预测，最终实现减少冷轧产品力学性能检测数量，缩短产品交货周期，提高生产效率。针对 DP590 钢种，经统计有 95.2%的预测钢板，其屈服强度预测值与实测值相对误差在±6%以内；有 99.3%的钢板，其抗拉强度预测值与实测值相对误差在±6%以内；有 92.5%的带钢，伸长率预测值与实测值的绝对误差在±2%以内，如图 8.61 所示。

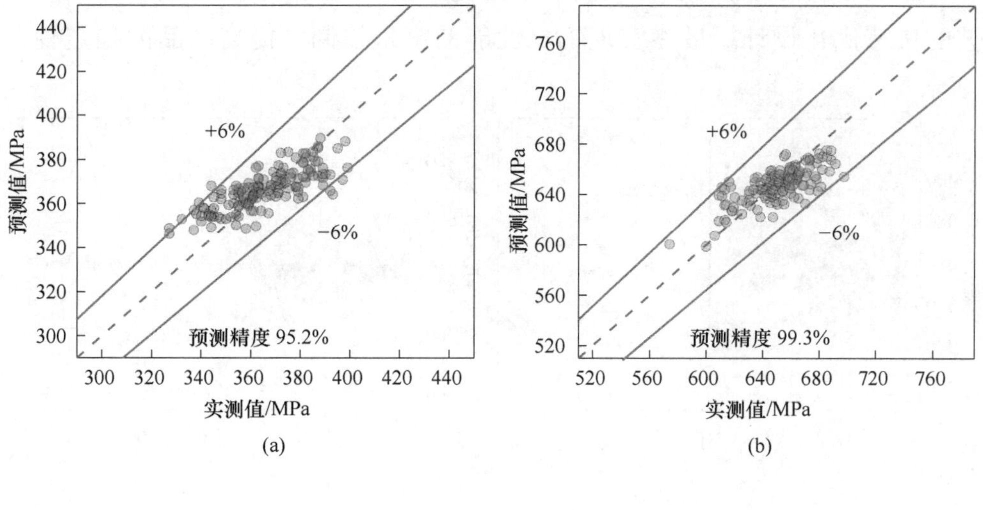

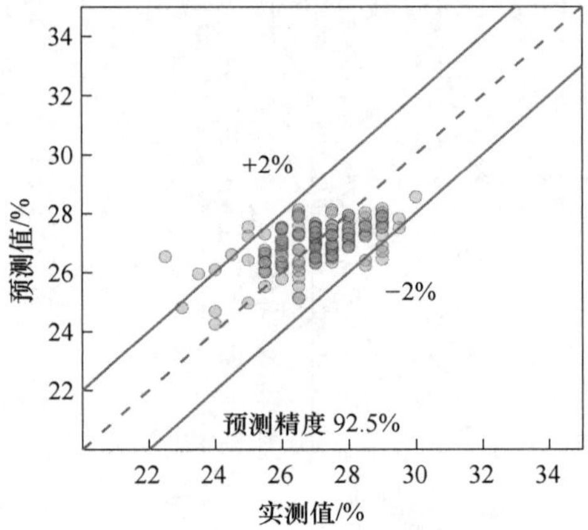

(c)

图 8.61 MDA-RF 模型预测结果

(a) 屈服强度；(b) 抗拉强度；(c) 伸长率

B 钢材冷轧连退智能化工艺反向优化设计

冷轧产品的性能波动来源于多方面，无论是冷轧工艺自身波动还是热轧产品的性能波动都会导致最终冷轧产品的性能波动。为了降低产品性能波动，可以在冷轧后续的连退过程，通过快速的工艺智能优化设计，实现最终冷轧产品性能的调控，提高产品质量稳定性。

针对冷轧产品性能波动大、质量稳定性差的问题，基于历史数据分析钢材性能波动的原因，结合钢材冷轧连退组织性能预测模型分析冷轧和连退工艺参数控制余量。综合考虑生产过程的加热及冷却工艺约束条件，统筹冷轧及连退全流程关键工艺质量参数，基于数据、机理和经验知识建立全过程优化模型。开发高效多目标优化算法提高最优工艺求解效率，结合多目标优化理论，将冷轧产品工艺优化问题考虑为工艺为变量，产品性能波动控制为目标函数的最优化问题，通过最优化问题的求解，实现冷轧工艺的快速优化设计。最终实现钢材性能的窄幅控制，提高产品的稳定性，如图8.62所示。

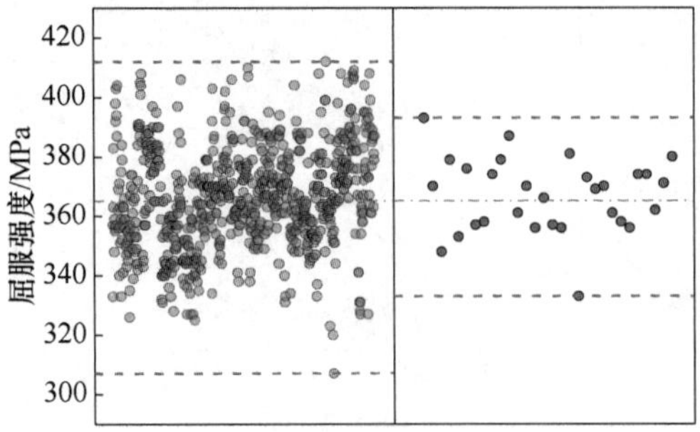

(a)

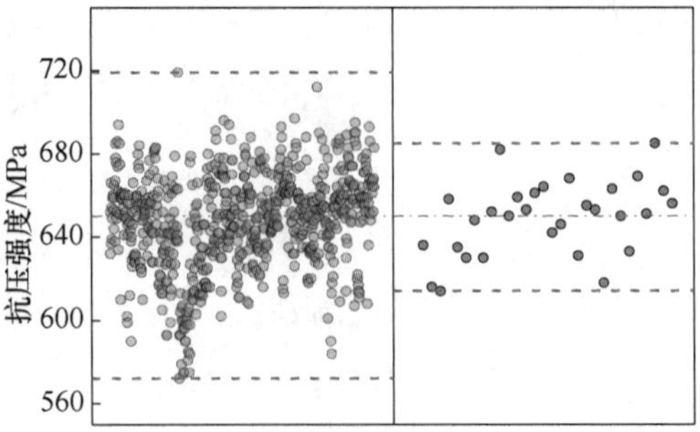

(b)

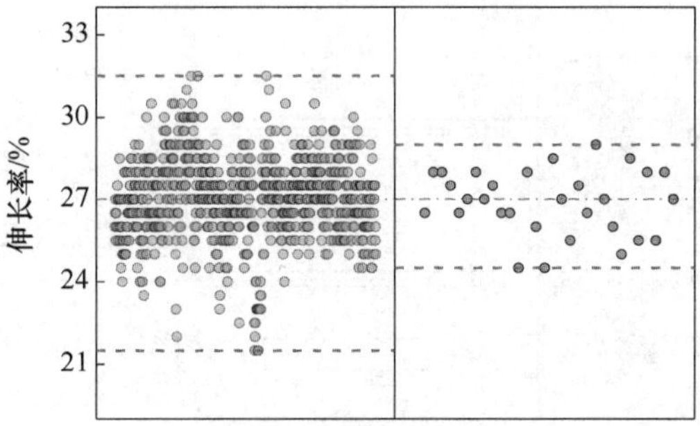

(c)

图 8.62 冷轧双相钢的力学性能稳定性控制

(a) 屈服强度；(b) 抗拉强度；(c) 伸长率

8.6 短流程生产工艺

8.6.1 板坯直接轧制中厚板

板坯热送直轧工艺取消现有的加热环节，不但节能减排效果明显，而且可以大幅度缩短从钢水到成品的生产制造周期，在产能过剩、市场低迷、竞争激烈的形式下，对于钢铁行业生存发展具有重要意义。板坯直轧的关键技术包含三个方面：一是连铸制备高温无缺陷的板坯。提高连铸拉速是制备高温铸坯的主要手段，但随着拉速的提高，钢液在结晶器内凝固时间缩短，凝固坯壳减薄，同时保护渣的消耗量降低，凝固坯壳与结晶器铜壁间的润滑变差，将加剧漏钢风险；二是板坯的快速运输及保温工艺。在板坯运输环节除了采取必要的工艺措施减少运输过程中板坯散热外，还需对运输环节板坯的温度进行全程监控，确保板坯温度可满足后续轧制要求；三是生产的组织调度管理。热送直轧取消了连铸和轧钢之间的缓冲环节，而炼钢-连铸-热轧生产各工序生产计划的生产目标和工艺约束存在差异，同时又相互联系甚至相互制约，这导致生产计划的制定更加复杂，需要对各阶段生产计划进行统一的协调调度。近年来数字化、机器学习等技术的迅猛发展，为解决上述热送直轧的关键难题提供了更为有效的手段。

8.6.1.1 高拉速条件下连铸漏钢智能预报

针对在各类漏钢事故中占 80%以上的黏结性漏钢事故，采用实时性和可操作性较强的热电偶测温法，将热测温电偶埋设在连铸结晶器壁上，如图 8.63 所示。

连铸过程中，沿结晶器高度方向，弯月面附近铜板温度最高，当铸坯和结晶器壁发生黏结导致漏钢时，钢水流入裂开的空隙后与结晶器铜板直接接触，致使铜板温度

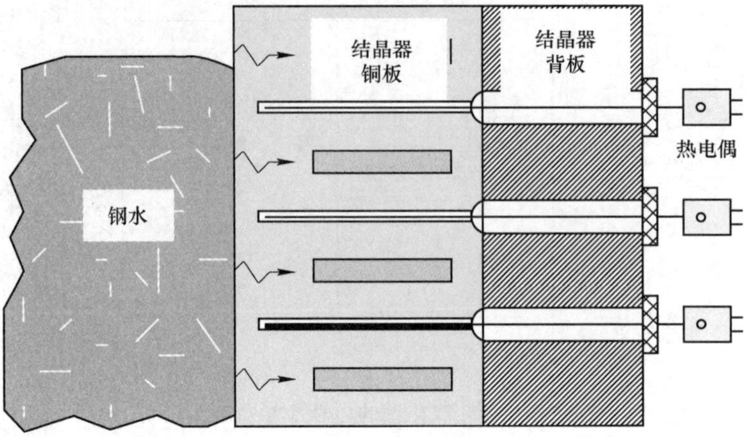

图 8.63 热电偶测温法示意图

升高，上排热电偶的温度会急剧升高；在拉坯力的作用下，黏结裂口会随着结晶器的振动向下移动，铜板下部温度开始升高，下排热电偶温度随之升高。同时，上排热电偶的温度因坯壳的重新凝固弥合而下降，如图 8.64 所示。

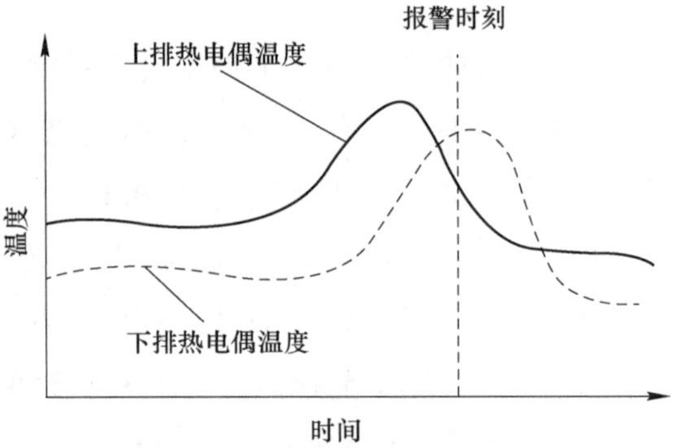

图 8.64 连铸粘结漏钢预报的原理

在高拉速条件下的连铸生产过程中，为解决漏钢数据样本较少，不利于人工神经网络模型学习的问题，基于支持向量机（SVM，Support Vector Machine）模型建立连铸漏钢智能预报模型。与神经网络方法相比，该算法可最终转化成一个二次型寻优问题，理论上得到的是全局最优点，且不存在局部极小值问题，被认为是针对小样本统计预测学习的最佳理论。在连铸漏钢预报系统中，通过 GS 网格搜索法、PSO 粒子群算法和 GA 遗传算法对支持向量机算法参数的优化，降低不同的参数选择对算法实际识别性能和效果的影响。依据连铸生产过程基础实验与生产过程数据库，结合漏钢事故产生机理，建立基于支持向量机的连铸漏钢预报模型，开发基于 CPS 架构的连铸漏钢智能预报平台，在检测到测温热电偶有连铸漏钢温度变化曲线特征时发出报警信息，以及时调整生产工艺参数防止漏钢事故的发生。

8.6.1.2 连铸及传送辊道温度智能监控

由于连铸过程的黑箱性，铸坯内部温度场无法直接测量。依托工业大数据基础，通过建立在线凝固传热模型对铸坯在连铸及辊道运输时的温降进行实时计算，实现连铸及传送辊道温度智能监控，并利用所建立的模型对铸坯的入炉温度进行预测，为钢厂实现连铸与轧制的直接连接以及与之相应的设备改进等提供理论依据，在线凝固传热模型参数的识别与修正则依赖于温度的检测。由于二冷区内环境恶劣，高温、高湿和水蒸气使得仪表无法实现长时间准确测量铸坯表面温度，通过机理建模、数据建模和混合建模等方法，建立基于凝固传热的软测量模型，实现对铸坯表面温度的温度预测，如图 8.65 所示。采用最小二乘支持向量机（LS-SVM）提高求解速度，达到铸流软测量模型的计算时间要满足在线应用的要求，并通过人工智能算法实现模型的自校正功能，满足设备状态变化下的模型准确性。

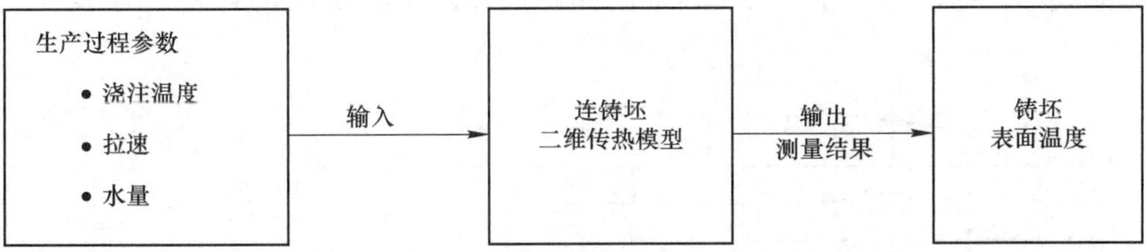

图 8.65 连铸坯表面温度软测量示意图

在辊道传送阶段，铸坯表面发射率是影响铸坯表面温度测量的一项重要物理参数。目前，在测量铸坯表面温度时大多采用辐射测温法。经常使用的测量仪器有单波长点测温度计、比色温度计及全波长辐射温度计等，铸坯等金属表面的光谱发射率测量方法已有量热法、反射法、能量比较法等方法。铸坯表面随机分布的氧化铁皮会引起温度测量结果波动，依据生产大数据，结合有限元分析等数值计算手段，基于铸坯凝固传热模型对铸坯表面温度场分布的固有特征进行分析和提取，实现基于多信息融合的铸坯表面温度场测量，完成铸坯温度场的在线重构。

8.6.1.3 直送生产组织管理

炼钢—连铸—热轧生产计划编制是一个多目标、多约束的复杂组合优化问题，不同于冷装、热装、直接热装等衔接模式，直接热轧需专门化的设备及工艺。通过开发炼钢、连铸工序的智能协调与决策方法，确保钢水与连铸坯温度稳定性，实现连铸恒温、恒量出坯与直接轧制节奏匹配，解决各浇次与各流间的头中尾坯温度差异导致的同条、同批次产品性能波动大的问题。基于 CPS 架构，形成生产计划一体化优化技术和智能调度技术，确保多流连铸—单流轧制生产模式下生产节奏动态变化时的轧制稳定性；开发多工序多层级生产计划与作业调度集成优化技术，建立高产能和直接轧制稳定性相互制约时炼钢、连铸与轧钢的联动处理机制，确保直轧率与产品性能的稳定性。

依托企业资源配置与管理云平台，建立相应的生产执行系统（MES，Manufacturing Execution System），开发异常情况下重组的调度技术，在多个工艺路线情况下对工艺路径进行重组的技术，多种工艺路线情况下的人机协同动态生产调度技术等，实现各生产环节的衔接。一体化计划调度的核心划分为：批量生产作业计划、生产作业的静态和动态调度这三部分，如图 8. 66 所示。批量生产作业计划是指将待生产的多品种、批量小的合同按照工艺路线和设备的作业限制等因素进行组批和排序。根据热轧生产线的生产过程中各阶段的工艺限制条件和优化的目标，制定相应的批量作业计划是生产计划调度优先要处理的问题。生产作业调度是在已有生产作业计划的基础上，合理和最优安排生产计划在各工序所需的作业时间和资源，并优化的工序生产时刻表。

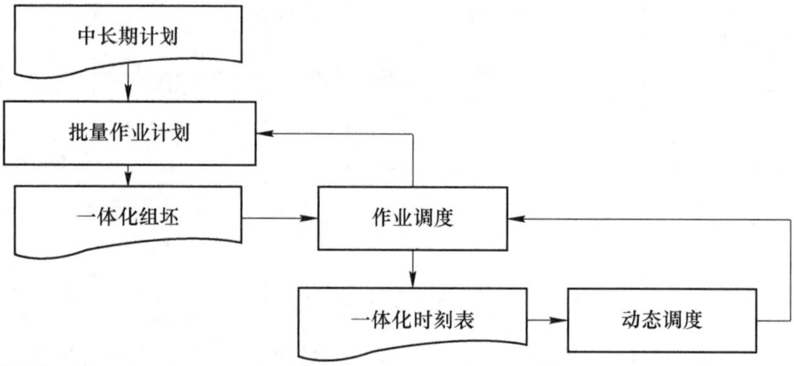

图 8. 66 一体化调度管理流程图

钢连铸和热轧生产线的生产调度方面有不同的约束条件和优化目标，炼钢—连铸阶段的批量计划（炉次、浇次）的主要约束是钢级和规格：钢级要求一致；规格接近。而轧制阶段的批量计划（轧批）的主要约束在于宽度和厚度：宽度必须是由宽变窄；厚度必须平滑变化。因此将生产调度划分为热轧调度和转炉炼钢连铸调度两部分，如图 8. 67 所示。在考虑上述生产实际约束的基础之上，依托云端智能层的资源配置与管理系统，通过大数据/机器学习解析平台进行智能优化算法求解，实现高自动化程度的计划编制和形成。

8. 6. 2 薄带铸轧数字化

薄带铸轧是以旋转方向相反的两个铸辊为结晶器，通过快速凝固成 2. 0mm 左右厚度的带坯，再经一道次轧制成材。产线铸、轧工序结合在一起，产线全长不到百米，

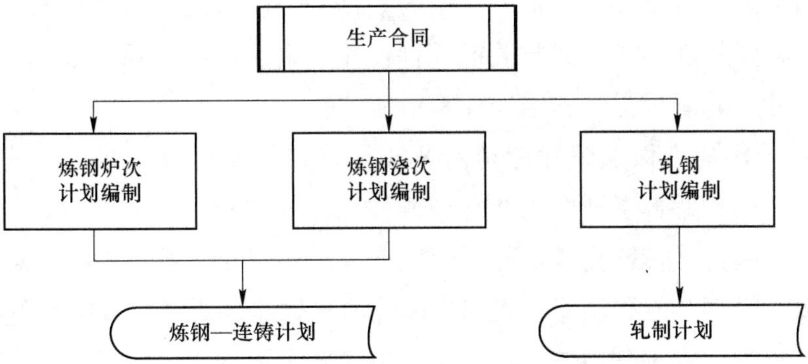

图 8.67 批量生产作业计划系统

实现短流程无头轧制，其生产流程如图 8.68 所示。薄带铸轧自动化程度高，工艺紧凑，刚性强，工艺冗余度控制要求高；产线产品规格薄，尺寸高精度控制要求高；工艺特殊性强，产品定位以特色化高附加值为目标，产品组织及性能要求高。采用数字化技术，提升产线生产冗余度及连浇炉数、尺寸精度及组织性能控制具有重要意义。

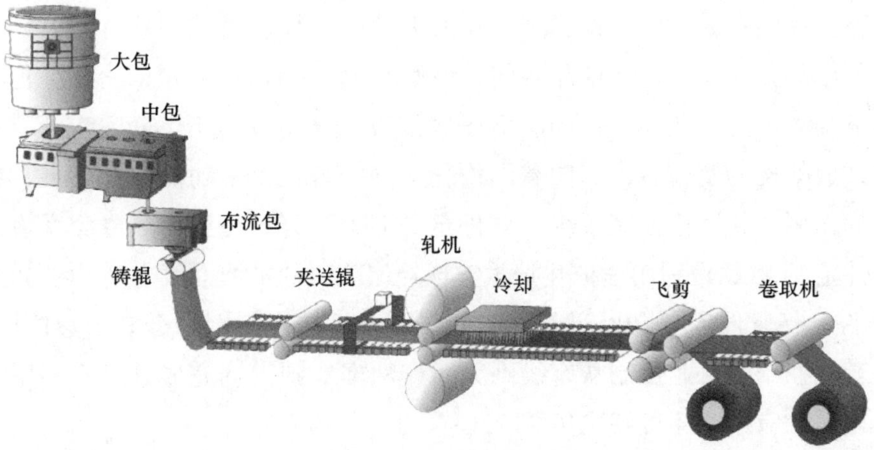

图 8.68 薄带铸轧生产流程

(1) 薄带铸轧全流程工艺高冗余度控制。针对薄带铸轧工艺过程受铸辊、水口、侧封等影响大，铸轧一体化冗余度要求高等问题，建立铸辊、水口、侧封等铸机工艺与设备参数与铸带三维尺寸、温度的数据库，基于数据挖掘分析，构建铸机工艺参数与高冗余度开浇控制模型。在此基础上，形成铸机工艺、铸带三维尺寸、活套、轧制工艺参数、飞剪、卷取与浇铸、工艺冗余度等参数数据库，构建精准映射关系，实现薄带铸轧工艺的高冗余度控制。

(2) 薄带铸轧全流程高精度尺寸控制。针对薄带铸轧工艺的冶炼、浇铸、轧制各工序，以铸轧一体化尺寸高精度控制为目标，建立钢水温度、开浇策略、铸/轧工艺参数、带钢实时数据与带钢尺寸、板形数据的数据中台，采用大数据机器学习等算法进行数据挖掘，构建铸轧工艺参数与关键部件使用寿命、高精度尺寸控制模型，实现薄带铸轧铸带尺寸、轧制板材的三维尺寸高精度控制。

（3）薄带铸轧全流程组织性能预测及质量优化控制。薄带铸轧工艺同比常规流程，产线产量不高，适合于开发生产常规流程做不好、做不了的特色化、特殊钢或特种金属等材料。结合薄带铸轧亚快速凝固特点，建立成分、凝固参数、铸带工艺参数、轧制工艺参数、带钢全流程温度、组织性能等的数据库，通过对数据资源的挖掘处理，建立薄带铸轧过程的数字孪生体，实现对薄带铸轧全流程工艺参数与组织性能的映射对应关系，实现产品的质量最优化控制。

8.7 基于5G软件定义钢铁工业控制系统的设计与实现

工业云平台支撑制造业资源弹性供给、广泛链接和高效配置，对于构建大数据开发环境、训练机理与数据的算法模型、优化设计制造的资源使用方面，呈现出了巨大优势。在工业控制系统方面，德国企业在大中型可编程逻辑控制器（PLC）方面独具优势，中国已部分实现国产化产品替代，小型 PLC 方面占有一定的份额，但核心市场与技术的掌控力不强。在新一代的网络技术和 IT 技术的支持下，随着工业互联网、软件产品和开放架构的实施，PLC 向着网络化、国产替代、多功能方向发展，才能起到弯道超车的作用。新一代控制系统“软件定义 PLC”开始受到广大专家学者的关注和重视。软件定义 PLC 是利用虚拟化技术实现控制能力的扩展，改变和升级 PLC 无需更换 PLC 硬件。将软件定义 PLC 部署在工业云平台，结合云网融合和云边协同的优势，可以实现云化控制。工业控制从有线到无线、从本地到云端完成升级，利用生态系统扩大工业化平台应用，还可解决传统 PLC 算力有限的问题。

8.7.1 软件定义 PLC 优点

软件定义 PLC 与传统 PLC 相比有如下优点：

（1）软件定义 PLC 不仅能够处理传统的温度、压力、流量和液位等四大传感信号，还能够处理视觉、语音等信号，同时其采用相对开放统一的通信协议，适应未来按需生产的智能制造发展方向；

（2）软件定义 PLC 通过软件方式实现硬件资源配置和定义，容易实现迁移和软件复用，具有更低成本；

（3）软件定义 PLC 不依赖设备硬件厂家的通信终端，开放的软件定义智能应用可以灵活地选择供应商，实现扩展性和系统模块化；

(4) 软件定义 PLC 可以采用多核处理器，单个 CPU 虚拟出多个软 PLC 控制器，算力的性能强大，实现多个设备的同时控制；

(5) 软件定义 PLC 除具备传统 PLC 所具备的符合国际标准的编程语言，还支持当前主流的高级语言编程，可实现在同一平台上实现自动化与信息化人员的协同，减少调试周期；

(6) 软件定义 PLC 可与工业互联网平台互联互通，PLC 轻松连接互联网不再作为单体设备，将控制信号与数据分析结果直接上云，通过 API 和生态系统扩大工业互联网平台应用。

8.7.2 钢铁工业控制需求

目前钢铁行业的控制系统普遍使用 PLC 控制，采用有线网络方式连接，存在算力低、灵活性差、造价昂贵、不易扩展等缺陷。随着以信息技术为代表的第四次工业革命的到来，制造业需要提高全要素生产率，实现更好的质量、更低的成本、更高的效率，钢铁行业控制系统必然面临着新技术应用升级的挑战。目前的工业数据驱动控制模型需混合使用在线/离线数据，泛在连接使控制系统逐渐复杂，这些都要求控制系统具备大带宽、高算力和智能化框架体系，而传统的控制系统难以满足这些要求。工业互联网可以实现智能决策和资源优化配置，依靠网络设施构建精准、实时、高效的数采系统，建立功能强大的开发环境，实现数据、机理和经验知识的模型化和软件化，为新型制造模式下企业的数字化、网络化、智能化发展提供了实现途径。将控制系统软件化、云计算技术与工业互联网技术融合，构建软件定义的云化控制系统，软件定义实现解耦 PLC 对硬件的依赖，通过 5G 通信、人工智能算法和工业模型，逐步建立“云-边-端”协同合作的钢铁企业智能制造体系，为传统钢铁行业智能化升级转型提供了新的契机。

8.7.3 基于5G 软件定义 PLC 系统架构

软件定义的 PLC 系统，其技术思想都是将传统专用的硬件功能解耦。在工业互联网或工业 4.0 时代，工业控制系统具有更高级别应用程序的机器的数据集成主要是使用传统协议完成的，而传统协议缺乏对新设备灵活集成的支持。通过软件定义 PLC 将控制逻辑与机器分离，获得更灵活的重新配置。

8.7.3.1 软件定义 PLC 系统架构

在软件定义 PLC 中，PLC I/O 总线被高速网络功能所取代，允许在 I/O 结构上创建灵活的虚拟通道，以适应软件定义 PLC 实例和 I/O 模块之间的连接，例如传感器接口或运行控制器，并且为控制系统提供灵活的业务隔离。此外，由于近年来在现场可编程门阵列（FPGA）和专用集成电路（ASIC）技术方面的进展，这种 I/O 模块可以使用 FPGA 或 ASIC 模块以更低的复杂度来构建。

这种软件定义 PLC 架构的实现主要考虑的是网络因素，如图 8.69 所示，这种分散式模型与远程或分布式 I/O PLC 拓扑具有相似之处，其中网络 I/O 模块充当 PLC 机架的扩展。在直通交换中的进步以及远程直接存储器访问技术中，特别是在融合以太网情形中，已经允许在 10Gbit/s 以太网交换结构中端口到端口的延迟缩小到百分之几纳秒以及应用延迟缩小到微秒级。此外，诸如英特尔的数据平面开发工具包、思科的 VPP 等资源允许实现绕过内核的低延迟、高吞吐量数据包处理机制，将网络堆栈带入用户空间，并使适配器能够执行直接内存访问操作到应用程序内存。这使得满足在以数微秒的单位时间内，传输的抖动和闪断的要求成为可能，从而允许在商用服务器硬件上实现裸机性能。

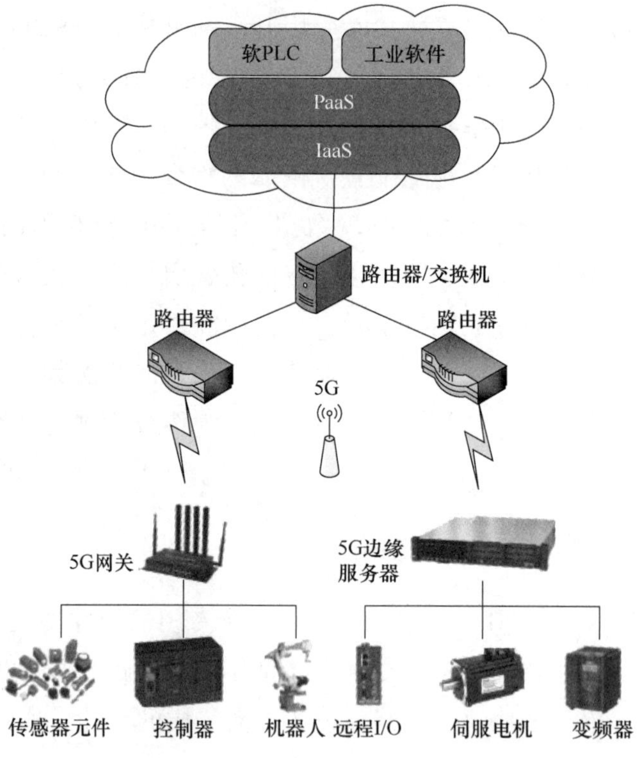

图 8.69 软件定义 PLC 系统架构

这种 PLC 软件定义架构的实现主要考虑的计算因素是：首先，由于采用了硬件辅助软件定义化等技术使得服务器近乎利用原始性能，低延迟 I/O 机制或适用于数字信号处理任务的 ISA 扩展的可用性的提高，现代 x86 或 ARM 处理器已经能够替代独立

PLC 应用中的微控制器。其次，诸如西门子等实时静态分区管理程序的可用性支持为实时工作负载托管。即在计算方面，PLC 软件定义化主要考虑实时性、安全性和性能要求。

8.7.3.2 基于5G的云控系统

网络化控制系统是软件定义 PLC 系统的重要组成部分，随着中国 5G 技术标准体系的领先，其在工业控制领域的应用成为可能。由于网络控制是一工业控制系统的重要组成部分，网络时延是影响网络化控制系统稳定性的关键因素，通过将 5G 技术融合在工业控制系统中，把 5G 技术的低延时、大带宽特性发挥出来，实现工业控制的云化软件定义成为可能。

本部建设基于 UPF 分流的 5G 专网，核心网接入开卡、鉴权、认证等通过本地 5GC 完成，终端接入后业务数据经过 UPF 本地分流，现场控制设备通过 5G 接入到云平台实现云控制操作。异地建设有基于 i5GC 分流的 5G 专网，核心网 i5GC 下沉到异地厂区，实现在异地完成接入认证一系列操作信令不出园区，业务数据本地分流不出园区。控制设备通过 5G 接入后，通过跨地区专线接入云平台进行控制操作，如图 8.70 所示。

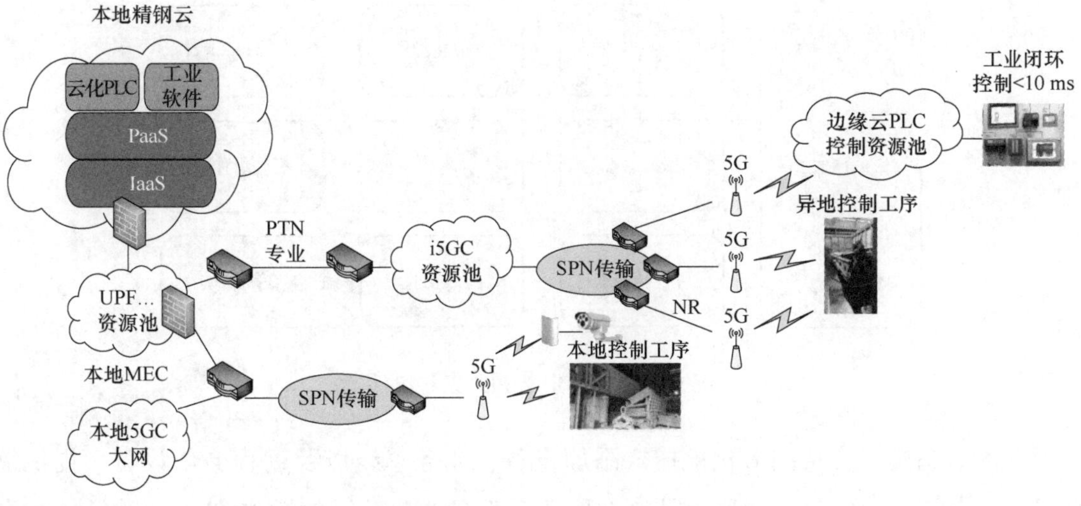

图 8.70 5G 云控系统架构

本系统的网络有 3 个部分组成：本地基于 UPF 的专网、异地基地基于 i5GC 的专网、本地云控制平台与异地 i5GC 出口的跨市专线。通过 5G 网络实现 10~20 ms 控制时延，采用低码率 MSC/CQI 映射表，通过 RB 资源冗余降低数据包出错概率，同时采用保守 MCS 调整，限定 MSC 可选范围，保守策略调整 MCS、降低 SR 周期，减少上行数据等待时长。基于时延因子 EPF 调度，保障业务实际时延与需求尽可能一致。HARQ 重传增强，重传时对 MCS 降阶提升正确接收概率、智能预调度，减少信令交互，加快上行数据传送等技术。

5G 通信采用实现“无线+核心网+承载网络”切片技术，优先保障控制信号时延和优先传输，以及视频、管理类非实时业务隔离，而且采用 TSN 网桥确保 5G 网络稳定。5G 空中接口支持与 IEEE802 互连的 TSN 时钟同步、与 IEEE802. 1Qbv 互连的 TSN QoS 调度，5G 系统充当 TSN 网络中的透明网桥。带有小延迟抖动的承载硬切片技术，如 Slice Channel 或 ODUK Channel，基于 DetNet 的稳定性隧道技术，以确保稳定性的网络回路。首次突破 1 ms 抖动，按照策略调节发送速度，逐步向 200 μs 突破。而且采用无线链路双发选收技术，在首末两端执行数据的双发优收可以优选质量好的数据包，改善时延和抖动。

8. 7. 3. 3 软件定义 PLC 系统构成

软件定义 PLC 的核心是系统编程组态的一体化平台，其功能包括了符合 IEC61131 的开发环境（IDE）及运行环境（RTE），IDE 包括了设备组态、虚拟化配置、算法组态、编译调试器等核心组件，如图 8. 71 所示。

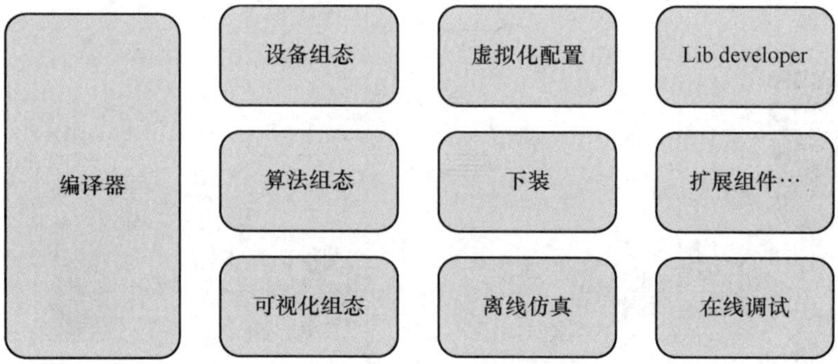

图 8. 71 软件定义 PLC 系统组件

设备组态模块支持图形化拖拽式添加设备、业务总线以及远程 I/O 设备，提供缩略图窗口支持快速定位工业服务器冗余配置，而且业务总线包括 Modbus TCP、Modbus RTU、EtherCAT、CANopen，以及自定义 TCP 和自定义串口。

虚拟化配置是软件定义 PLC 系统的物理核心配置，包括图形化创建虚拟 PLC 及分配接口资源、冗余设置，支持虚拟网口配置，每个物理网口可以分配多个虚拟 PLC 使用，同时支持虚拟化配置导入、导出、读取、下装功能支持虚拟 PLC 运行控制及状态监测。

算法组态功能支持 IEC61131-3 标准的 SFC、LD、FBD 编程语言，支持创建 C++库、导入 C++源码文件，支持导入 Matlab/Simulink 生成的 C++文件。

编译调试器包括编译、下装和调试 3 大功能，编译功能支持全工程编译、按照选定的控制器编译及 HMI 编译及编译时检查组态正确性，并给出错误提示定位；下装功能支持全工程下装、支持选择目标控制器和 HMI 站点下装算法、画面；调试功能支持 ST、LD、FBD 断点调试及算法页面显示变量实时值。

8.7.4 现场应用

以某大型钢铁企业炼钢连铸中间包翻包设备控制应用为背景，设计并应用软件定义 PLC 的控制方式完成翻包作业，如图 8.72 所示。连铸中间包用于承装钢水浇注作业，内砌耐火砖，钢水从底部流出进行浇铸。钢水浇铸后，钢包内会剩余钢水，冷却固化后难以从钢包中清除，一般是采取外力砸松动的手段脱出凝结的钢渣。具体控制流程为夹持吊车把钢包移动到翻包机构位置并锁紧钢包，控制废料车进入翻包设备正下端位置停靠，驱动翻包机旋转 180°，液压泵驱动翻包机上方顶缸，顶杆伸缩运动把钢包里的钢渣从浇铸口顶出掉落在下方废料车内，清除完毕后控制承载钢渣的废料车平移到下一工序进行后续处理，其中废料车停靠位置和翻包机旋转位置都由极限传感器控制。

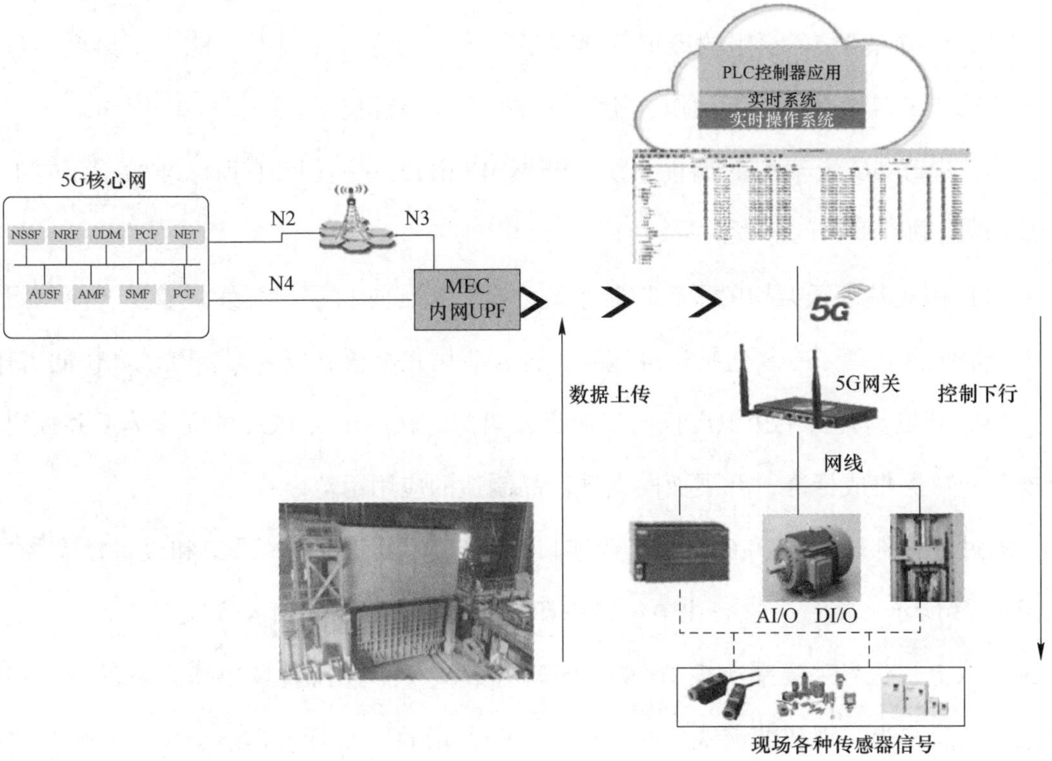

图 8.72 现场软件定义 PLC 部署框架

改造前，所有作业由硬 PLC 控制器完成，通信采用工业总线协议形式，现在炼钢厂多处建设 5G 基站，连铸车间 5G 网络全覆盖，利用 5G 通信现场采集信号高速上云，搭建云控系统实现远程集中控制。具体步骤是在私有云部署软 PLC，使用云端平台编程技术和控制技术，替换 PLC 硬件的 CPU 计算。云化 PLC 软件中建立控制设备组态，采用集成 5G 模组的协议转换设备将翻包设备的 I/O 部分同云端建立通信，所有控制逻辑编写与调试都在云化 PLC 软件中完成，执行控制指令，信号再通过 5G 通信无线传输给 I/O 模块，实现对现场设备的远程控制。该系统获得云化的组态编程和企业级别的远程协同控制能力，5G 网络减少了中间线缆与设备，解决了有线网络难以承载低时延大带宽问题，不仅简化了 PLC 设备复杂度和维护成本，而且面对日趋复杂的国际形势，加速国产化替代，为企业数字化管理和国产化控制核心安全应用奠定了良好基石。项目在下面多个技术环节取得阶段性进展：

（1）构建基于 5G 的软 PLC 多节点级联网络机制、建立基于 5G 通信多源数据集成和边缘侧设备智能传输控制方法，解决边缘侧数据采集转译融合问题。

（2）建立基于 5G 模组的虚拟创建灵活的虚拟通道，完成对智能工厂典型设备的工作状态、工艺参数、执行动作、能耗等数据采集关键技术。

（3）基于 5G 云架构的编程系统，开展 IEC61131-3 国际编程标准的、面向工业 4.0 应用的软件平台的开发。

（4）构建基于云架构的平台控制系统，包括边缘连接层、开发运营层，应用服务层 3 个层级。实现了主要包括边缘连接、云、应用 3 个核心要素紧密互动和协同工作。

（5）开发具有自主知识产权的工业级云架构的软件定义 PLC 的安全体系并提出安全规范和数据集成标准，开展面向钢铁产品制造的应用示范。

通过云化部署的软 PLC 适配工业接口，实现底层信号实时采集和设备动态控制，如图 8.73 所示。将过去常态化中包整备环节的工作人员由每班 4 人减到 2 人，工效提高 50%以上，信号采集率实现 100%，同时有效减少了连铸现场工作人员的劳动强度和操作风险，为实现智慧钢铁“稳产提质、降本增效”目标，建设新一代高质量网络下的云化智能控制系统迈出了里程碑的一步。

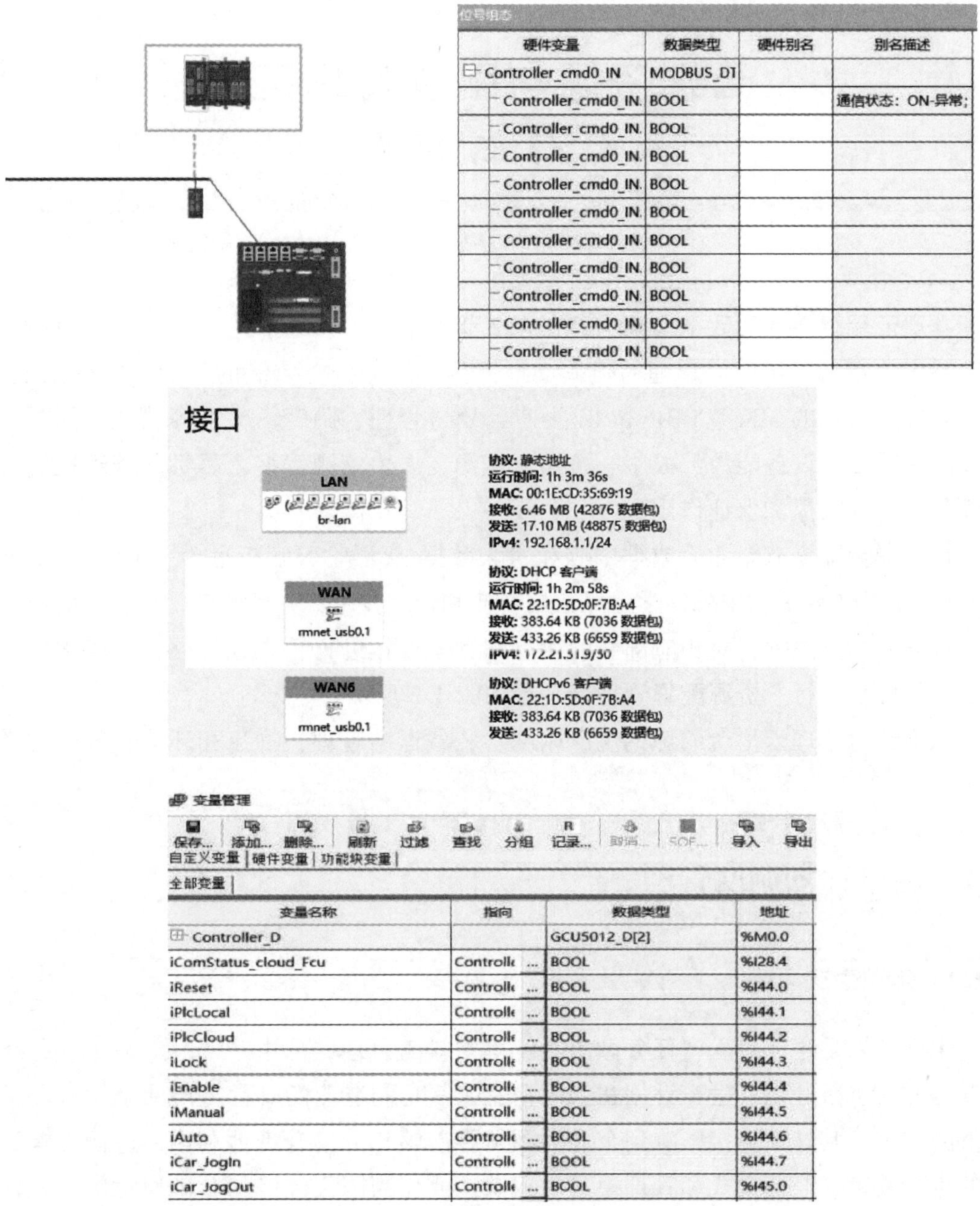

图 8.73　云端组态和远程控制

9　云端资源与配置管理区域的优化与管理

本章云端智能层的数字化架构，在 4.2 节中给出了详细描述。云平台是“边缘部分”设定、运行、调度、管理的强大支撑部分。云平台在传统的工业互联网系统中，承担着低实时性的 MES、ERP 和 BI 生产计划、管理、调度、决策等功能，同时，还可以实现质量、设备能力、成本、资源、能源、人力资源等多个目标的管理控制、资源优化配置等支撑和保证作用。

在云平台配置有企业大数据中心和“大数据/机器学习解析平台（Ⅱ）”（D/M平台 II），该平台也是利用机器学习等数据转换和处理技术，分析生产、设备、能源、物流等各方面的大数据，对相应部分的运行和管理工作进行管理和优化，支撑和保证边缘云的最优化运行。资源配置管理云平台如图 4.3 所示。

以下针对管理云平台的炼钢生产调度、装备运维管理、物流和环境管理进行详细说明。

9.1　生产计划调度管理

9.1.1　炼钢生产计划

生产计划是企业对生产任务做出的统筹安排与管理，从生产产品的数量、种类和进度等方面进行计划。生产计划在指导企业尤其是制造业的日常生产活动中起着举足轻重的作用，其好坏直接影响到企业资源是否能够充分且合理地利用，进而影响到企业的生产效率、经营模式和管理模式。钢铁工业作为国民经济的基础原材料产业，被称为工业的“骨骼”，也是重要的且加快实现工业化的先导产业，在经济发展中具有重要地位。钢铁制造过程中的重要组成部分——炼钢，能否对其生产计划进行有效管理，将直接影响到钢铁企业在市场上的竞争力。炼钢过程如图 9.1 所示（以每个阶段各两台机器为例）。

有效的炼钢生产计划是对客户需求的一种承诺，是对生产进度的一种要求，是整个钢铁生产环节的一种基本保证。而炼钢生产计划指定的依据主要有以下这几个方面：销售合同、前期生产计划的完成情况；在制品的周转情况、产品劳动定额及其完

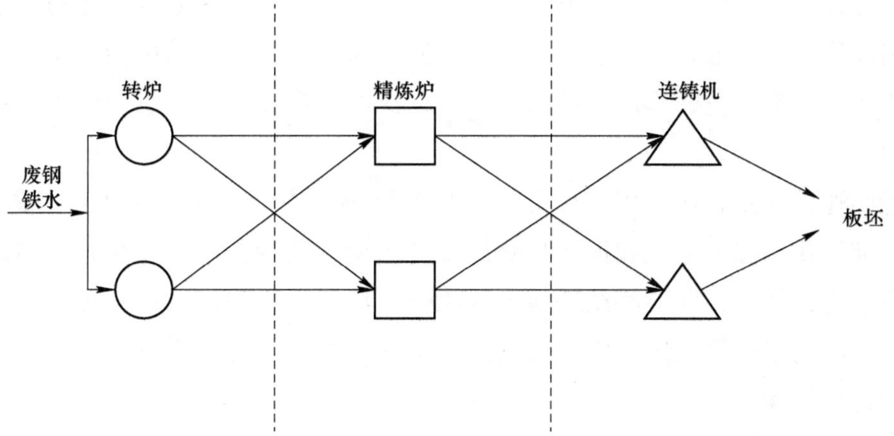

图 9.1 炼钢过程示意图

工、现有生产能力及利用率、原材料和加工设备的库存及供应情况、产品的质量及生产工艺技术资料等。

MES 是 20 世纪 80 年代出现的一种新型的企业生产管理系统。它以生产过程数学模型为核心，连接实时数据库和非实时关系数据库，对生产控制层安排生产作业计划，下达生产指令，进而对整个生产过程的物料、质量、设备、成本等内容进行控制。以生产优化运行为核心的 MES 运用于炼钢生产计划过程，主要解决生产工序计划的编制和处理，生产过程的动态优化调度，生产成本在线跟踪预测与优化控制，生产过程的计量动态跟踪以及设备运行状态监控等一系列问题。它在炼钢生产过程控制与管理之间实现无缝衔接，从而对炼钢生产过程实现全过程高度协调的控制和管理。炼钢过程计划编制的总体过程如图 9.2 所示。

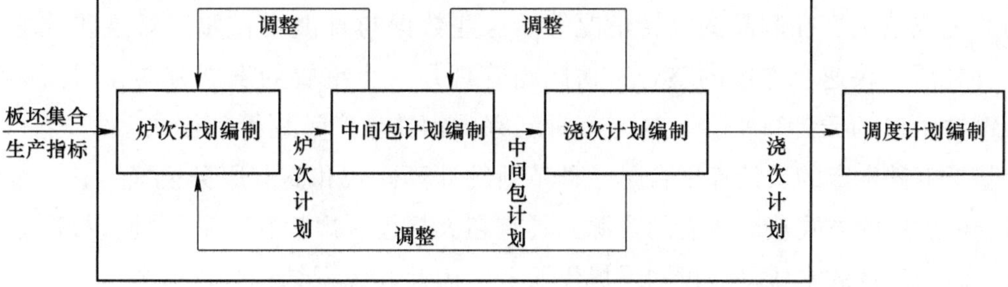

图 9.2 炼钢批量计划决策过程

炼钢生产计划系统能够通过热装热送比和热装温度提高而显著解决能耗问题；能通过上下工序的紧密衔接而降低在制品库存；能够通过计划的预排而提早发现合同中

的不合理之处和生产中的瓶颈环节，保障生产的稳定运行。炼钢生产计划通过优化作业的编制以保证生产过程的连续高效运作，使得物流和信息流尽可能同步、有效地发挥热装热送和直轧工艺的作用，进而达到降低成本、提高产品质量、缩短产品生产周期的目的。

综上所述，钢铁企业采用有效的炼钢生产计划一方面能够做到工序计划同步化、物流运行准时化、降低能耗和损坏、缩短生产周期、减少在制品库存，增加企业效益和市场竞争力；另一方面能够精确地平衡物流、指导销售部门的订货工作、为销售资源平衡系统和询单应答系统提供有效支撑、实现交货期的合理安排，为最终全面实现按时交货提供保障。

在实际的钢铁制造企业中，承德钢铁集团有限公司（简称承钢）针对自厂的炼钢—连铸—热轧过程的生产计划问题，对基于 APS（高级计划排程系统）的钢铁企业生产计划进行研究，从系统设计与开发实现的角度提出了一种更具一般性的系统分析设计与开发实现方案：首先对钢厂生产计划的基本问题进行归纳，进而从功能需求和业务流程两个方面对系统进行分析，最后采用 .NET 三层客户端/服务器模式完成了对系统的开发与实现。该生产计划系统有 4 个主要功能模块，其中，炼钢生产计划排成模块将输入的单元计划和独立的炼钢—连铸生产工单依据产能及排程约束与生产实际处理得到炉次、浇次计划，编制过程中实现了炼钢—连铸—热轧之间的相互交互，并分为了组炉/组浇、炉次/浇次管理、炉次/浇次计划释放三个处理过程。通过在承钢的 1780mm 生产线上进行验证，显示出了良好的结构，能够满足实际的炼钢需求。

目前，随着信息技术的不断革新以及互联网的广泛应用，产生了海量的数据。据统计，全球有 50%的企业每日生成数据量超过 1TB，5%的企业每日生成 50TB 的数据，而数据是各行各业最关心且最有价值的东西。

钢铁生产企业的数据包括库存量、客户订单、客户需求、销售合同、前期生产计划的完成情况、在制品的周转情况等。这些数据与日俱增，如何对这些数据进行统一、灵活、快速、方便的整合、访问与管理是一个重要的发展方向，因而诞生了基于钢铁生产的云计算平台，这是一种新兴的钢铁生产计划管理模式。

基于钢铁生产的云计算平台是一种革新的计算模式和商业服务模式，它通过网络按需、可扩展的方式获取所需的资源，具有超大规模、虚拟化、通用性、按需服务等特点。而云计算的本质是通过网络提供服务，因此其体系结构是以服务为核心。云计算平台体系结构图如图 9. 3 所示。

（1）用户访问层：给用户和云平台提供一个方便交互的接口，用户可以查看云平台所提供的各种服务并选择使用。

（2）资源层：指云环境中基础架构设施的物理资源和虚拟资源，物理资源指各种

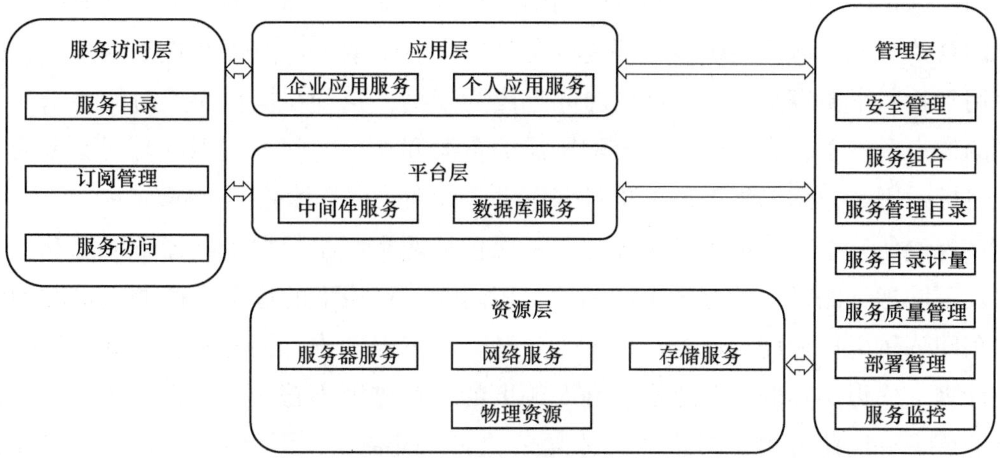

图 9.3　云计算平台架构

硬件服务器、网络设备和存储设备等；虚拟资源是通过虚拟化技术将物理资源虚拟出来的资源池。

（3）平台层：是对底层数据进行封装，然后以服务的形式提供给客户从而快速便捷地直接使用。

（4）应用层：直接为用户提供承载着云平台的软件服务。

（5）管理层：对各个层次的云平台计算服务提供管理功能，比如对各项生产资源进行实时监控等。

在未来钢铁制造行业中，云计算平台将为钢铁生产计划层面的任务带来更加广阔的发展空间。

9.1.2　炼钢生产调度

从 20 世纪 50 年代起，各类调度问题的研究就受到应用数学、运筹学和工程技术等领域的重视。80 年代初开始，专家学者们一直尝试并致力于解决与实际充分结合的调度问题，开始从理论研究阶段向应用研究阶段过渡。炼钢生产调度作为一种重要的钢铁工业生产技术，获得了学术界和工程界的高度重视。

炼钢生产调度与按时间分配有限的资源执行作业有关，是优化一个或多个目标的决策过程。炼钢生产调度把资源分配给作业，制定作业的开始时间，以预测、计划、组织、指挥和控制全部作业的处理过程。炼钢生产调度的主要任务是，如何给每个作业选择合适的加工设备以及如何合理地安排在同一台加工设备上所有作业之间的加工顺序。为了满足生产工艺要求，在炼钢生产调度问题中存在大量的复杂约束，导致很难获得最优生产方案。实际上大多数的炼钢生产调度已被证明是 NP-hard 问题。

炼钢生产调度是钢铁生产过程中一种有效的资源配置和优化技术。不同于炼钢生产计划，炼钢生产调度是在较短的时间内进行的，最主要的任务是生产作业的安排与资源的具体分配，涉及实际生产环境的各种约束。炼钢生产调度侧重于生产装置的分配利用和物料平衡等细节，考虑的时间范围为短期，强调在操作完成时间要求和资源限制的约束条件下，为每个操作分配所需的资源和加工时间，实现以时间参数为主的优化目标。因此，炼钢生产调度也是炼钢生产计划的可行性验证过程。

在理论研究中，炼钢生产调度过程主要包括两类：相同加工路径下的炼钢生产调度以及不同加工路径下的炼钢生产调度。相同加工路径下的炼钢生产调度也称为混合流水车间炼钢生产调度。此外，由于生产过程诸多因素难以预先精确估计，往往影响调度计划，使得实际的生产进度与静态调度的生产进度不符，需进行动态调整。钢铁生产的炼钢—连铸过程中，生产工艺复杂、加工设备多，不仅要考虑加工设备故障，还要考虑钢水成分不合格等动态扰动因素。综上所述，炼钢生产调度的特点如表 9.1 所示。

表 9.1　炼钢生产调度特点与说明

特点	说　明
复杂性	炼钢生产调度是一种需要组合优化的复杂系统工程，属于 NP 完全问题（非多项式确定问题），计算复杂性极高
多目标	在实际的炼钢生产调度过程中，需要考虑多个优化目标的结果以及相互冲突问题
多约束	炼钢环境复杂多变、任务加工属性较多
动态性	调度过程中可能会遇到机器损坏、加工顺序冲突等动态问题，必须重新调度，以维持调度的正常流程和对目标函数的优化

为了保证炼钢生产调度过程的顺利进行，在实际的钢铁生产企业中需要使用适合本生产车间的炼钢生产调度系统。上海宝山钢铁股份有限公司（简称宝钢）随着生产规模的不断扩大，炼钢连铸区的设备越来越多，冶炼的钢种也越来越多，因此该钢厂开发了一种基于规划模型、专家系统、案例推理和模糊理论的人机交互协调炼钢调度系统。该系统根据调度任务的需求，分成相互联系又相互独立的几个子系统，通过各个子系统的有机继承，构成了完整的调度功能，包含了动态编辑器、静态调度模块、动态调度模块、钢包系统、天车台车系统和温度系统等。其中动态编辑器作为该调度系统的重要组成部分，是宝钢炼钢生产调度系统的运行平台，并与其他系统模块共同完善了该系统。宝钢炼钢生产调度系统极大地提高了计划编制的效率，对各类复杂生产环境的各类事件可以做到快速响应，保证了整个炼钢过程的稳定运行，获得了宝钢的肯定。

在基于云计算的钢铁生产调度中，具有如下几个关键技术：

（1）调度策略：是调度管理的最上层策略，由数据中心所有者和管理者界定；

（2）优化目标：调度中心需要确定不同的目标函数以判断调度的优劣；

（3）调度算法：优良的调度算法需要按照目标函数在短时间内产生优化结果，并且自身不能消耗过多的资源。一般情况下，调度算法求解的基本都是 NP-hard 问题，需要极大的计算量。在钢铁调度中会依据不同的生产环境而使用不同的调度算法；

（4）调度算法的系统架构：要与云计算平台的数据中心的基础架构密切相关，目前一种主流的方向是考虑多级分布式体系结构；

（5）数据中心业务流量特征分析：掌握当前生产制造业务流量有助于优化当前的调度算法。

目前基于钢铁生产调度的云计算平台正在逐步发展与完善，且应用前景十分广阔。同时，该平台在未来的发展中还要注重以下几个研究方面：

（1）云计算平台调度优化策略：要以减少总的执行时间、资源消耗为调度目标，更好地将生产资源进行分配，以达到更好的调度方案；

（2）云计算平台调度系统研究：云计算平台调度系统主要涉及系统资源、云应用服务资源以及云网络系统等方面。通过建立合理的调度管理系统能够从安全性、高效性、稳定性等方面对调度结果进行大幅度优化。

9.2 装备运维管理

传感器技术和通信技术的进步，推动故障诊断领域进入了“大数据”时代。利用大数据全面掌握设备的健康动态，整合资源进行智能维护，保障生产质量，提高生产效率。基于大数据的智能运维来解决设备管理问题的逻辑如图 9.4 所示。

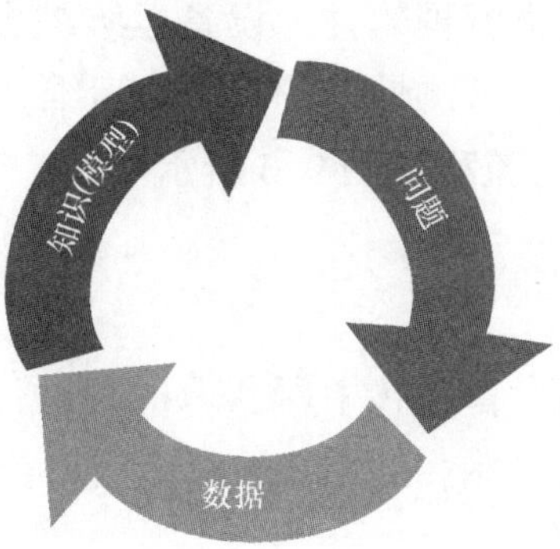

图 9.4 从大数据到智能运维的问题解决逻辑

2017 年中国工程院《中国智能制造发展战略研究报告》中，智能诊断运维被列为新一代人工智能在制造业应用的重点突破方向之一。

故障预测与健康管理（PHM，Prognostics and Health Management）是 21 世纪提高复杂系统“六性”（可靠性、安全性、维修性、测试性、保障性、环境适应性）和降低寿命周期费用的一项非常有前途的军民两用技术。PHM 的功能模块包括状态检测、趋势分析、故障预测、剩余寿命预测（RUL）和维护决策资源管理，如图 9.5所示。

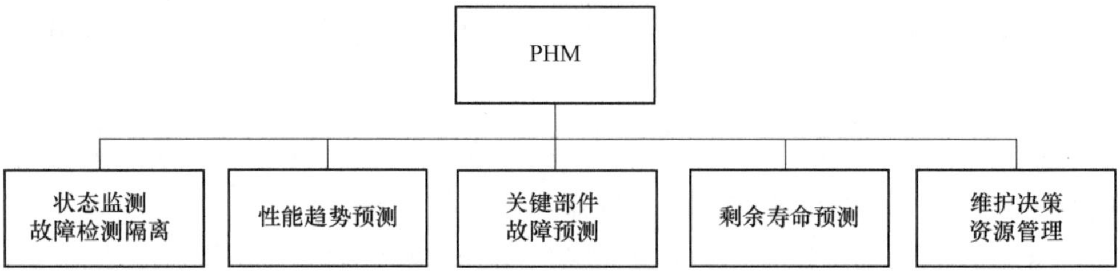

图 9.5　PHM 的功能模块构成

PHM 技术包含故障预测和健康管理。PHM 是通过 CPS 实现装备两化（信息化和工业化）融合的关键。

故障预测是实现对象系统性能退化状态和剩余寿命预测的核心方法。故障预测方法的类型主要可分为三类：

（1）基于可靠性模型的 PHM 方法；

（2）基于物理模型的 PHM 方法；

（3）基于数据驱动的 PHM 方法。

基于数据驱动的 PHM 方法中，机器学习和统计分析方法是主流算法。

智能运维的实现基于信息物理融合系统，利用基于机理和数据驱动的混合建模技术和方法，开发故障预测与健康管理软件、设备运维综合保障管理系统实现设备智能运维系统，实现装备故障诊断与预测性维护、设备运维多目标智能优化决策。

数据驱动 PHM 技术体系与流程如图 9.6 所示。

9.2.1　基于统计分析的故障诊断

在诊断过程中，首先分析设备运转中所获取的各种信号，提取信号中的各种特征信息，从中获取与故障相关的征兆，利用征兆进行故障诊断。

9.2.1.1　信号时域分析方法

振动信号的时域特征提取过程通常相对简单，往往对振动信号时域波形的有量纲

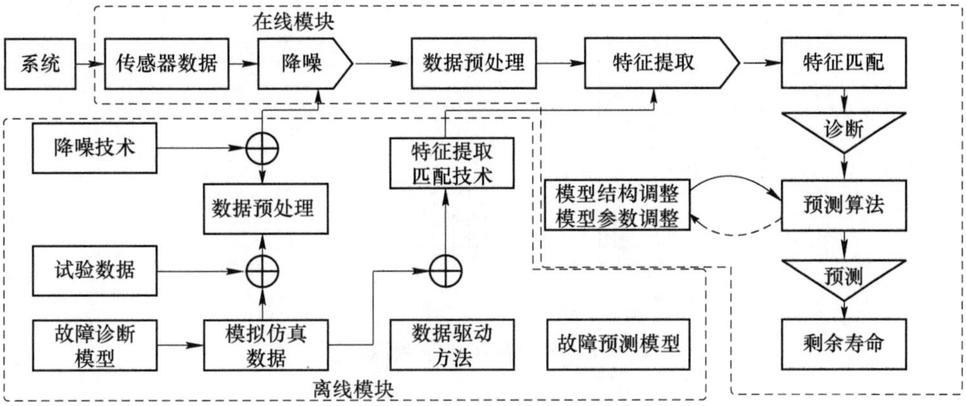

图 9.6 数据驱动的 PHM 技术体系与流程

和无量纲指标进行计算，常用的时域特征包括：峰值、平均值、方差、标准差、均方根、偏度、偏度指标、峭度、峭度指标、波形因子、峰值因子、脉冲因子、烈度和裕度指标 14 个统计参数。

9.2.1.2 信号频域分析方法

工程实践表明，不同类型的机械故障在动态信号中会表现出不同的特征波形。

A 滚动轴承的频谱特点

正常轴承的频谱如图 9.7 所示。

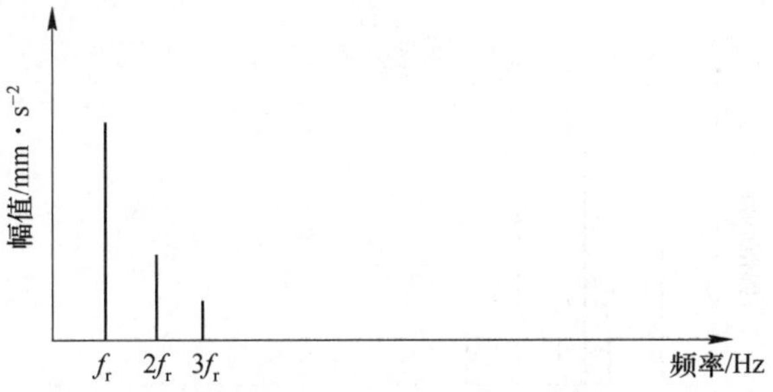

图 9.7 正常轴承频谱特征

轴承发生外圈故障时，其频谱特征会在外圈故障频率及其倍频处体现。同时，当轴承发生故障时往往会在高频处激起系统的固有频率。外圈故障轴承的频谱如图 9.8 所示。

内圈故障轴承频谱特征如图 9.9 所示。滚动体故障轴承频谱特征如图 9.10 所示。保持架故障轴承频谱特征如图 9.11 所示。

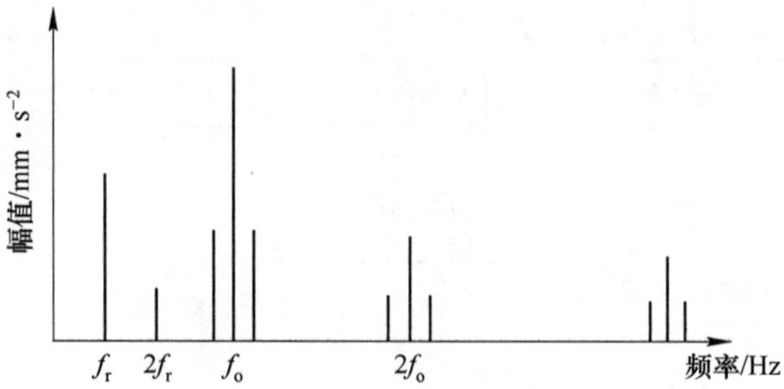

图 9.8 外圈故障轴承频谱特征

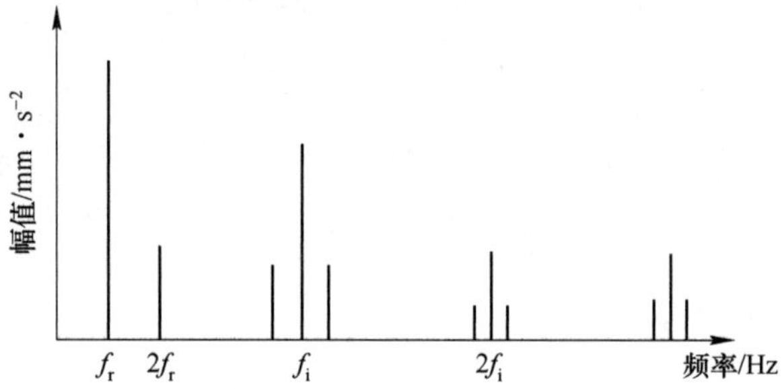

图 9.9 内圈故障轴承频谱特征

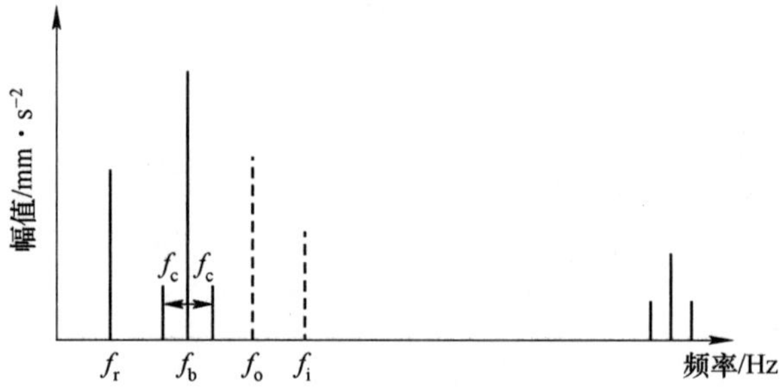

图 9.10 滚动体故障轴承频谱特征

B 齿轮的频谱特点

正常齿轮的频谱如图 9.12 所示。齿轮磨损的频谱特征如图 9.13 所示。裂纹、折断、局部齿形误差的频谱特征如图 9.14 所示。齿形误差的频谱特征如图 9.15 所示。齿轮偏心的频谱特征如图 9.16 所示。

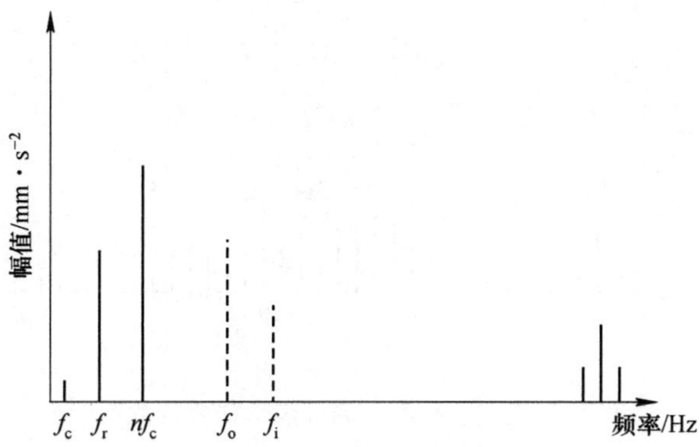

图 9.11 保持架故障轴承频谱特征

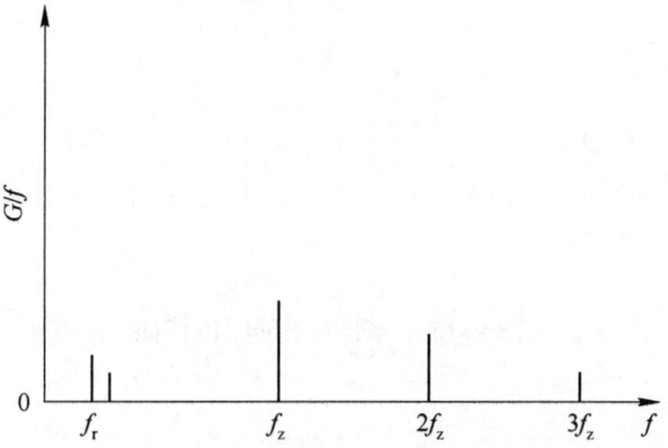

图 9.12 正常齿轮的频谱特征

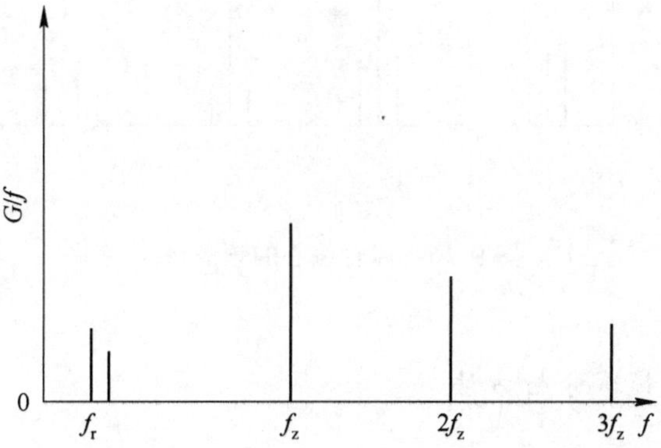

图 9.13 齿轮磨损的频谱特征

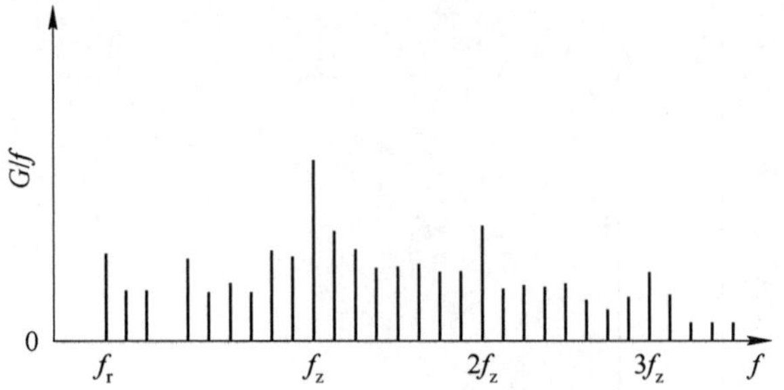

图 9.14 裂纹、折断、局部齿形误差的频谱特征

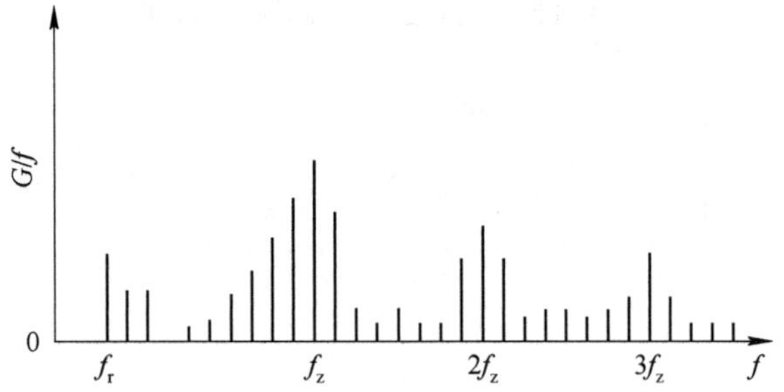

图 9.15 齿形误差的频谱特征

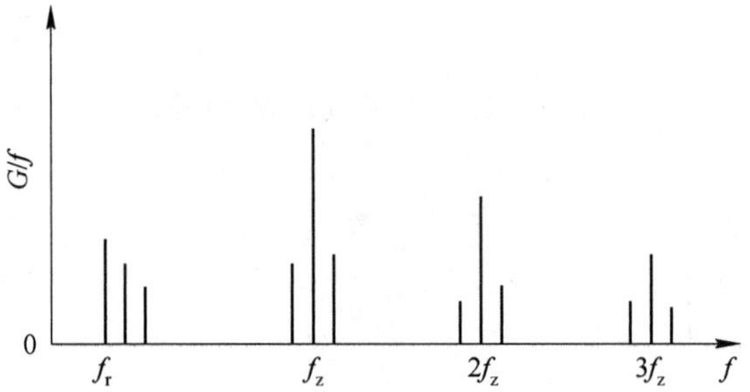

图 9.16 齿轮偏心的频谱特征

9.2.1.3 信号时频域分析方法

时频分析即时频联合域分析（JTFA，Joint Time-Frequency Analysis）的简称，是分析时变非平稳信号的有力工具。时频分析方法提供了时间域与频率域的联合分布信息，清楚地描述了信号频率随时间变化的关系。本节主要介绍短时傅里叶变换、小波

变换、经验模态分解等3种常见的时频分析方法。

(1) 小波变换。小波变换（WT，Wavelet Transform）通过伸缩平移运算对信号（函数）逐步进行多尺度细化，最终达到高频处时间细分，低频处频率细分，能自动适应时频信号分析的要求，从而可聚焦到信号的任意细节。

(2) 经验模态分解。经验模态分解（EMD，Empirical Mode Decomposition）的时频分析方法既适合于非线性、非平稳信号的分析，也适合于线性、平稳信号的分析，并且对于线性、平稳信号的分析也比其他的时频分析方法更好地反映了信号的物理意义。经验模态分解是依据数据自身的时间尺度特征来进行信号分解，无须预先设定任何基函数。

(3) 短时傅里叶变换。所谓短时傅里叶变换（STFT），是指选择一个时频局部化的窗函数，假定分析窗函数 $g(t)$ 在一个短时间间隔内是平稳（伪平稳）的，移动窗函数 $g(t)$ 截断信号 $f(t)$，使 $f(t)g(t)$ 在不同的有限时间宽度内是平稳信号，从而计算出各个不同时刻的功率谱。

其变化过程如图9.17所示。

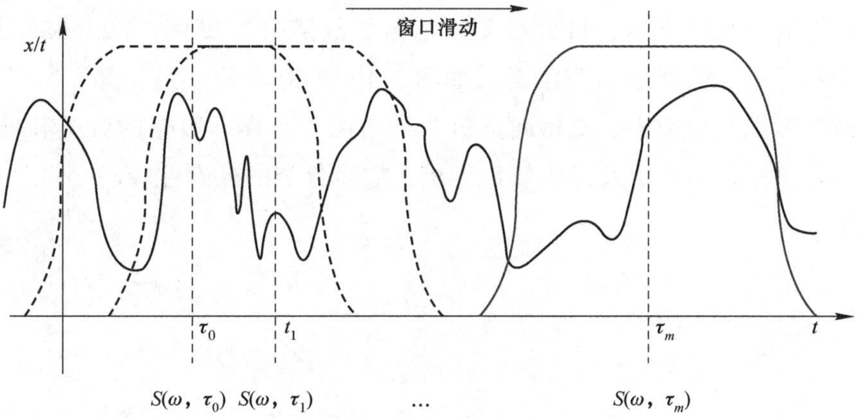

图9.17 窗口滑动示意图

9.2.2 工业大数据驱动的智能诊断与寿命预测

9.2.2.1 故障诊断的智能方法

A 基于KNN的智能诊断方法

KNN应用于故障诊断时，遵循经验风险最小化准则预测诊断结果。k近邻算法示意图如图9.18所示。

KNN算法简单、计算速度快，对样本数据集的异常值不敏感，特别适用故障诊断

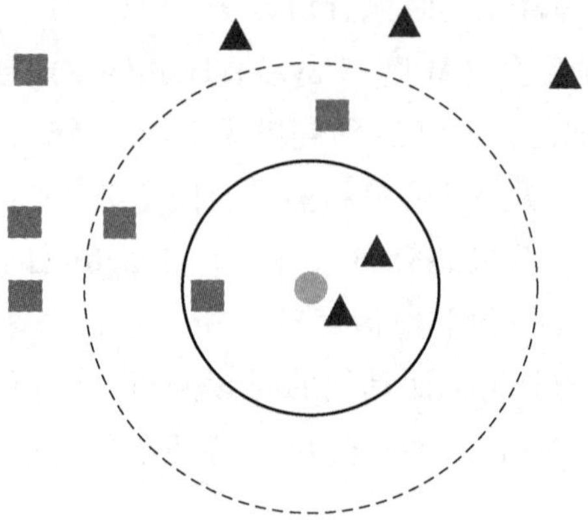

图 9.18　k 近邻算法示意图

这种多分类问题。如孙斌等利用局部切空间排列提取到汽轮机转子的故障特征，并输入到 KNN 分类器中，取得了良好的故障识别效果。

B　基于 SVM 的智能诊断方法

支持向量机（SVM，Support Vector Machine）诊断时调用已训练的 SVM 模型并读取待诊断信号的时域特征值，进而计算该信号的故障分类概率，输出最大概率标签，完成故障诊断任务。SVM 二分类示意图如图 9.19 所示。

在机械故障识别分类中，支持向量机非常适用于小样本数据的分析和处理，避免了大量训练、测试样本需求及经验知识需求，故障分类的准确性较高。

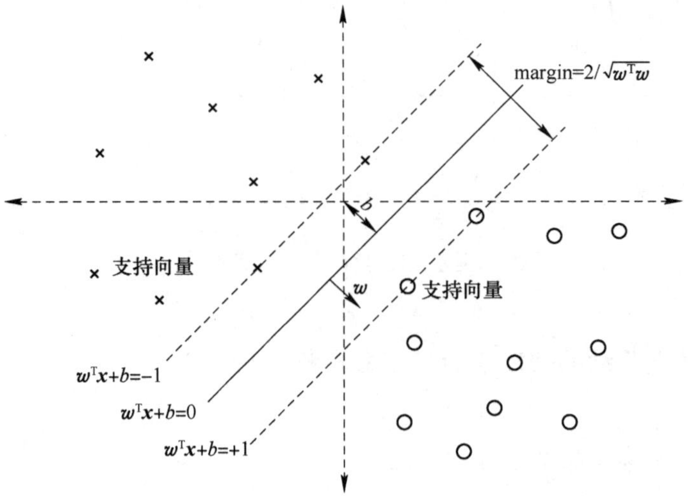

图 9.19　SVM 二分类示意图

C　基于 CNN 的智能诊断方法

卷积神经网络（CNN）作诊断时可以直接利用一维振动信号作为输入，建立一维

CNN 模型进行故障诊断。Islam 通过小波变换对输入的一维数据进行预处理，并将这些信号从时域转换到时频域，然后利用二维 CNN 进行故障诊断。CNN 典型架构如图 9.20 所示。

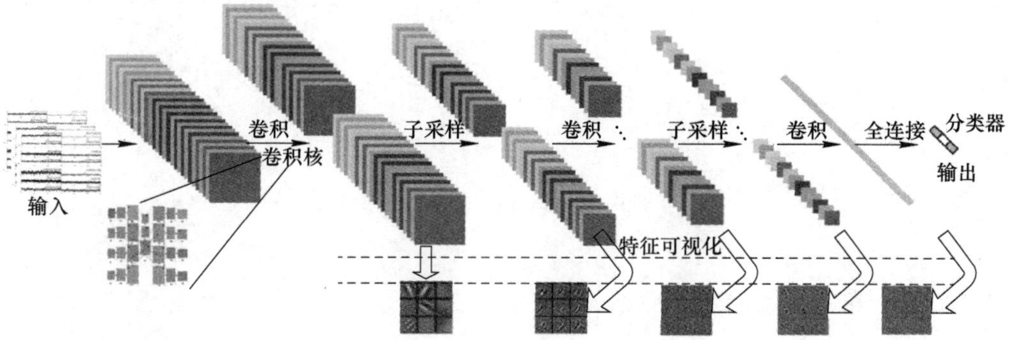

图 9.20 CNN 典型架构

D 基于 RNN 的智能诊断方法

在机械故障诊断中，以一维振动信号为循环神经网络（RNN，Recurrent Neural Network）输入的任务有不错的效果。相比普通的 RNN，LSTM 能够在更长的序列中有更好的表现，更加适用于故障诊断任务。RNN 结构如图 9.21 所示。

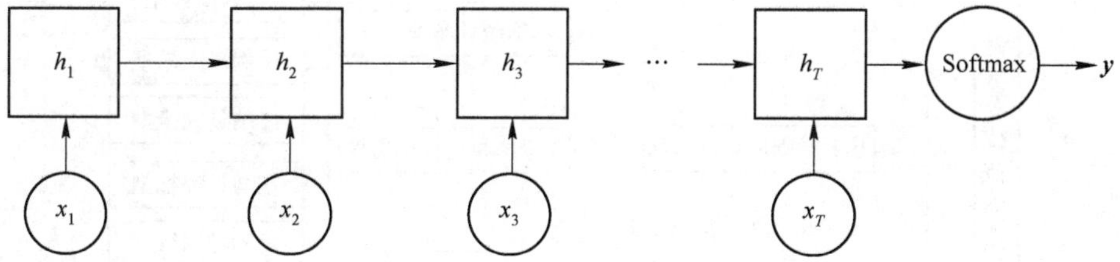

图 9.21 RNN 结构示意

E 基于注意力机制的智能诊断方法

在机械故障诊断中，有时受工况交变影响，振动信号具有很强的时变性。因此在不同时间内采集的信号具有不同的特征，其重要程度也不一样。孔子迁等人就针对行星齿轮箱振动信号频率成分复杂和时变性强的问题，提出了基于时频融合和注意力机制的深度学习行星齿轮箱故障诊断方法。

F 基于图神经网络的智能诊断方法

近年来图神经网络在故障诊断领域的应用越来越多。有人提出一种基于图神经网络的变压器故障诊断方法。图数据的结构如图 9.22 所示。

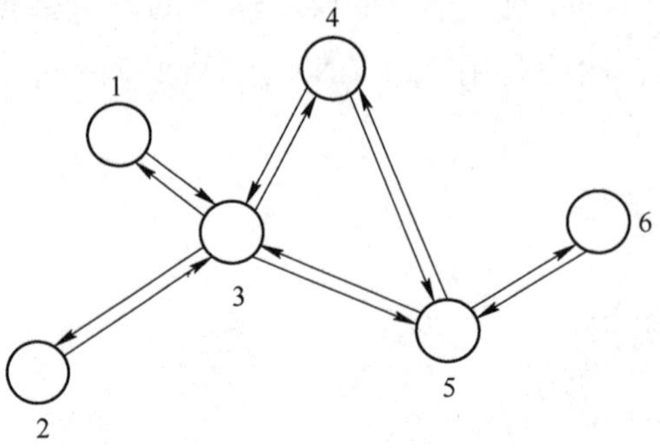

图 9.22 图数据结构示意图

9.2.2.2 寿命预测的智能方法

剩余寿命预测（RUL，Remaining Life Prediction）即当前时刻到设备失效时刻的有效时间间隔，并据此制定合理的设备维护策略，对于切实保障设备的安全性和可靠性、节约生产成本具有重要意义。

RUL 的预测方法主要有三种：基于机理模型的方法，数据驱动的方法和其两者相融合的方法。RUL 预测模型方法的分类如图 9.23 所示。

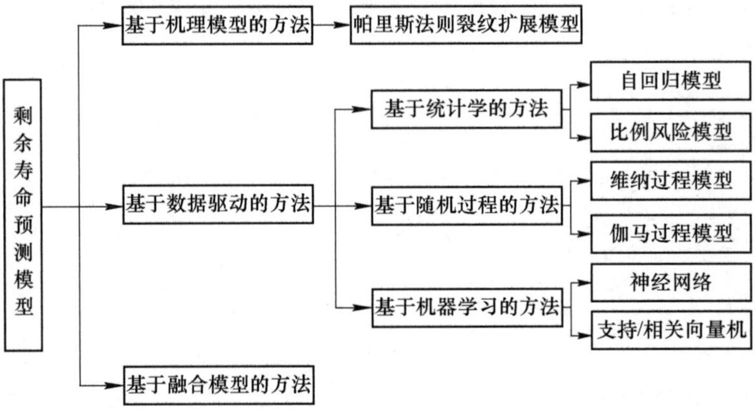

图 9.23 RUL 预测模型

A 基于机理模型的方法

这种方法是指通过分析设备退化的内部机理，建立设备全寿命周期包含负载条件、失效机制的物理模型。该方法的关键是通过对设备失效机理分析确定能够反映退化状态的参数作为模型参数，并利用测量信息确定最终的机理预测模型。

B 基于数据驱动的方法

数据驱动的方法包括随机过程模型方法、统计分析的方法、机器学习方法。描述各种退化状态的系统，常用的随机过程模型有维纳过程和伽马过程两种。基于统计模型的方法有自回归模型、比例风险模型等。常见的机器学习算法主要包括神经网络、支持向量机、模糊神经网络等。

C 基于融合模型的方法

此类方法将数据驱动方法和模型驱动方法融合，实现健康状态估计。

基于数据驱动的寿命预测方法主要包括三个阶段：数据采集、HI（Health Indicators）构建和RUL预测。数据驱动的剩余寿命预测框架如图9.24所示。

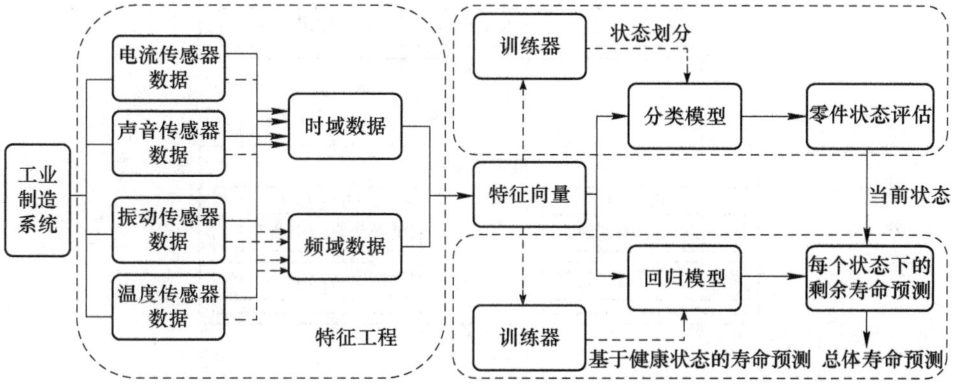

图9.24 数据驱动的剩余寿命预测框架

一个合适的HI对于建立机械的退化规律与RUL之间的关系至关重要。从构建的角度看，HI可以分为两种类型：PHI（Physical Health Indicators）和VHI（Virtual Health Indicators）。

基于两阶段法的RUL的预测如图9.25所示，通过对历史退化数据建模分析，实现零部件未来健康状况和剩余寿命的预测。

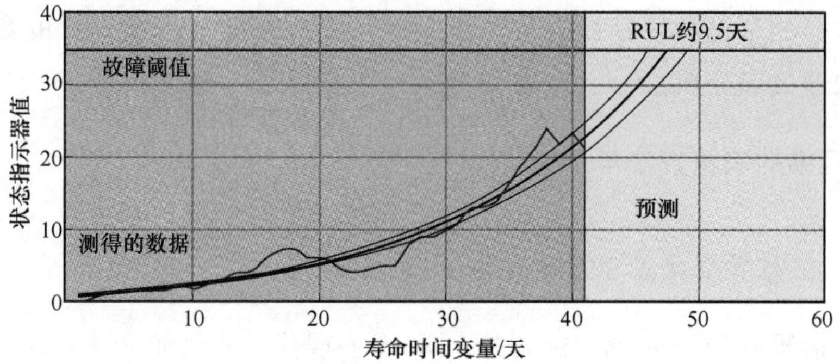

图9.25 剩余寿命预测

9.2.3 基于数字孪生技术的故障诊断与寿命预测

数字孪生技术可以实现设备运行过程中高度可视化的实时快速状态监测和诊断、提供系统全生命周期的安全性评价以及寿命预测等功能。

数字孪生模型由物理实体、虚拟实体、链接、孪生数据和服务系统五个维度组成。在通用的数字孪生技术设计架构中，大致可以分为四个层次，如图 9.26 所示。

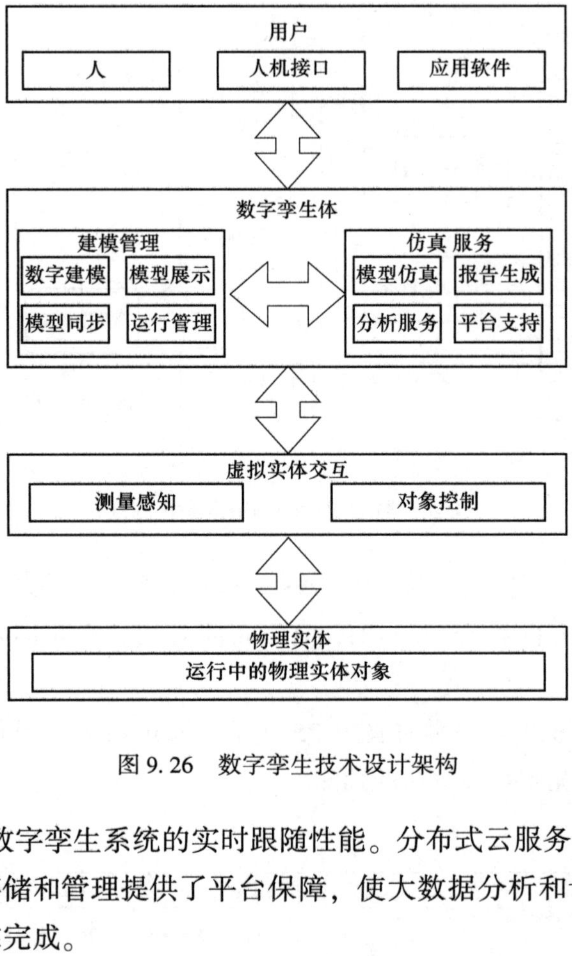

图 9.26 数字孪生技术设计架构

5G 技术提高了数字孪生系统的实时跟随性能。分布式云服务器存储技术的发展为全寿命周期数据的存储和管理提供了平台保障，使大数据分析和计算的数据查询和检索阶段能够快速可靠完成。

9.2.4 智能运维的决策方法与系统

9.2.4.1 运维管理决策理论和建模方法

设备智能运维（以下简称智能运维）利用了现代工业互联网技术和物联网技术，使基于感官判断设备状态转换为基于数据判断设备状态，从基于经验的决策转换为基于知识的决策。智能运维的本质是基于设备状态变化趋势的智能决策，与传统设备运维的区别是充分利用了云计算、大数据、物联网、人工智能、5G 等新一代 ICT 技术（信息与通信技术），由“感官判断、经验决策”演变为“数据判断、知识决策”。

智能运维管理平台系统集成状态监控、故障报告生成、设备知识库和智能诊断模型、维修资源数据库等。

设备智能运维管理，是基于状态评估、故障诊断和 RUL 预测，开展设备可靠性运维决策。可靠性运维需要进行可靠性度量。基于可靠性的设备运维决策模型如图 9.27 所示。

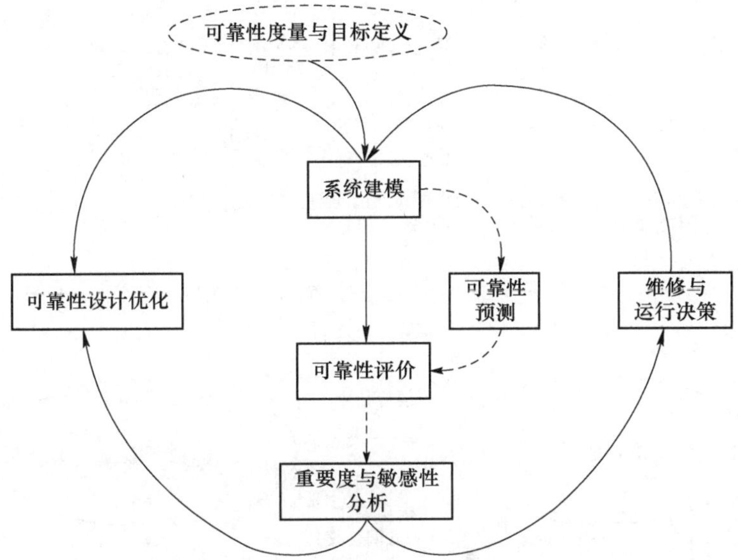

图 9.27 基于系统可靠性的设备运维决策模型

设备运维决策是通过构建决策目标函数、约束条件，进行多目标运维决策。

9.2.4.2 单机版的运维管理系统架构

单机版智能运维系统架构如图 9.28 所示。

分布式系统架构主要有两种：客户机/服务器（C/S，Client/Server）架构和浏览器/服务器（B/S，Browser/Server）架构。传统的 C/S 架构系统服务器和客户端应用程序组成如图 9.29 所示。

B/S 架构是对 C/S 结构的一种变化或者改进的结构，如图 9.30 所示。

9.2.4.3 基于工业云和 CPS 的智能运维管理系统平台

智能运维的实现基于信息物理融合系统，实现了信息系统与物理系统的深度融合。在智能运维云端平台，通过构建设备的数字孪生体模型，实现设备的运行信息和物理信息的融合，基于云端的智能运维平台基本框架如图 9.31 所示。

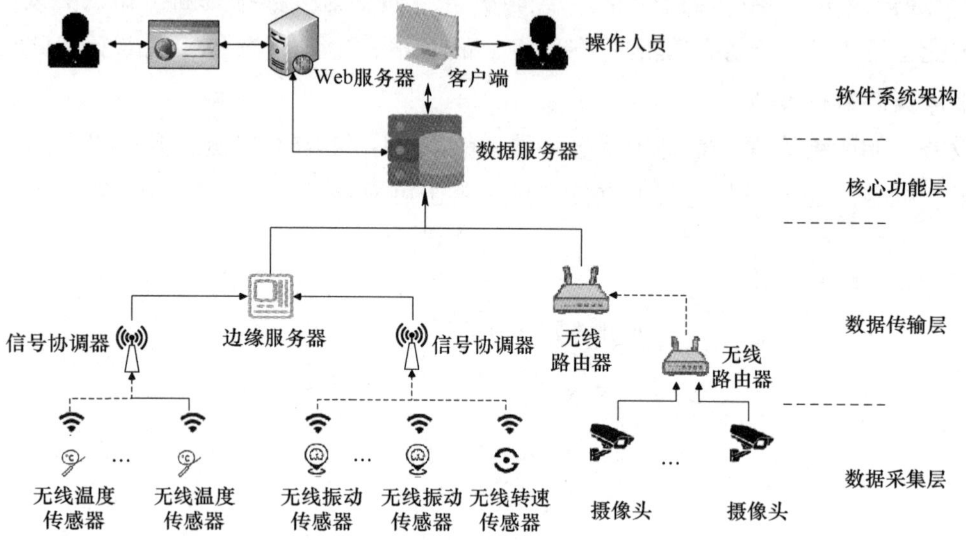

图 9.28　运维管理系统整体架构

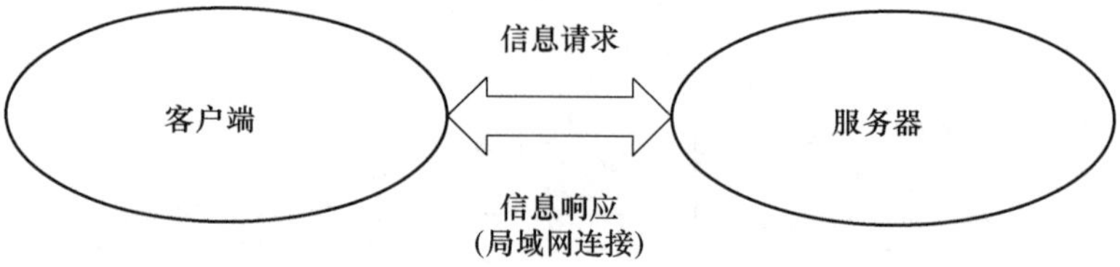

图 9.29　C/S 架构

图 9.30　B/S 架构

9.2.4.4　智能运维管理系统实例分析

A　概述

本实例系统名为智能点检在线监测及运维系统，针对设备为某钢厂混合机，实现设备检测的智能化。

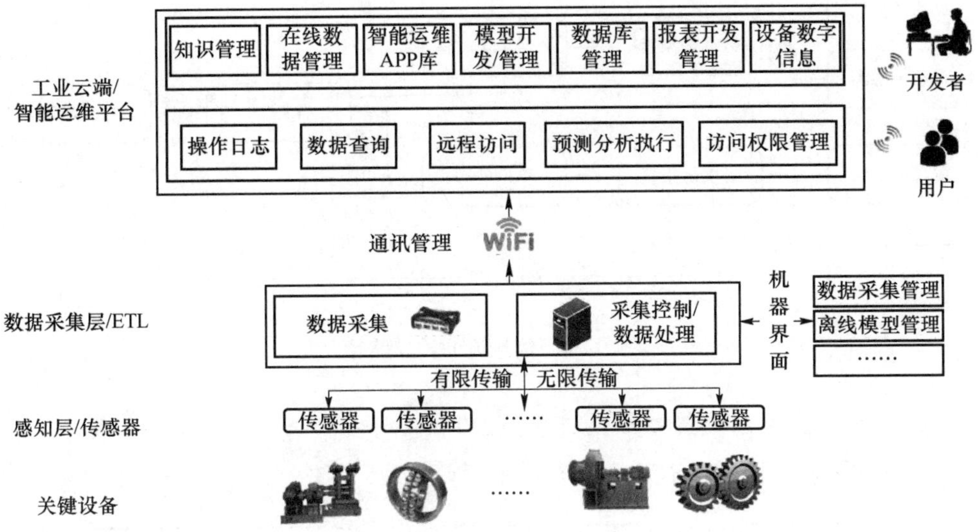

图 9.31 基于工业云和 CPS 的智能运维管理系统平台

B 系统整体架构

数据采集与监视控制系统（SCADA，Supervisory Control And Data Acquisition），采用“仪器-工控机-服务器-客户端”架构，如图 9.32 所示。

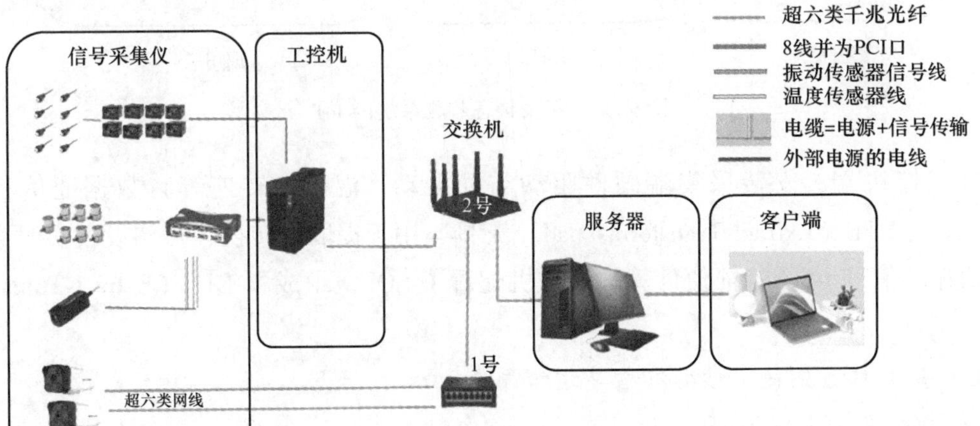

图 9.32 SCADA 系统架构

C 数据采集系统

数据采集和信息流在硬件系统中的传递路径如图 9.33 所示。

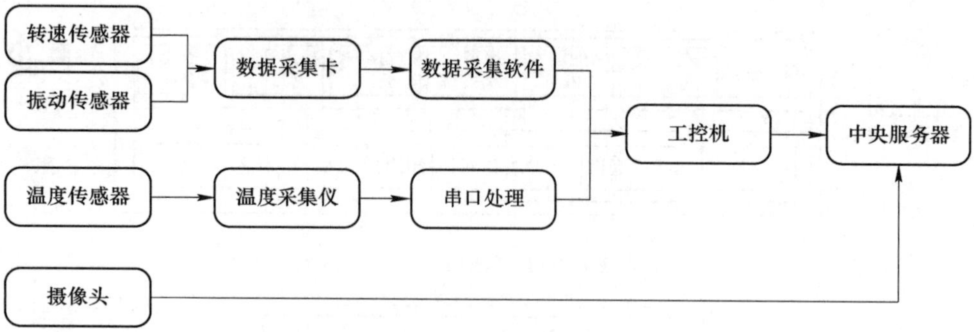

图 9.33 信息流的传递路径

D 在线状态监测系统的物联网方案（IoT）

在线监测系统采用 IoT 方案，如图 9.34 所示。

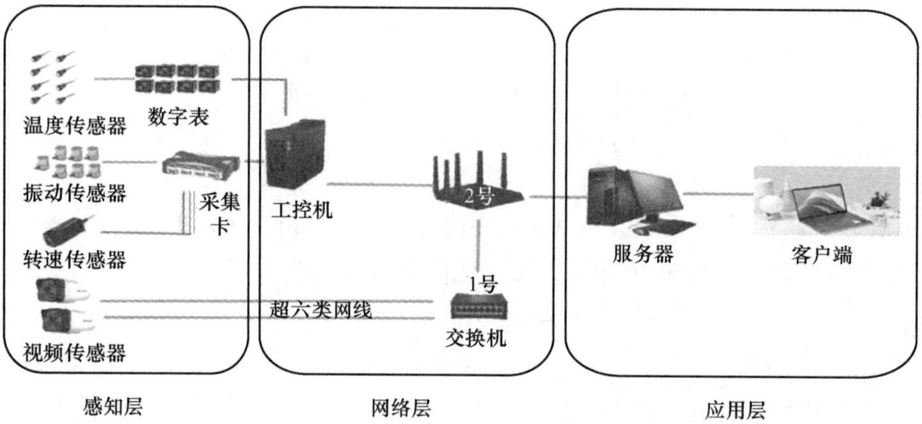

图 9.34 在线状态监测系统的 IoT

在工控机端，安装采集端硬件驱动与（振动、温度、转速等）数据通信程序、SQL，组建 ETL（Extract-Transform-Load）工具，用于提取、转换、存储设备实时数据，并完成振动信号 14 个特征值计算。工控机配置了 SQL，组成了 ETL（Extract-Transform-Load）工具。

E 基于 B/S 的故障诊断和智能运维系统

a 在线监控大屏界面

在线监测大屏界面主要包括：设备总览图、视频监控、振动数据实时显示、传感器实时状态、最近七日故障数、实时温度数据显示、实时温度传感器、可视化显示以及振动/转速传感器实时数据等，可以实时观察设备状态。

b 数据管理界面

数据管理界面是本系统的核心功能界面，包括：实时故障诊断、报警及日志、故障分析及预警、历史数据分析和系统设置等功能。

9.3 物流管理

9.3.1 物流管理的云计算应用平台

钢铁生产过程物流、能流管理数字化系统涉及的物流种类多，能源介质错综复杂，管理流程长。为了实现IT资源的集中化、标准化、信息化、实时化管理，满足企业大规模服务以及高扩展性、高可靠性、虚拟化和按需服务的需要，需要搭建资源配置管理区域的云计算应用平台（以下简称云平台）。

云平台主要优势有：

(1) 高效运营。云平台能够在几分钟内部署资源；几小时内进行系统维护和变更管理；系统的维护与变更不需要宕机时间；可以通过系统模板定制资源。同时，通过云的部署，可以节省大量的资源，其中包括机房的建设、人员的投入和环境资源的使用等。

(2) 降低成本。云平台的使用可以提高计算资源的使用率，降低运营成本。

(3) 节能环保。云平台可以进行分布式电源管理，当整个服务器集群需要资源减少时，云会整合所有负载到少数几台服务器上，同时将不需要的服务器定义成备用模式，不进行工作。当运行负载增加时，云能够自动将处于备用状态的服务器唤醒，进入工作状态。

通过这种运行方式设置，云不仅能够降低服务器的电力供应，同时也能够降低机房环境设备（空调、UPS等）的电力供应，从而达到节能环保的目的。

(4) 动态扩展。一次建设，无限扩充。云具有动态扩展的能力，可以动态地向资源池中添加资源，动态分配资源，不需要停机维护，并能根据用户需要进行私人定制。

(5) 资源整合。云平台建成后，不仅可以为资源配置管理系统平台使用，也可以根据企业未来的管控需求，将EMS、MES等系统按地域（或网络）就近的原则，进行系统资源整合，这样不仅能够让系统资源的使用率提高，也能减少机房建设和维护的费用，并且能够减少人员投入，从而达到集中、高效、节约和环保的目的。云平台的集约化架构如图9.35所示。

钢铁生产过程的物流管理、能源管理云计算平台将围绕云端资源与配置管理区域的部署，逐步实现优化与管理。

9.3.2 钢铁生产过程的物流管理

钢铁生产过程的物流管理是对整个钢铁企业内部物流进行计划、组织、协调和监

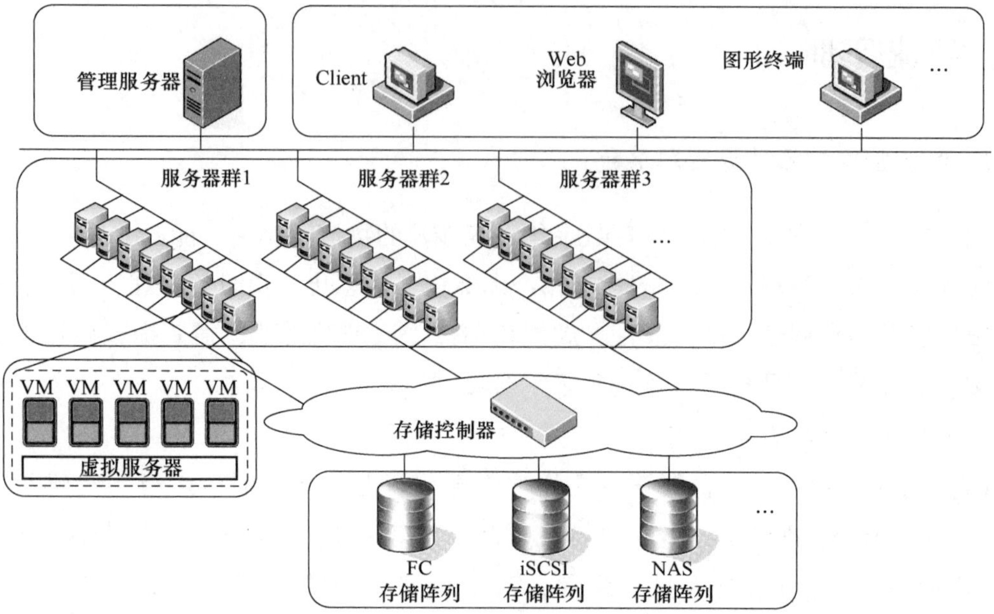

图 9.35 集约化云平台架构示意图

督的管理活动，通过物流管理实现企业各种原料、燃料、产品等物流的最佳安排，从而实现物流成本最小化。随着生产技术和管理方式的不断加强，减少库存、提高资金利用率，优化钢铁企业物流，降低成本，提高企业竞争力成为当下重要任务。随着信息化、智能化发展，实现物流区域的资源与配置管理优化也越来越得到重视。准确、实时掌握物流信息，合理安排原材料的采购运输和仓储的配比使用，实现物流数字化、智能化管理势在必行。构建数字化、专业化、网络化、国际化的现代钢铁物流服务体系，打造服务钢铁全产业链最具竞争力的现代钢铁物流信息化系统，实现物流管理的高效化更是主要发展趋势。

通过实时大数据分析把钢铁生产的原料——铁矿石、煤炭、合金等，物料——铁水、钢水、钢坯、产品的流通规律摸清，做出决策，并进行反馈控制，直接作用到生产线上，形成闭环反馈赋能，及时纠正各种扰动带来的问题。同时对物料运输和库存等环节进行实时监控。利用大数据，对模型进行自学习、自适应，提高模型的保真度，从而赋值生产过程，提高产品质量，降低生产成本，提高生产效率。

9.3.3 钢铁生产过程的能源管理

钢铁生产过程流程长、能源利用率低、污染物排放量大，是节能减排的重点部位，其能效水平高低直接影响能源消耗和碳排放量。因此，挖掘节能减排潜力，提高资源、能源利用效率，是钢铁行业可持续发展和提高竞争力的关键所在。系统能效提升是有效减少能源投入的手段，通过系统剖析生产能效及其影响因素，协同耦合物质流与能量流，构建能源精益化运行体系，能够快速挖掘企业节能潜力，实现能源高效转换与利用，加快企业绿色化、智能化协同发展。

能源精细化管理是指在满足能源需求合理增长的前提下，转变能源管理方式和运行机制，提高用能效率，实现能源、资源利用的高效化、合理化，消除能源管理过程中的一切浪费。钢铁生产过程能源精细化管理依托信息化、自动化的发展，逐渐转变为对能源介质的精细化管理。钢铁企业能源种类多，而且能源结构复杂，各类能源相互耦合，能源产消和传输组成了复杂的能源网络，因此能源管理首先需要深入了解能源种类、特点及相互关系。通过企业 ERP、MES 等一体化信息系统的建设，数据、系统、流程实现整合集成，从而建立起数据共享平台，提高企业数据资源的采集、利用效率，为能源的精细化管理提供数据支撑。数据的采集与传输依赖于能源计量设备的发展，通过推进能源计量设备的安装升级与管理，完成企业基础数据采集传输，供能源决策系统分析优化。配好、管好、用好能源计量器具，能源精细化工作才有实施的意义和可能，同时也能帮助企业找到节能降耗关键点，改进生产工艺、提高能源利用效率。

随着钢铁制造流程连续化、自动化和信息化水平的不断提高，生产工序间的衔接、能源介质的供需匹配、生产调度等均发生了本质变化，能源管理的数字化、智能化成为当前钢铁生产过程节能降耗的关键环节之一。目前，大多数钢铁企业能源管理过程中普遍实现了数据采集、能源监控、潮流显示、事件及故障记录等功能，具备了较好的网络和数据基础，但是在能源管理数字化、智能化模型方面仍十分欠缺，尤其是数字化能源系统、能源动态预测、优化调度等模型的开发应用。因此，钢铁企业迫切需要在信息化基础上提升数字化、智能化水平，进行能源系统的精细化管理，加强供给侧、需求侧管理，实现两化融合深度发展。但是钢铁生产过程工艺复杂，能源系统随生产状况波动频繁，用能设备数量多，能源介质种类多，煤气、蒸汽、电力等能源介质之间又相互耦合、相互影响，是一个复杂多变的系统。如何结合钢铁生产工艺要求、能量流网络运行规律，并借助工业大数据分析技术深度挖掘工业生产数据内部的潜在规律，构建智慧能源体系，从而提高钢铁全流程能源系统的管控水平，降低能源介质的放散，提升能效，成为当前能源管理研究者的重要工作。随着“中国制造 2025”、智能制造工作的推进，钢铁企业能源管理的数字化、智能化成为未来一段时期的重点工作。

通过数字化能源集控平台建设，实现能源管理数字化、智能化，达到提升能源效率、提高劳动生产率、实现全流程、全工序的协调平衡，全生产流程的最优化，最终实现物质流、能源流、信息流和价值流的协同耦合，如图 9. 36 所示。

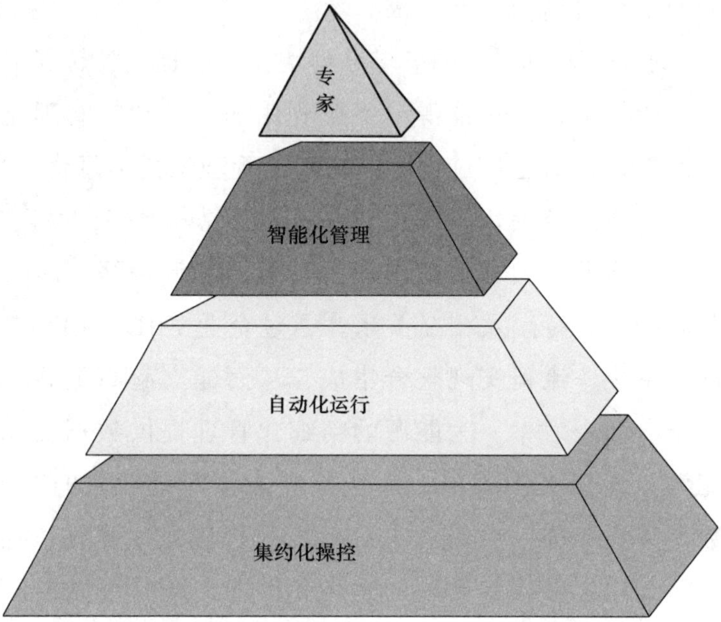

图 9. 36 数字化能源集控平台功能图

钢铁生产过程结构复杂，产品种类众多，含铁物质流与含碳能量流耦合交错，工序界面连接、匹配程度不一，能源消耗影响因素多，能耗水平差异大；煤气、蒸汽、电力等二次能源产生、使用过程动态变化，能源缓存与存储水平各异，为能源管理和能耗分析带来一定难度（图 9. 37）。钢铁企业能源管控数字化系统是能源生产、运行及控制系统的实体，是实施信息化、智能化“两化”深度融合、“物质流与能量流”协同运行的技术手段和有效工具。通过能量流网络化设计，将能量流节点、连接器、缓冲单元动态联结，实现能量流“动态、有序、高效”运行，进一步提高能源利用效率，为钢铁企业能源管控数字化系统实时动态调控提供服务。

通过生产过程中的能源需求计划管理、实绩跟踪、能源质量分析和能源介质调度与优化，实现事前预测、过程监控与实时优化调度，提高能源综合利用率；通过能流与物流耦合，提高生产计划排程、产品质量控制、提高设备利用率等措施，实现生产与能源安全，降低生产组织过程的能耗；通过对各工序、物料运输和库存等环节风、水、电、气等的精准监控、优化与管理，保障能源设备安全运行，降低能耗。提供能源系统全生命周期数据管理，支持能源数据治理、大数据存储、大数据挖掘与分析引擎和数据驱动等数据底座，搭建能源系统数据化业务基盘，并构建面向未来的能源管

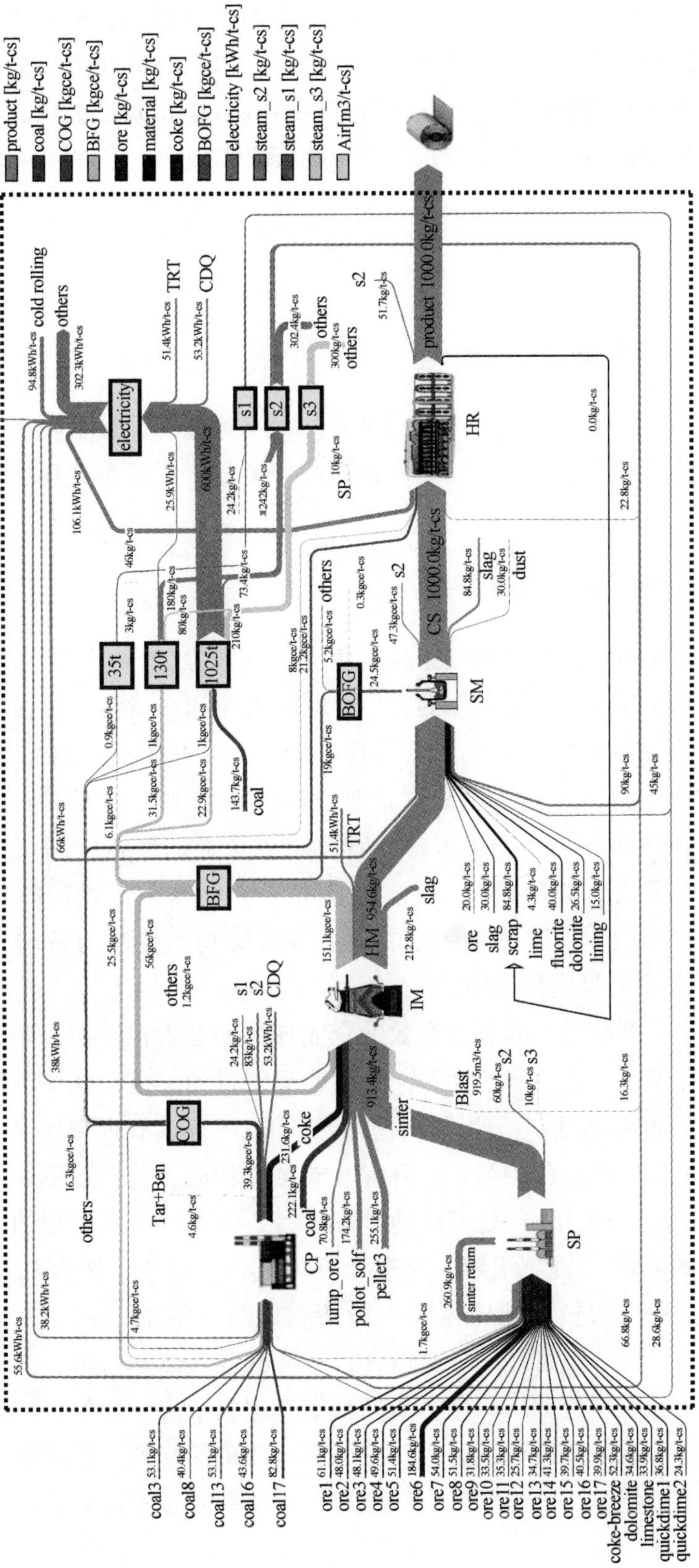

图 9.37 钢铁生产流程物质流与能量流分配示意图

理数字化创新应用，依托钢铁生产全流程、全场景数字化转型，软硬协同，发展最新的能源管理信息通信技术，以系统高效运行为基础，以系统节能为目标，构建“三流一态”为核心的能源精益化运行体系，发挥能源管控数字化系统的核心功能，实现钢铁工业智慧能源数字化转型，助力碳达峰碳中和目标实现。

9.4　环境管理

9.4.1　环境管理的云计算应用平台

环境管理与减排管理是钢铁生产过程重要的云端资源与配置管理区域，根据实际系统需求搭建环境管理与碳排放管理的云计算应用平台，服务企业环境管理与碳排放管理，助力企业环境保护与碳减排。

9.4.2　钢铁生产过程的环境管理

钢铁工业是国民经济重要的基础原材料供应，其资源、环境问题越来越引起社会各界高度重视。钢铁生产过程是典型的物质、能源消耗和环境污染过程，其多种形式的排放和大量的废弃物对环境造成不同程度的影响。环境问题已经成为制约我国钢铁行业发展的重要问题，为了适应钢铁企业发展的新趋势，环境管理近年来引起企业关注。企业的环境管理是将环境保护的观念融入企业的经营管理之中，从各个环节控制污染与节约资源，以降低成本、实现高效益。钢铁生产过程的环境管理包含各生产工序排放的废气、废水和烟粉尘、废渣等污染物的控制与管理，同时对企业的大气环境、生产安全等进行保障。

环境管理数字化系统是一套行之有效的企业环保动态管控系统，实现环保管理网络化、智能化和精细化，达到绿色生产，智慧管理的目的。在钢铁生产过程中，主要通过物联网、5G、地理信息、云计算、实时监控等技术建设安全与环保大数据监测与分析平台，提升钢铁生产过程的绿色、环保、安全管理能力，打造钢铁生产企业智慧厂区的环境管理。开发钢铁生产过程环境管理平台，实现对生产过程的环境安全在线监控、环境数据的实时分析与跟踪，对有毒有害气体、废水、废弃物进行实时监控（在排放和堆放过程中，进行周期性检测，分析变化趋势和危害性），助力钢铁生产企业安全生产，实现高效环境管理。主要包含：有害有毒气体、污水、固弃物的无组织排放等。同时结合原燃料成分、原燃料消耗、生产过程动态、环保设施运行、产品产量、排污监测结果等生产全流程数据，动态分析对环境的影响。在满足国家或企业超洁净生产指标要求前提下，给出绿色生产预知分析结果及预控参数，指导对生产计划的调整。

环境管理系统功能主要有：

（1）全流程在线监管环保系统，下达和监视各工序环保指标；

（2）监视环保效果、环保设施状态；

（3）管理与企业外部相关的环境数据；

（4）协调制造流重大调整时的环保预测性管理；

（5）监管环保排放指标与环保设施，协调环保应急处置等。

9.4.3 钢铁生产过程的碳排放管理

钢铁工业是典型的资源、能源密集型行业，是实现绿色低碳发展的关键性领域，也是率先落实碳达峰的重要行业。碳排放管理是中国钢铁业未来不容忽视的问题，将对钢铁企业产生重大影响。钢铁企业碳排放管理与分析有助于企业审查自身实际碳排放状况，为企业应对碳市场交易奠定良好基础。围绕国际通用分析方法框架以及钢铁企业碳素能量流流动规律，结合实际采集到的相关物质流、能量流数据，构建钢铁企业碳素流及碳排放分析模型，开展钢铁生产过程的碳减排管理及其数字化，合理评价企业的 CO_2 排放情况并分析影响因素将是未来钢铁企业碳资产管理数字化的重要功能之一。

钢铁工业是碳交易市场的主要目标和核心参与者，随着中国碳税制度的完善和碳交易的发展，钢铁企业的碳资源管理和碳排放数字化将成为企业的主要业务之一，因此，碳资源管理数字化系统与碳交易系统的有效融合也将成为发展的重点。以某钢铁企业碳素流图为例（图 9.38），通过数据采集和计算，将企业碳排放情况展现出来，也可进行碳排放优化建模，有助于企业管理者、生产者了解企业碳排放情况，结合自身工作职责为企业节能减排贡献一份力量。

提高数字化、智能化技术应用，实现钢铁智慧制造，助力钢铁生产过程的绿色化，是钢铁全流程节能降碳的有效措施。钢铁企业数字化发展不仅仅是低碳减排的需要，也是市场需求和业务转型升级的趋势。推进工业领域数字化智能化绿色化融合发展，加强重点行业和领域技术改造。围绕钢铁流程碳排放，构建碳足迹、碳核算模型，并基于企业物质流、能量流数据，开发全流程碳核算和碳排放管理系统，摸清企业碳排放数据，为节能降碳提供实用的分析工具。同时，基于企业工业大数据，采用数据挖掘和数据驱动技术，实现资源和生产数据知识图谱化和碳排放在线管理，助力钢铁企业实现碳中和目标。

碳排放数字化管理系统功能主要有：

（1）碳排放在线计算，通过在线采集生产数据及能源数据，实时对各工序、全流程的碳排放量进行精准计算。

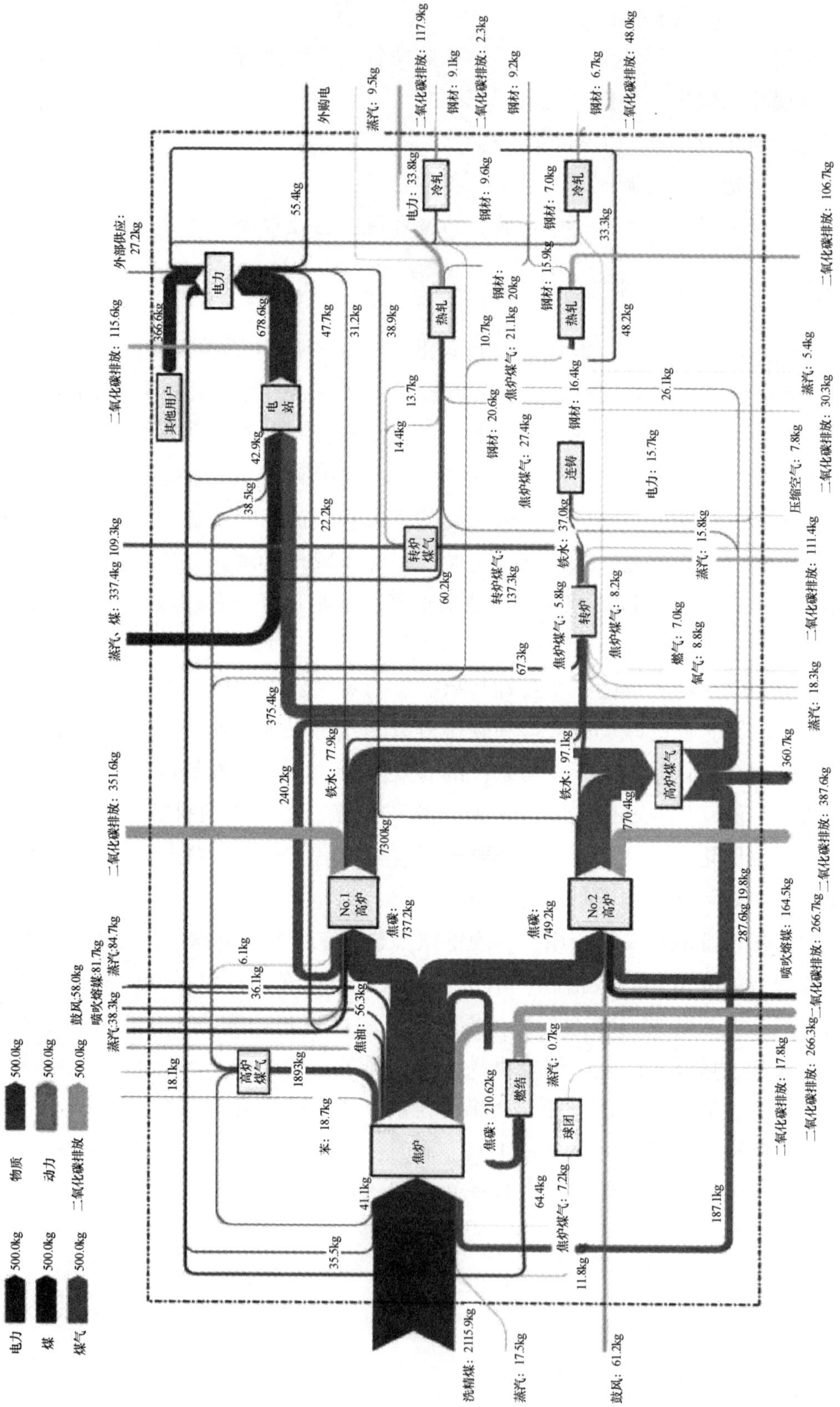

图9.38 某钢铁企业碳素流图

（2）碳排放在线分析，从设备、工序、流程碳排放三个层面，按年、月、日、时四个维度对碳排放量进行计算、比较、分析，可以实现碳排放数据查询、数据分析、趋势分析并形成碳排放报告。

（3）根据在线采集生产数据及能源数据，实时计算各工序、全流程的碳排放量，形成全流程碳素流图，实时展现企业碳排放情况。

碳排放数字化管理系统特点：

（1）充分体现碳排放管理在线运行的特点，实时反映当前的碳排放状态，并提供改进意见；

（2）开放性较高，移植性强，可适用不同企业用户需求；

（3）完善的全流程碳流图展示了煤、煤气、蒸汽、电力等各种物质、能源在各个工序之间的流入、流出，以及各个工序产生的碳排放量和全流程碳排放量，利用软件技术展现了物质流、能量流和碳素流之间的变化；

（4）根据在线采集生产数据、能源数据和碳排放数据，追踪分析引起碳排放变化的影响因素和变化量，用于指导实际生产过程降低碳排放；

（5）根据国家碳排放报告要求，可提供上报国家碳排放报告的对接功能。

参考文献

[1]《中华人民共和国国民经济和社会发展第十四个五年规划和 2035 年远景目标纲要》. 中华人民共和国中央人民政府，2021. 03. http：//www. gov. cn/xinwen/2021-03/13/content_5592681. htm.

[2] 习近平在中共中央政治局第三十四次集体学习时强调 把握数字经济发展趋势和规律 推动我国数字经济健康发展，2021. 10. 19. http：//politics. people. com. cn/GB/n1/2021/1019/c1024-32258249. html.

[3] 习近平在中共中央政治局第二次集体学习时强调 审时度势精心谋划超前布局力争主动 实施国家大数据战略加快建设数字中国，2017. 12. 9. http：//www. gov. cn/xinwen/2017-12/09/content_5245520. htm.

[4]《"十四五" 原材料工业发展规划》（工信部联规〔2021〕212 号），2021. 12.

[5]《"十四五" 智能制造发展规划》（工信部联规〔2021〕207 号），2021. 12.

[6]《信息物理系统白皮书（2017 年）》. 信息物理系统发展论坛，2017. 3.

[7]《中国数字经济发展白皮书（2020 年）》. 中国信息通信研究院，2017. 3.

[8]《工业互联网平台白皮书（2019 年）》. 工业互联网产业联盟（AII），2019. 5.

[9] 安筱鹏. 重构：数字化转型的逻辑 [M]. 北京：电子工业出版社，2019.

[10] 张殿华，李鸿儒. 板带材智能化制备关键技术 [M]. 北京：冶金工业出版社，2021.

[11] 王国栋，刘振宇，张殿华，等. 材料科学技术转型发展与钢铁创新基础设施的建设 [J]. 钢铁研究学报，2021，33（10）：1003-1017.

[12] 王国栋，刘振宇，张殿华. RAL 关于钢材热轧信息物理系统的研究进展 [J]. 轧钢，2021，38（1）：1-7.

[13] The Lighthouse Factory #2：POSCO´s Smart Factory Transforms the Industry（The Cases）. https：//newsroom. posco. com/en/posco-the-lighthouse-factory-2.

[14] 風間彰，河村和朗，津田和呂，等，JFE スチールにおけるデータサイエンス活用の展開，JFE 技报，2020，45：1-7.

[15] JFE Steel Introducing Data Science Technology at All Steelworks Blast Furnaces. https：//www. jfe-steel. co. jp/en/release/2019/191105. html.

[16] 张健民，单旭沂. 热轧产线智能制造技术应用研究--宝钢 1580 热轧示范产线 [J]. 中国机械工程，2020，31（2）：246-251.

[17] 周志华. 机器学习 [M]. 北京：清华大学出版社，2016.

[18] Committee on Integrated Computational Materials Engineering. Integrated Computational Materials Engineering：A Transformational Discipline for Improved Competitiveness and National Security [M]. WashingtonDC，USA：NationalAcademies Press，2008.

[19] The National Academies of Science Engineering Medicine. Frontiers of Materials Research：A Decadal Survey [R]. Washington DC USA：The National Academies Press，2019.

[20] 丛力群. 基于工业互联的企业数据系统架构设计与实践 [J]. 冶金自动化，2018，42（3）：6-16.

[21] Fricout G，Beaurain-Cornuel A，Baragiola S，et al. Predictive sensor data mining for product quality improvement [R]. Brussels：Directorate-General for Research and Innovation，2020.

[22] Tao F，Zhang H，Liu A，et al. Digital twin in industry：state-of-the-art [J]. IEEE Transactions on Industrial Informatics，2019，15（4）：2405-2415.

结　　语

我国高度重视发展数字经济，特别是党的十八大以来，党中央将发展数字经济上升到国家战略；习近平总书记多次就发展数字经济做出一系列重要论述、重大部署，推动数字经济和实体经济融合发展，发挥数字技术对经济发展的放大、叠加、倍增作用。党的十九大提出，推动互联网、大数据、人工智能和实体经济深度融合，建设数字中国、智慧社会。党的十九届五中全会提出，发展数字经济，推进数字产业化和产业数字化，打造具有国际竞争力的数字产业集群。

我们要努力贯彻执行习近平总书记关于产业数字化、数字产业化、数字技术、数字经济方面的论断，并用于指导钢铁企业的数字化转型实践，发挥数字技术在钢铁行业的放大、叠加、倍增作用，降低研发和生产成本，提高效率和进度，加速卡脖子钢铁材料的研发。我们坚信，只要我们坚持产学研深度融合、钢铁全产业链协同创新、数字经济与数字技术与钢铁行业融合发展，一定能够低成本、高效率地实现中国钢铁工业的数字化转型，加快建设数字钢铁，将钢铁行业建设成为国际领先的工业产业集群。

相信通过有组织引导实施钢铁数字化转型升级，5~7 年内即可完成“数字钢铁”建设工作，确保数字化关键核心技术自主可控，占领数字化发展的制高点，对其他流程工业的数字化转型升级也将起到良好的示范引领作用。